"十二五"职业教育国家规划教材
经全国职业教育教材审定委员会审定

21 世纪高职高专规划教材 ◆ 金融保险系列

金融理论与实务

（第三版）

JINRONG LILUN YU SHIWU

张孝君 主编

中国人民大学出版社
·北京·

第三版前言

FOREWORD

本教材自2010年7月出版以来深受读者欢迎，8年来已为全国多所高职高专院校的经济类专业课程教学所采用，各方面反映很好，并被评为“十二五”职业教育国家规划教材。这让我们感到欣喜的同时，也倍感压力，希望能够精益求精，不负众望。

随着我国经济社会的快速发展，与国民经济和居民生活密切相关的金融理论与金融实务都在不断地发展和变化，同时，教材的编者在课程的教学实践中对教材的使用也产生了新的心得体会。为了进一步提高本教材的质量，反映金融理论与实务的新知识、新进展，同时也为了回报广大读者对于本教材的认可，在中国人民大学出版社的大力支持下，我们对教材进行了进一步的修订。

这次修订本着“以规划教材编写要求为纲，体系不变，内容调整”的原则，既不失去原貌，又与时俱进地增加一些新的内容，主要修订内容如下：

1. 对原教材中存在的一些疏漏、不足之处以及表述不当之处进行了修正。

2. 更新了陈旧、过时的内容，添加了新的内容和案例。

3. 结合国民经济发展实际，对一些知识点和内容进行了最新表述。

4. 对课后练习题的题型和数量进行了一定的增删，以便能够更好地启发学生思考和提升学生自主学习的能力。

在本次教材修订中，编写组更加注重满足高等职业院校课程设置的应用性特点和要求，使新修订的教材更加具有科学性、应用性和创新性。

本教材在编写过程中参阅了国内外诸多教材和文献，在此表示衷心的感谢。同时，由于时间仓促，教材中难免存在错漏和不妥之处，敬请广大读者批评指正。

张孝君

FOREWORD

第一版前言

金融是现代经济的核心，特别是进入 21 世纪后，金融理论和业务日新月异，对社会和经济生活的影响也越来越深刻。随着我国经济的持续快速健康发展，各行各业对高技能专业型人才的需求量迅速增加，对人才素质的要求也越来越高。高职高专教育作为我国高等教育的重要组成部分，在加快培养高技能专业型人才方面发挥着重要作用。

根据教育部关于全面提高高等职业教育教学质量的若干意见，本书除介绍金融的基本理论、方法外，还将这些基本理论和方法贯穿于实务中，实现了理论与实务并重。在结构设计上，通过金融案例导入式的设计，使学生在学习的过程中可以做到理论联系实际，便于学生加深理解和掌握。通过案例分析，提高学生综合运用知识的能力，并能及时了解国内外金融问题的现状，掌握观察和分析金融问题的正确方法，培养学生辨析金融理论和解决金融实际问题的能力。本书力争成为符合当前教学需求、信息量大、兼容性强、涉及面宽、实用、科学、易懂的高职高专教材。

参加本书编写的人员有：安徽工商职业学院张孝君（模块一、模块八、模块九），合肥工业大学朱彤（模块二），安徽审计职业学院吕铭（模块三），徽商职业学院袁婷（模块四），安徽工商职业学院费玄淑（模块五、模块六），安徽工商职业学院周翰醇（模块七），安徽工商职业学院刘开饮（模块十），安徽工商职业学院张竹云（模块十一）。

在编写过程中，编者参阅了大量的金融类图书和资料，引用了诸多专家学者的相关理论观点和数据，在此表示深深的谢意！由于时间仓促，水平有限，书中难免存在缺点和不足，敬请广大读者批评指正！

编　者

目　录

CONTENTS

模块一

货币与货币制度

金融案例导入

中国晋代有个人叫王夷甫，不肯说“钱”这个字。他的妻子把钱堆在床周围，他叫人“举却阿堵物”，还是不说钱。然而他不说钱并不等于不用钱，只不过别人替他用。如果说在那个时代事实上已经不可能“不言钱”，那么，在商品经济高速发展的今天，不能正视货币就是脱离生活了。特别是在现代市场经济条件下，货币以其特有的渗透力影响着社会经济生活的方方面面，几乎没有人不知道货币，货币是交换行为的最基本的表现形式。小到一个家庭，大到一个公司、企业，再到国家，都离不开货币。

项目一　货币的产生和发展

项目任务

1. 掌握货币是怎样产生的；
2. 重点掌握货币的演进过程。

一、货币的产生

货币的出现是与交换联系在一起的。根据史料的记载和考古的挖掘，在世界各地，交换都经过了两个阶段：先是物物直接交换，然后是通过媒介交换，因而货币是交换的产物。

在人类社会的初期，并不存在商品交换，也不存在货币。在原始的氏族共同体中，由于生产力水平极其低下，人们需要各尽所能、集体劳作才能维持生存。整个劳动是按氏族共同体的需要统一进行的，劳动产品也归氏族共同体所有，统一分配。随着生产力水平的不断提高和剩余产品的出现，氏族开始分化瓦解，社会分工和私有制逐渐形成，商品生产和商品交换也应运而生了。

当然，最原始的交换是物物交换。但随着交换经济的发展，加入交换的产品越来越多，如果继续采用物物交换，就会导致交易过程效率过低、成本过高，这就决定了物物交换的局限性。具体地说，要想使交换圆满地实现，必须满足两个基本条件：

第一个条件是需求的双重巧合。也就是说，要完成一项交易，首先必须使参加交易的两种产品正好是双方各自需要的产品。但在实际交换过程中，双方供求一致的情况很少见，他们需要在市场上反复寻找合适的交易对象。这一寻觅过程会使商品交换的频率大大降低，增加了交易成本。

第二个条件是时空的双重巧合。也就是说，一个人想要卖出产品时，恰好该地区有人在这一时刻需要这种产品，这在现实经济生活中也是比较少见的。比如甲地有人要卖某产品，而乙地有人需要，但由于市场分割、通信不发达，而失去交易机会。

从以上两个方面可以看出，物物交换只有在双方的需求和时空双重巧合时才能完成。这显然是不利于商品交换的，随着参加交易的产品不断增多，消费者需求的日益复杂，为减少因时空和需求不一致而放弃交易机会，就必然会出现这样一种情况：交易者都用自己的商品与第三种商品相交换，而这第三种商品要能够被公众普遍接受，能多次进入交换过程，其实用价值较多地为进入市场的人们所需要。当各种物品都要求用这种商品表现自身价值时，这种商品便成为其他商品价值的表现材料，成为许多交换物品的一般等价物，这种特殊商品便成了货币商品，执行货币的职能。当价值都用货币来表现时，马克思称之为货币形式。所以，货币是固定地充当一般等价物的特殊商品，其特征是：它是衡量和表现一切商品价值的材料；它可用来购买任何商品，具有与一切商品相交换的能力。

知识链接

战俘营里的货币

第二次世界大战期间，在纳粹的战俘集中营中流通着一种特殊的商品货币：香烟。当时的红十字会设法向战俘营提供了各种人道主义物品，如食物、衣服、香烟等。由于数量有限，这些物品只能根据平均主义的原则在战俘中进行分配，而无法顾及每个战俘的偏好。但是人与人之间的偏好显然是会有所不同的，有的人喜欢巧克力，有的人喜欢奶酪，还有的人则可能更想得到一包香烟。因此这种分配显然是缺乏效率的，战俘们有进行交换的需要。

但是，即便在战俘营这样一个狭小的范围内，物物交换也显得非常不方便，因为它要求交易双方恰巧都想要对方的东西，也就是所谓的需求的双重巧合。

为了使交换能够更加顺利地进行，需要有一种充当交易媒介的商品，即货币。那么，在战俘营中，究竟哪一种物品适合做交易媒介呢？许多战俘营都不约而同地选择了“香烟”来扮演这一角色。战俘们用香烟来进行计价和交易，如一根香肠值 10 根香烟，一件衬衣值 80 根香烟，替别人洗一件衣服则可以换得 2 根香烟。有了这样一种记账单位和交易媒介之后，战俘之间的交换就方便多了。

香烟之所以会成为战俘营中流行的“货币”，是和它自身的特点分不开的。它容易标准化，而且具有可分性，同时也不易变质。这些正是和作为“货币”的要求相一致的。当然，并不是所有的战俘都吸烟，但是，只要香烟成了一种通用的交易媒介，用它可以换到自己想要的东西，自己吸不吸烟又有什么关系呢？我们现在愿意接受别人付给我们的钞票，也并不是因为我们对这些钞票本身有什么偏好，而仅仅是因为我们知道，当我们用它来买东西时，别人也愿意接受。

二、货币形态的演进

货币产生后，虽然其本质特征是不会改变的，但作为货币载体的材料则随着商品经济的不断发展而不断变化。从表面上看，什么材料充当币材，完全取决于人们的主观想法和法律规定；但从币材演化层次分析，不同时代的货币材料则受制于当时社会经济客观发展的程度、流通的便利程度及货币在经济地位中的地位和作用变化的需要等因素。可以说，币材演变历史就是一部商品经济发展的历史。

货币诞生后，货币形态经历了由低级向高级不断演变的过程，从币材和形制的角度看，货币经历了实物货币、金属货币、纸币、存款货币和电子货币五个发展阶段。

（一）实物货币

实物货币又称商品货币或足值货币，是指以自然界存在的某种商品或人们生产的某种商品来充当货币。在简单商品交换时代，生产力低下，交换的目的是以满足某种生活和生产的需要为主，因而要求作为交换媒介的货币必须具有价值和使用价值，货币主要由自然物来充当。它是货币发展的最初形态，此时，货币的额定价值同它作为特殊商品的内在价值是一致的。

在世界各国的经济发展过程中，贝壳、牛、羊、皮、帛、粮食等商品都充当过货币。实物货币不仅是货币，而且还是一种商品；不仅可以参与交换，而且还可以直接消费。但是实物货币并不是一种理想的货币形态：它们或体积笨重，不便携带；或质地不匀，难以分割；或容易腐烂，不易储存；或大小不一，难以比较。随着商品交换和贸易的发展，大宗交易日益普遍，实物货币必然被金属货币所替代，逐渐退出历史舞台。

（二）金属货币

马克思说过“金银天然不是货币，但货币天然是金银”。这句话充分说明了金银等贵金属是人们在长期的实践中选择的一种理想的货币材料。以金、银、铜等作为材料的货币就是金属货币。金属能成为货币，是因为金属特别是贵金属具有价值含量高且稳定、易于计算、便于储藏和携带等优点。

金属货币代替实物货币方便了商品交换，促进了商品经济的发展。但金属货币也存在缺陷，如：携带大量铸币比较沉重，也不安全；铸币在流通中会不断磨损，使其实际价值与名义价值不符。而且随着商品经济的不断发展，交换中需要的货币量也就不断增大，但是一国的金属资源特别是贵金属资源毕竟是有限的，金属货币的供给并不能满足交换的需要。金属货币供给与需求之间的矛盾开始阻碍商品经济的进一步发展，所以金属货币逐渐被纸币取代。

（三）纸币

纸币是国家强制发行的货币符号。一国纸币的发行权通常属于政府或政府授权的金融机构。纸币作为一种货币符号本身并没有价值，只是由一国法律赋予其法偿性地位并参与商品的流通。我国北宋时期出现的“交子”是世界上最早使用的纸币。

纸币分为兑现纸币和不兑现纸币。兑现纸币是持有人可以随时将之向发行纸币的银行或政府兑换成铸币或金银的纸币，如早期的银行券；不兑现纸币即不能兑换成铸币或金银的纸币，如我们现在使用的货币。

纸币没有价值，所以纸币的发行必须要和社会所需要的货币量相符，否则就会发生通货膨胀，出现物价上涨、货币贬值等现象，破坏社会经济秩序。

（四）存款货币

存款货币是指能够发挥货币作用的银行存款，主要是指能通过签发支票办理转账结算的活期存款。存款货币是随着信用制度的发展而产生的。人们先把一部分款项存入银行，设立活期存款账户，客户根据存款余额签发支票，凭支票进行转账结算或提取现金。活期存款没有期限规定，可以随时开出支票在市场上转移或流通，充当交易媒介或支付工具。存款货币以在银行的活期存款为基础，以支票为媒介参与商品的流通和债务的清偿。若签发的支票被存款人用来提取现金，它就被当作普通的记账凭证，并执行货币的全部职能；若签发的支票被用来偿还债务或支付货款，它就成了现实的信用流通工具并执行货币的部分职能。

（五）电子货币

随着网络技术的现代化，越来越多的商品交易是通过网络来实现的。电子货币就是在通过网络进行商品交易和债务偿还时所使用的支付手段。用一定金额的现金或存款从发行者处兑换并获得代表相同金额的数据，通过某些电子化方法将该数据直接转移给支付对象，从而能够购买商品或清偿债务，该数据本身即可称作电子货币。大多数电子货币是以既有的实体货币（现金或存款）为基础存在的，且两者之间能以 1：1 的比例交换。电子货币通常表现为数据信息，但是它不能脱离现金或存款。总之，电子货币是以现金或存款为基础，通过电子化方法实现其职能的。

在日常生活中，ATM 转账结算、银行 POS 机的信用卡结算以及通过 Internet 的银行转账都属于使用电子货币为支付手段的结算方式。此外还有电信部门发行的普通电话卡、IC 电话卡，IT 企业发行的上网卡，商业零售企业发行的各类消费卡等，都是电子货币的表现形式。电子货币是信用货币的延伸，是信用货币发展到信息时代的产物。电子货币相对于其他货币形态来说更安全保密、运用更加广泛方便，适应了现代经济的发展规模和速度。此外，电子货币的广泛运用还减少了大量现金的流通，加快了资金的周转速度，促进了国民经济的发展，也影响了整个金融体系的经营、管理和金融产业的格局。

知识链接

世界上最早的纸币——交子

交子，是世界上最早使用的纸币，最早出现于四川地区，发行于北宋前期（1023年）。最初的交子实际上是一种存款凭证。北宋初年，四川成都出现了为不便携带巨款的商人经营现金保管业务的“交子铺户”。存款人把现金交付给铺户，铺户把存款数额填写在用楮纸制作的纸卷上，再交还存款人，并收取一定的保管费。这种填写存款金额的楮纸券便被称为"交子"。

四川的地理位置闭塞，促使在北宋时期出现"交子"，但"交子"不直接参与流通，商人从四川携带"交子"外出，仍然需要将"交子"再兑换成金、银、铜钱等货币进行交易。"交子"是有价证券，相当于现在的支票。到了南宋时期，由于经济的快速发展，铜币的制造已经不能满足流通的需要，再加上南宋经济主要靠海外贸易，导致钱币大量流失海外，民间由此出现可以用于交易的"会子"。公元1160年，临安府知府钱端礼率先统一由官府出面发行"会子"。随着他升任为户部官员，"会子"也在全国范围内发行。直到元朝，马可波罗才将纸币传播到伊朗，而后传到日本、高丽。直到500多年后，即1690年，欧洲瑞典才出现纸币。

项目二　货币的本质和职能

项目任务

1. 掌握什么是货币、货币的本质是什么；
2. 重点掌握货币的职能，以及各种职能的应用范围，并能够区分各种职能的作用。

一、货币的本质

货币是固定地充当一般等价物的特殊商品，是核算社会劳动的工具。

（一）货币是固定地充当一般等价物的特殊商品

货币首先是商品，具有商品的共性，即都是用于交换的劳动产品，具有价值和使用价值。货币的使用价值是指由货币商品自身的自然属性所决定的物的有用性，可满足人们某方面的需要，是构成社会财富的物质内容；而价值是指货币商品所凝结的一般抽象劳动，具有社会属性。正是由于货币也是商品，具有价值，所以货币才有了与其他商品相交换的基础。

但是，作为一般等价物的货币不是普通商品，其价值和使用价值有特殊性，具体表现在：

（1）货币是衡量和表现一切商品价值的材料。普通商品在通常情况下是按其自然属性，即以使用价值的面貌出现，如米可充饥，布可做衣，笔可书写，等等。在货币出现以前，一种商品的价值要通过另一种商品相交换来表现。在货币出现以后，商品的价值由货币来统一衡量和表现，通过货币"标价"，表明其含有价值及价值量的大小。货币是用来表现和衡量一切普通商品价值的。一种商品只要能交换到货币，就使生产它的私人劳动转化为社会劳动，商品的价值得到体现。

（2）货币具有同其他一切商品相交换的权利，其地位是独特的。普通商品只能以其特定的使用价值满足人们的某一特定需要，因而不能同其他一切商品相交换。而货币则不同，货币是价值的直接体现者，是一般购买力的代表，是社会财富的代表。因此，货币成为每个商品生产者追求的对象，货币也就有了直接同一切商品相交换的权利。

（二）货币是核算社会劳动的工具

在商品交换关系中凝结于商品价值中的私人劳动，能否为社会所承认，取决于能否换回货币（卖出去）和换回多少货币（卖什么价钱）。这一切是在市场竞争中进行的。货币像一只看不见的手，自发地核算着商品生产者的劳动。你的投入成本和产出效益是盈是亏，是由货币指示器显示的。当商品生产者的劳动得到“社会承认”，其劳动成果得到“实现”，并能换回高于社会平均水平的货币时，其劳动成果被证明是填补了社会需求的紧缺，得到了社会的“奖赏”，这一部门的生产就会加速发展。相反，当商品生产者的劳动成果不被社会认可，卖不出去或只能低于成本出售，这一部门的生产就会萎缩，以致最终被淘汰出局。货币在核算社会劳动的同时，自发地调整了产业结构、产品结构，调节了社会劳动分配的比例，促进了全社会劳动生产率的提高。

（三）货币体现了一定的社会生产关系

在交换中，货币反映了不同商品生产者之间特定的经济关系。商品生产者相互交换产品，实际上是相互交换各自的劳动，在交换的过程中体现为不同商品的所有者通过等价交换来实现他们之间的社会联系即社会生产关系。

在历史的不同发展阶段，不同的生产力水平下，货币反映的社会关系也不同。在奴隶社会中，奴隶主掌握着大量的货币，用来购买奴隶，货币反映了奴隶主对奴隶的剥削关系；在封建社会里，地主以货币地租的形式剥削农民，货币体现着封建地主对农民的剥削关系；在资本主义社会，资本家凭借对生产资料和产品的占有，掌握了大量的货币并用于购买劳动力，无偿占有工人创造的剩余价值，货币反映了资本家对工人的剥削关系。在这里，货币在不同的社会制度中作为统治阶级属性的工具是由一定的社会制度决定的，而不是货币本身属性的表现，因为货币是没有阶级属性的，也不是阶级和剥削产生的根源。

二、货币的职能

货币的职能是指货币本身所具有的功能，它是货币本质的具体体现。随着商品经济和货币的发展，货币的职能也在不断发展。马克思从历史和逻辑统一的角度，把货币的职能分为价值尺度、流通手段、贮藏手段和支付手段四个职能。在货币的四个职能中，价值尺度和流通手段是基本职能，贮藏手段和支付手段是在这两个基本职能的基础之上派生而来的。

（一）价值尺度

货币在表现商品价值并衡量商品价值量大小时，执行价值尺度职能。这是货币最基本的职能之一。

货币在执行价值尺度职能时只需要观念上的货币如商品标价，并不需要现实的货币。因为货币在执行价值尺度时，商品处于待售阶段，还没有开始商品的流通。此时在评价某一商品的价值时，一方面只是想象中或观念上的商品价值与一定的货币的价值相比较；另一方面，此时商品还没有与现实的货币发生交换，故只需观念上的货币即可。如一台电脑价格为 5 000 元，只需要把标有价格的标签放在商品旁边，人们就知道要得到这台电脑需要付出 5 000 元，并不需要把真实的 5 000 元现金放在商品旁边。

货币的价值尺度只能是通过商品的价值来实现的。商品价值用一定量货币表现出来，就是商品的价格。价格是价值的货币表现。各种商品的价值大小不同，用货币表现的价格也不同。这样，人们不但可以比较不同商品之间的价格，而且可以比较同一商品在不同商店里的价格，从而决定购买哪个商品。

货币在执行价值尺度职能时要依靠价格标准来发挥作用，没有价格标准就不能准确地表现商品的价值。商品的价值是用一定量的货币表现出来的。为了比较不同商品的价值，就需要规定一个货币计量单位即价格标准，如英国的“镑”。

但价格标准和价值尺度是两个不同的概念。二者的区别是：第一，价值尺度是在商品交换中自发形成的，并不依靠国家权力，而价格标准则是为价值尺度服务的一种技术性规定，它由国家法律确定。第二，货币作为价值尺度，代表一定量的社会劳动，以此来衡量不同商品的价值；而货币作为价格标准，规定一定的金属量，用来衡量货币本身的含金量。第三，货币作为价值尺度，它的价值随着劳动生产率的变动而变动，而价格标准单位本身的含金量，是不随劳动生产率的变动而变动的。二者的联系是，货币的价值尺度依靠价格标准来发挥作用。因此，价格标准是为价格尺度服务的。

（二）流通手段

货币在商品交换中起媒介作用时，执行流通手段职能。在这种情况下，商品交换不再是物物直接交换，而是商品所有者先把商品换成货币，即“卖出”，然后再用货币换取所需商品，即“买进”。这样，商品交换过程就变成买卖两个过程的统一。在买卖之间，货币是媒介。

货币执行流通手段职能，具有以下特点：

（1）必须是现实的货币。因为商品生产者出卖商品所得到的货币是现实的货币，证明他的私人劳动得到了社会的认可，成为社会劳动的一部分。这里，货币充当交换的媒介不能是观念上的，必须是现实的货币。

（2）可以是没有十足价值的货币符号。因为在这里，货币不是交换的目的，而只是交换的手段，货币在生产者手中只是转瞬即逝的媒介，它马上又会被其他的商品所替代。因此，货币本身有没有价值并不重要，单有货币的象征就够了。

（三）贮藏手段

当货币退出流通领域，被当作财富保存或当作价值积累起来时，发挥价值贮藏功能。货币在执行贮藏手段职能时有两个显著的特点：

（1）作为贮藏手段的货币必须是现实的、足值的货币；

（2）作为贮藏手段的货币必须退出流通领域，处于静止状态。

在足值金属货币制度下，货币贮藏就好像一个蓄水池中的货币量。如果流通中的货币量过多，会有一部分货币退出流通领域形成贮藏；如果流通中的货币量不足，则又会有一部分贮藏的货币重新回到流通领域。正是有了贮藏货币的蓄水池作用，流通中的货币量才能与商品流通成正比。因此，在足值金属货币制度下是不会发生通货膨胀的。需要特别注意的是，货币的贮藏手段是以金属货币为前提的，即只有在金属货币流通的条件下，货币才能自发地进出流通领域，发挥蓄水池的作用。

当今世界各国已经废除了金属货币，采用的都是信用货币制度，即用纸币代替金属货币。在纸币流通的条件下，由于纸币只是价值符号，本身没有任何价值，纸币的贮藏没有任何调节作用，所以通货膨胀现象屡见不鲜。此时的信用货币就不再是贮藏货币，执行价值贮藏手段的往往是具有变现能力的资产如金银首饰等贵金属。所以在当今的信用货币制度下，虽然黄金已经逐渐非货币化，但各国政府仍然将黄金作为贮藏的对象。

（四）支付手段

货币作为价值的独立形态进行单方面转移时，发挥支付手段的职能。如货币在商品赊销过程中的延期支付，以及用于清偿债务或支付税款和银行利息、发放工资、捐款、赠予等。

随着商品经济的不断发展，由于商业信用的存在，在商品生产的循环和周转中，某些商品的让渡与贷款的收回在时间上分离，很难做到一手交钱一手交货，有鉴于此，人们发现用赊购赊销、延期支付的信用交易能克服此类矛盾，因而出现了延期付款的现象。

当货币用于偿还赊买商品的贷款时，它已不再作为商品流通的媒介，而是充当支付手段。与流通手段相比，货币执行支付手段有以下特点：(1) 作为流通手段的货币，是商品交换的媒介；作为支付手段的货币，则不是商品交换的媒介，而是补足交换的一个环节。(2) 流通手段的货币是指货币和商品的双向运动，要求一手交钱一手交货，而作为支付手段的货币只是单方面发生转移。(3) 作为流通手段的货币只能是先卖后买，而执行支付手段的货币使商品生产者的活动余地更大，它可以先买后卖。

（五）世界货币

当一国货币超越国界，在世界市场上发挥一般等价物作用的时候便执行世界货币的职能。实际上，这种理论只是在金本位制下才有意义。布雷顿森林体系在 20 世纪 70 年代崩溃后，目前已找不到一种可以与黄金相提并论，进而被普遍接受并在世界范围内流通的世界货币了。但在当代，一些西方发达国家的信用货币成为世界上普遍接受的硬通货，实际上在一定程度上发挥着世界货币的职能。

黄金之所以被称为世界货币，是因为它能够跨越国界在世界范围内执行一般购买手段和支付手段的职能，但“世界货币”并不是一个单独的职能，它只不过是货币的诸项职能在一国国界外的延伸而已。

货币执行世界货币的职能主要体现在以下三个方面：

(1) 作为国际上的一般支付手段，用以平衡国际收支差额。这是货币作为世界货币的主要职能。

(2) 作为国际上的一般购买手段，用以购买外国商品。作为购买手段的货币被当成货币商品与普通商品进行交换。

(3) 作为国际上一般财富的转移手段，如支付战争赔款、货币资本输出、国际援助、赠予等形式，财富由一国转移到另一国。

在现代信用货币制度中，黄金作为货币已经退出各国的货币流通，作为世界货币的那三项作用也已经退化了。尽管各国都把黄金作为储备资产的一部分，但此时的黄金只被看作一种商品。在目前国际经济交往中，人们已通过一种国际汇兑的方式来转移各国间的购买力，即通过兑换两国间的货币，使一国的购买力可以在国家间转移。

货币的各项功能不是孤立的，而是有机的统一体。它们分别从价值的衡量和表现、价值的实现和转移、价值的保存和储藏等各个侧面综合地揭示货币作为一般等价物的性质。其中价值尺度和流通手段是货币的两个基本职能，其余则是在其基础上衍生的：贮藏手段是因为货币是一般购买力的代表，能与其他商品相交换，是潜在的流通手段；支付手段以前三个职能为前提，是流通手段的延续；而世界货币则是以上货币职能在国家间的延伸和发展。

项目三　货币制度

项目任务

1. 掌握货币制度及其构成要素以及货币制度的演变；
2. 了解中国的人民币制度。

一、货币制度及其构成要素

货币制度，简称“币制”，是一个国家以法律形式确定的该国货币流通的结构、体系与组织形式。换句话说，货币制度是国家为保障货币正常发行和流通而进行的货币和货币运动的准则和规范。

任何国家的货币制度的构成应包括以下要素：

（一）货币材料

货币材料是指制作货币所采用的材料。确定的货币材料不同，就有不同的本位制度。如以白银作为货币材料就是银本位制度，以黄金作为货币材料就是金本位制度，以纸张作为货币材料即为纸币本位制度等等。“本位”是货币制度中的一个术语，源于国家规定何种币材作为法偿货币。

（二）货币单位

货币材料确定后，就要进一步确立货币单位。货币单位的确定包括以下几方面内容：

（1）规定货币单位的名称。如英国的“英镑”、美国的“美元”、泰国的“铢”。

（2）明确货币的单位及其划分。如英国的本位币为“镑”，“镑”以下为“便士”“先令”等；我国人民币本位币的单位为“元”，“元”以下为“角”“分”等。

（3）规定每一货币单位所包含的货币金属的重量。在金属货币流通条件下，价格标准是铸造单位货币的法定含金量。例如，根据美国 1934 年 1 月的法令，1 美元的含金量为 0.888 671 克；按照 1870 年英国的铸币条例，1 英镑的含金量为 7.97 克。但是，在当代纸币本位制下，货币不再规定含金量。

（三）主币和辅币的铸造、发行和流通程序

1. 主币和辅币

主币亦称本位币，是一个国家的基本通货和法定的计价结算货币。在金属货币流通条件下，主币是指用货币金属按国家规定的货币单位和价格标准铸造的铸币，其名义价值（面值）与实际价值（市场金属价值）一致，为足值货币。在当代纸币本位制度下，纸币

已经成为独立的本位币，由该国货币制度所确定，是流通中商品价值的符号。

辅币是本位币以下的小额通货，主要供日常小额零星找零之用。在金属货币流通条件下，辅币以贱金属铸造，其实际价值低于名义价值，为不足值货币。它可以与本位币按照法律规定的兑换比例自由兑换，以保证辅币可以按名义价值流通。

2. 本位币的铸造及无限法偿能力

在金属货币流通条件下，货币制度一般都规定本位币可以自由铸造和熔毁。即无论是国家还是私人，都可以将其持有的货币金属送铸币厂，按照国家规定的货币名称、单位和价格标准铸造成本位币；也可以将持有的金属本位币送铸币厂熔为金属条块，铸币厂仅收取少量的铸造或熔化费用。自由铸造本位币，对保持货币流通的稳定性具有重大意义：首先，自由铸造可以使主币的名义价值与实际价值保持一致；其次，本位币的自由铸造可以自发地调节货币流通量，使流通中的货币量与货币需求量保持一致。

无论是足值金属货币还是纸币本位币，各国货币制度都规定本位币具有“无限法偿”的能力。无限法偿是国家规定本位币拥有无限制的支付能力。不论每次支付的数量多么巨大，如果用本位币支付清偿，商品出卖者和债权人都不能拒绝接受或要求改用其他货币。无限法偿是国家赋予本位币的绝对权力，确保了本位币的权威，有利于国内金融市场的统一和货币流通秩序的稳定。

3. 辅币的铸造及有限法偿能力

在金属货币流通条件下，各国货币制度一般都规定辅币限制铸造，即只能由国家铸造，不准公民私自铸造。这是因为金属辅币是不足值货币，铸造辅币可获得额外收益，国家垄断货币铸造权，可以使这部分收益归国家所有。如果允许公民自由铸造，就会造成公民为获得“额外利益”而用贱金属大量铸造不足值的辅币，使辅币充斥市场，影响货币流通的正常和稳定。

在金属货币流通条件下，法律一般规定辅币为有限法偿货币。所谓有限法偿，是指法律规定辅币在一次支付中的最高限额，超过限额债权人有权拒收。例如，美国规定，10 分以上的银辅币每次支付限额为 10 元；铜镍所铸造的分币，每次支付限额为 25 分。但是，在向国家纳税或银行兑换时不受数量限制。而我国则没有对辅币在一次支付中的最高限额做明确的规定。

参考案例

西班牙地处欧洲西南部，与葡萄牙共同分享伊比利亚半岛。19 世纪下半叶足球运动传播到了西班牙，西班牙人喜欢将足球比赛作为地区之间竞争的载体，一场比赛的结果对敏感的西班牙人意味着很多东西。据报载，西班牙爱斯塔俱乐部足球队曾主场输给客队，该队认为是裁判故意偏袒了对方，就在支付给裁判劳务费时故意把付给裁判的 11 200比塞塔（西班牙货币名）全用零碎的硬币支付，结果这些裁判每人扛着一麻袋重 36 千克的硬币回家。

4. 货币发行准备制度

货币发行准备制度是货币制度的一项重要内容，是为约束货币发行规模、维护货币信用而制定的，是一国货币发行的基础，也是一国货币稳定的基础。

货币发行准备制度是指中央银行在货币发行时，需以某种金属或以某几种形式的资产作为其发行货币的准备，从而使货币的发行与某种金属或某些资产建立起联系和制约关系。从历史上看，金准备制度是运用得最广泛的货币发行准备制度。金准备制度有以下作用：

（1）作为国际支付的准备金；

（2）作为调节国内金属货币流通的准备金；

（3）作为支付存款和兑换银行券的准备金。

当今世界各国均实行不兑现的信用货币流通制度，金银已退出了流通领域，因此只有第一项用途被保留下来，后两项用途已不复存在，但金准备制度对核定国内货币流通的作用仍然很重要。

二、货币制度的演变

货币制度是一种货币经济制度，它经历了一个不断发展和演进的历史过程。追溯世界各国货币制度的历史发展，大体上经历了银本位制、金银复本位制、金本位制、不兑现的信用货币制度等阶段（见图 1-1）。

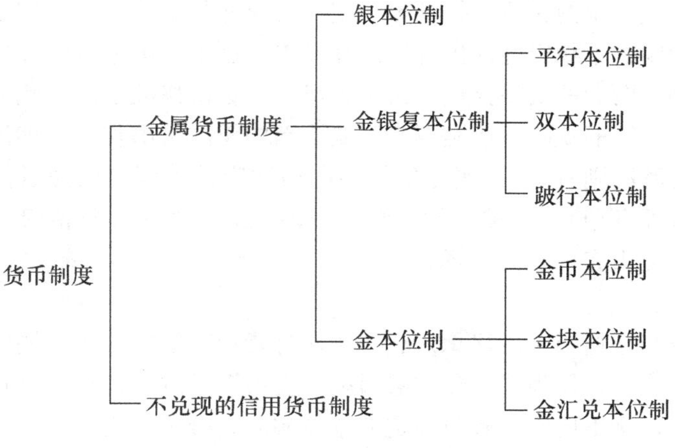

图 1-1　货币制度的演进

（一）银本位制

银本位制，是以白银作为本位货币的一种货币制度。它从 16 世纪开始盛行，是历史上最早出现的金属本位制度。银本位制包括以下几方面的内容：

（1）银币可以自由铸造，自由熔化，白银可以自由兑换银币；

（2）以白银作为本位币币材，银币为无限法偿货币，并有强制流通能力；

（3）银币的名义价值与它所含白银的价值相等；

（4）银币和白银可以自由输出输入。

16 世纪以后，白银成为占统治地位的贵金属，但银本位制作为一种独立的货币制度在一些国家存在的时间并不长，而且实行的范围也不广，主要是在墨西哥、日本、印度和我国通行。我国是最早以白银作为货币的国家，公元前 119 年西汉武帝时，便开始铸造银币，但由国家法律确认为一种货币制度，是在 1910 年即清朝宣统二年颁布《币制则例》之时。当时虽宣布实行银本位制，但实际上是银圆和银两并行。1935 年 11 月国民党政府实行“法币改革”，废除了银本位制。其他国家早在 19 世纪末就先后放弃了银本位制。

（二）金银复本位制

金银复本位制是指以金、银两种金属同时作为本位币币材的货币制度。它是资本主义发展初期最典型的货币制度。其主要特征是：（1）金银两种铸币都是本位币，本位币的价值与其所含金属的价值相等；（2）金银两种本位币都具有无限法偿的能力；（3）两种货币均可自由铸造、自由熔化、自由兑换、自由输出输入。这种本位货币制度随着时间的演变，按比价的确定方式不同，经历了三种不同的形式：

1. 平行本位制

平行本位制是金、银两种货币各按自己的实际价值流通，国家不规定其兑换比率的本位制度。于是，市场上各种商品都同时存在着两重价格，即金价格和银价格。由于金银的市场价格随劳动生产率和供求关系的变化而不断发生波动，从而造成市场物价及债务关系紊乱。因此平行本位制是一种极不稳定的货币制度，需要有新的货币制度来代替。

2. 双本位制

双本位制是指金、银两种货币按国家法定比价流通的本位制度。它是为了矫正平行本位制导致的货币制度的不稳定性而出现的。在双本位制下，国家以法律形式规定金、银铸币之间的法定比例，两者的交换比例不再受市场上金银价格波动的影响，从而克服了平行本位制下“双重价格”的缺陷。但是双本位制下新的矛盾又出现了，即出现了“劣币驱逐良币”现象（格雷欣法则）：两种实际价值不同而法定价值固定的通货同时流通时，实际价值较高的通货（即良币），会被人们收藏，退出流通；而实际价值较低的“劣币”则会充斥市场，最终将良币完全逐出市场。

3. 跛行本位制

所谓跛行本位制是指国家法律承认金、银两种货币都是本位币，同时承认这两种货币都具有无限法偿的能力，但为了避免“劣币驱逐良币”的现象，规定金币能自由铸造，而银币不能自由铸造，金银比价由政府确定的本位制度。金币和银币犹如两条腿，在这种制度中，银币实际上已经降到金辅币的地位，类似于跛子的一足长一足短的现象。

任何社会形态的生产发展，都要求有一个相对稳定的货币制度。金银复本位制是一种不稳定的货币制度，因此随着资本主义经济的进一步发展，金银复本位制被金本位制所取代是历史的必然。

知识链接

劣币驱逐良币

“劣币驱逐良币”是 16 世纪英国政治家、理财家汤姆斯·格雷欣在给英国女王的改铸铸币的建议中提出的，后来被英国经济学家麦克劳德在其著作《经济学纲要》中加以引用，并命名为“格雷欣法则”。

“劣币驱逐良币”是金银复本位制条件下出现的一种现象，这是因为货币按其本性来说是具有排他性、独占性的，于是在两种实际价值不同而面额价值相同的通货同时流通的情况下，实际价值较高的通货（所谓良币）必然会被人们熔化、输出而退出流通领域；而实际价值较低的通货（所谓劣币）反而会充斥市场。

“劣币驱逐良币”规律曾在美国货币史上有所表现。美国于1791年建立金银复本位制，以美元作为货币单位，并规定金币和银币的比价为1∶15。当时法国等几个实行金银复本位制的国家规定金银的比价为1∶15.5。也就是说，在美国，金对银的法定比价低于国际市场的比价。于是黄金很快就在美国的流通界消失了，金银复本位制实际上变成了银本位制。

1834年，美国重建金银复本位制，金银的法定比价定为1∶16，而当时法国和其他实行金银复本位制的国家规定的金银比价仍然是1∶15.5，这时就出现了相反的情况。由于美国金对银的法定比价定得比国际市场的高，因此金币充斥美国市场，银币却被驱逐出流通领域，金银复本位制实际上变成了金本位制。

为什么在金银复本位制下会发生“劣币驱逐良币”的现象呢？这是因为货币按其本性来说是具有排他性、独占性的。法律规定金、银两种金属同时作为货币金属是与货币的本性相矛盾的。在金、银两种货币各按其本身所包含的价值同时流通（平行本位制）的条件下，市场上的每一种商品都必然会出现两种价格，一种是金币价格，另一种是银币价格。而且这两种价格的对比关系又必然会随着金银市场比价的变化而变化。这样，就必然使市场上的各种交换处于非常混乱和困难的境地。为了克服这种困难，国家用法律规定了金银的比价（复本位制）。但是，这种规定又与价值规律的自发作用发生矛盾，因而出现“劣币驱逐良币”的现象是不可避免的。

因此，当美国规定金币和银币的比价为1∶15，而法国等几个实行金银复本位制的国家规定金银的比价为1∶15.5时，人们可以在美国取得1盎司黄金，把它输送到法国去换取15.5盎司的白银，然后再将15.5盎司的白银运回美国，在美国再购买1盎司黄金，还剩下0.5盎司的白银，除了弥补运输费用以外，还可以得到一笔利润。如此循环往复，就能获得更多的利润。这样，黄金很快就在美国的流通界消失了，金银复本位制实际上变成了银本位制。

而当美国规定金银的法定比价为1∶16时，法国和其他实行金银复本位制的国家规定的金银比价仍然是1∶15.5，这时就出现了相反的情况。人们可以在法国取得1盎司黄金，把它输送到美国去换取16盎司的白银，然后又将16盎司的白银运回法国，在法国再购买1盎司黄金，还剩下0.5盎司的白银，除了弥补运输费用以外，还可以得到一笔利润。如此循环往复，也能获得更多的利润。这样，白银很快也在美国的流通界消失了，金银复本位制实际上变成了金本位制。

因此，在金银复本位制下，虽然法律上规定金、银两种金属铸币可以同时流通，但实际上，在某一时期内的市场上主要只有一种金属的铸币在流通。银贱则银币充斥市场，金贱则金币充斥市场，很难保持两种铸币同时并行流通。

（三）金本位制

金本位制是指以黄金作为本位币币材的货币制度。其具体形式先后经历了金币本位制、金块本位制、金汇兑本位制。

1. 金币本位制

金币本位制是以黄金为货币金属、实行金币流通的一种典型的金本位制。19 世纪中叶到 20 世纪初，世界上主要资本主义国家都采用金币本位制。其主要特征有：(1) 金币可以自由铸造、自由熔化，金铸币具有无限法偿能力；(2) 辅币和银行券可以自由兑换金币；(3) 黄金可以自由输出输入。正是由于允许黄金的自由输出入，金币本位制就有了一套货币自动调节机制，一方面稳定了一国的宏观经济形势，另一方面也稳定了外汇的汇率，有利于国际贸易的发展。

金币本位制是一种相对稳定的货币制度，对资本主义经济的发展曾起过积极的作用。但随着资本主义固有矛盾的加深和世界市场的进一步形成，各资本主义国家之间的矛盾不断加剧，少数国家拥有大量的黄金储备，而拥有少量黄金储备的国家则限制黄金输出，实际上金币本位制此时已不复存在了。而且由于资本主义的迅速发展，对黄金的需求也日益增加，但黄金开采量有限，远远不能满足黄金的需求量。为了解决上述困难，金块本位制应运而生。

2. 金块本位制

金块本位制亦称生金本位制，是指没有金币的铸造与流通，而由中央银行发行以金块为准备的纸币或银行券的货币制度。金块本位制是第一次世界大战以后的产物，主要是由于战后的黄金供给不足，但又要维持金本位制，从而出现了这种有限使用黄金的方式。其特点是：(1) 金币虽然是本位货币，但是在国内不流通，只有纸币流通；(2) 黄金集中存储于政府，金币不能自由铸造；(3) 规定纸币含金量，纸币具有无限法偿效力；(4) 纸币兑换黄金有数量限制。

3. 金汇兑本位制

金汇兑本位制又称虚金本位制，是指银行券在国内不能兑换金块，只能兑换外汇的一种金本位制。其特点是：(1) 单位货币规定有含金量，但不能直接兑换黄金，只可换取外汇，以外汇间接兑换黄金；(2) 中央银行将黄金外汇存于另一个实行金本位制的国家，规定本国货币与该国货币的法定比价；(3) 以固定价买卖外汇以稳定币制和汇率。

金汇兑本位制最早实行于经济比较落后的殖民地国家，第一次世界大战以前，菲律宾、印度等国曾实行金汇兑本位制。实行金汇兑本位制的国家，实际上是使本国货币依附于经济实力雄厚的外国货币，如英镑、美元、法郎等，从而在经济上和货币政策上受这些国家的左右和控制。

金块本位制和金汇兑本位制是残缺不全的金本位制，是不稳定的货币制度。第一，二者都没有金币流通，金币本位制所具备的自发地调节货币流通量、保持货币币制相对稳定的机制不复存在。第二，银行券不能自由兑换金币，削弱了货币制度的基础。第三，发行基金和外汇基金存放他国，加剧了国际金融市场的动荡，一旦他国币值不稳定，必然连带本国金融随之动摇。

1929—1933 年世界经济危机的风暴迅速摧毁了这种不健全的金本位制，使金本位制彻底崩溃，退出历史舞台，被不兑现的信用货币制度所取代。

知识链接

布雷顿森林体系的形成及崩溃

1944 年 7 月，在美国新罕布什尔州的布雷顿森林召开有 44 个国家参加的联合国与联盟国家国际货币金融会议，通过了以“怀特计划”为基础的《联合国家货币金融会议的最后决议书》以及《国际货币基金组织协定》和《国际复兴开发银行协定》两个附件，总称为《布雷顿森林协定》。

布雷顿森林体系主要体现在两个方面：第一，美元与黄金直接挂钩；第二，其他会员国货币与美元挂钩，即同美元保持固定汇率关系。布雷顿森林体系实际上是一种国际金汇兑本位制，又称美元-黄金本位制。它使美元在第二次世界大战后国际货币体系中处于中心地位，美元成了黄金的“等价物”，各国货币只有通过美元才能同黄金发生关系。从此，美元就成了国际清算的支付手段和各国的主要储备货币。

布雷顿森林体系是以美元和黄金为基础的金汇兑本位制。它必须具备两个基本前提：一是美国国际收支能保持平衡；二是美国拥有绝对的黄金储备优势。但是进入 20 世纪 60 年代后，随着资本主义体系危机的加深和政治经济发展不平衡的加剧，各国经济实力的对比发生了变化，美国经济实力相对减弱。1950 年以后，除个别年度略有顺差外，其余各年度都是逆差，并且有逐年增加的趋势。至 1971 年，仅上半年，逆差就高达 83 亿美元。随着国际收支逆差的逐步增加，美国的黄金储备也日益减少。1949 年，美国的黄金储备为 246 亿美元，占当时整个资本主义世界黄金储备总额的 73.4%，这是第二次世界大战后的最高数字。此后，逐年减少，至 1971 年 8 月，尼克松宣布“新经济政策”时，美国的黄金储备只剩下 102 亿美元，而短期外债为 520 亿美元，黄金储备只相当于积欠外债的 1/5。美元大量流出美国，导致“美元过剩”，1973 年年底，游荡在各国金融市场上的“欧洲美元”就达 1 000 多亿。由于布雷顿森林体系前提的消失，暴露了其致命弱点，即“特里芬难题”。体系本身发生了动摇，美元国际信用严重下降，各国争先向美国挤兑黄金，而美国的黄金储备已难于应付，这就导致了从 1960 年起美元危机迭起，货币金融领域陷入日益混乱的局面。为此，美国于 1971 年宣布实行“新经济政策”，停止各国政府用美元向美国兑换黄金，这就使西方货币市场更加混乱。1973 年的美元危机中，美国再次宣布美元贬值，导致各国相继以浮动汇率制代替固定汇率制。美元停止兑换黄金和固定汇率制的垮台，标志着第二次世界大战后以美元为中心的货币体系瓦解。

（四）不兑现的信用货币制度

不兑现的信用货币制度，也称管理纸币制度，是一种不能兑换黄金，取消黄金保证，而凭借国家信用，通过信用渠道发行和流通的纸币制度。

这种货币制度的主要特征是：在流通中执行货币职能的是纸币和银行存款，黄金不再是一国货币发行的准备。不兑现的信用货币由国家法律规定强制其流通，成为无限法偿和最后支付手段，同时存款货币也随时可兑换成纸币。在这种货币制度下，货币通过信用程序投入流通领域，所以，货币流通是通过银行的信用活动进行调节，而不是像金本位制那样，由本位币自身进行自发的调节。银行信用的扩张，意味着货币流通量增加；相反，银行信用的紧缩，则意味着货币流通量的减少。对货币流通量的调节构成国家对宏观经济进行调控的一个重要手段。至于货币流通量控制在什么水平上，取决于货币流通规律，或者说取决于商品流通领域能够容纳多少货币量。如果国家通过信用渠道所投放的货币量超过了货币实际需要量，那么就必然会出现通货膨胀。

自 20 世纪 30 年代以来，世界各国普遍实行不兑现的信用货币制度。这种货币制度的广泛实施，标志着金本位制度全面崩溃以后一个新的历史阶段的来临。这种货币制度一方面克服了在金本位制下货币数量严格受黄金数量限制的缺陷，从而使货币供给量具有较大的弹性，因此可以根据经济发展的需要调整货币供给量；另一方面，这种货币制度又对国家干预经济、控制纸币的发行量、保持货币流通的正常稳定提出了新的要求。

三、中国的人民币制度

我国的人民币是 1948 年 12 月 1 日开始发行的，1955 年 3 月 1 日起发行新人民币，规定以新币 1 元兑换旧币 1 万元，提高了人民币单位“元”所代表的价值量。人民币主币的“元”，是我国经济生活中法定的计价、结算的货币单位，具有无限法偿能力；人民币辅币的货币单位有“角”“分”两种，元、角、分均为十进制。人民币由国家授权中国人民银行统一发行管理。

人民币地位的确立是与中国共产党政权取代国民党政权相伴而行的。对于国民党发行的法币、金圆券和银圆券，新中国成立后采取了按一定比价迅速收兑的措施；对解放区发行的各种货币也采取逐步收兑、逐步统一的措施，建立起人民的、统一的、独立自主的新货币制度——人民币制度。

我国现行的货币制度较为特殊。我国目前实行“一国两制”的方针，1997 年香港回归、1999 年澳门回归后，继续维持原有的货币金融体制，而台湾地区则使用台币，从而形成了“一国四币”的特殊货币制度。目前规定四种货币各为不同地区的法定货币：人民币是中国大陆（内地）的法定货币，港元是香港特别行政区的法定货币，澳门元是澳门特别行政区的法定货币，台币是台湾地区的法定货币。四种货币各限于本地区流通，人民币与港元、澳门元之间按以市场供求为基础决定的汇率进行兑换，澳门元与港元直接挂钩。

模块总结

1. 货币是充当一般等价物的特殊商品，是商品经济发展的结果。

2. 货币形态的演变，是社会商品经济向前发展的必然结果，其经历了从实物货币、金属货币、纸币、存款货币到电子货币等阶段。

3. 货币的本质是从商品中分离出来的、固定充当一般等价物的商品，它反映一定的生产关系。货币的本质具体表现为货币的职能。货币具有价值尺度、流通手段、支付手段、贮藏手段等职能，其中价值尺度和流通手段是两项最基本的职能。

4. 货币制度是指一个国家以法律形式确定的该国货币的结构、体系与组织形式。世界各国的货币制度有银本位制、金银复本位制、金本位制和不兑现的信用货币制度等类型。我国现行的货币制度是人民币制度，属于不兑现的信用货币制度。

综合练习

一、单项选择题

1. 最早的货币形态是（　　）。

A. 实物货币　　B. 金属货币　　C. 存款货币　　D. 纸币

2. 货币在发挥（　　）职能时可以使用观念上的货币。

A. 价值尺度　　B. 流通手段　　C. 贮藏手段　　D. 支付手段

3. 导致“劣币驱逐良币”这一规律出现的货币制度为（　　）。

A. 平行本位制　　B. 双本位制　　C. 跛行本位制　　D. 银本位制

4. 我国的人民币是在（　　）开始发行的。

A. 1949 年 10 月 1 日　　B. 1955 年 3 月 1 日

C. 1948 年 10 月 1 日　　D. 1948 年 12 月 1 日

5. 俗称的“虚金本位”是指（　　）。

A. 金块本位　　B. 金汇兑本位　　C. 金银复本位　　D. 金币本位

二、简答题

1. 货币的本质是什么？

2. 货币有哪些职能？试说明货币职能的特点和在交换中的作用。

3. 货币形态的发展经历了哪些阶段？

4. 什么是货币制度？它由哪些内容组成？

5. 主币和辅币有何联系和区别？

6. 什么是“格雷欣法则”？

三、实践题

周末和同学一起去校园超市，注意观察货物价格标签，理解货币的价值尺度职能。

案例分析

数字货币时代的来临

2016 年 11 月 8 日，印度总理莫迪宣布终止 500 卢比和 1 000 卢比面值的纸币流通。2016 年 12 月 11 日，委内瑞拉宣布：该国目前最大面值的 100 玻利瓦尔纸币将在 72 小时内彻底退出流通。紧接着，澳大利亚政府考虑废除 100 澳元纸钞并限制现金支付交易。

什么是数字货币？数字货币（Digital Currency）是一种基于数字技术、依托网络传输、非物理形式存在的价值承载和转移的载体。广义的数字货币包括电子货币（电子现金)、虚拟货币、加密货币、数字现金等。狭义的数字货币特指基于区块链和加密运算等技术，依托互联网创建、发行和实现流通的电子货币，即加密货币，典型代表有比特币、莱特币、夸克币、泽塔币、元宝币等。狭义的数字货币包括私人数字货币（比特币等）和法定数字货币（各国央行发行的数字法币）。法定数字货币是由央行或央行授权、借鉴私人数字货币发行机制发行的具有法定货币效力的货币，区别于作为法定货币数字传输机制的电子货币。本质上它仍是中央银行对公众发行的债务，以国家信用为价值支撑。中国人民银行数字货币研究所所长姚前从四个维度对法定数字货币的本质内涵进行了界定和剖析：首先，法定数字货币在价值上是信用货币；其次，从技术上看是加密货币；再次，在实现上是算法货币；最后，在应用场景上则是智能货币。

从货币角度，数字货币的本质仍具备信用货币属性，是一种基于大众对算法技术的信任和社区的广泛接受而人造的信用货币。从技术角度，数字货币是一个由数据码和标识码组成的网络数据包和一套基于分布式账本的互联网支付系统。数字货币的特征：一是创建了基于密码算法的信任机制。二是依托互联网可全球瞬时支付、无边界转移所有权。三是运用数字签名技术实现匿名性。相比于纸币，数字货币优势明显，不仅能节省发行、流通的成本，还能提高交易或投资的效率，提升经济交易活动的便利性和透明度。由央行发行数字货币还保证了金融政策的连贯性和货币政策的完整性，对货币交易安全也有保障。

中国人民银行数字货币研究所所长姚前在北京大学数字金融研究中心举办的第二届“数字金融的中国时代”年会上表示，法定数字货币是数字经济发展的基石，将从四大方面助推数字经济发展。

一是有助于数字经济提质增效。比如在资金支付上，法定数字货币可进行点对点即时支付结算，方便快捷，省去中间方对账、清算、结算流程，自动化执行，降低支付成本和错误率，提高支付效率。

二是有助于数字经济普惠共享。法定数字货币可利用数字技术，加大金融服务对农村、偏远地区、弱势群体的覆盖，为上述受限人群提供一系列合宜的、负责任的金融服务，包括支付、信贷、保险、证券、金融规划等。

三是有助于数字经济宏观调控。法定数字货币的可追踪性及相关技术属性可让中央银行追踪和监控数字货币投放后的流转，获取货币全息信息。

在此基础上，央行可通过大数据分析技术，探知经济个体行为，从微观把握宏观，提高货币调控的预见性、精准性和有效性，有力支撑货币政策和宏观审慎政策的“双支柱”调控框架的健全与完善。

四是有助于数字经济风险防范。通过法定数字货币流对经济信息流的捕捉及基于大数据分析，可及时监测经济的微观动态行为，扩展监管覆盖范围，广泛聚合风险数据，并构建高效、实时、智能的系统性风险监测、预警和管理体系，提高宏观审慎监管效率，有效防范金融系统性风险。

思考：

数字货币的诞生将会对经济生活产生怎样的影响？

模块二

信 用

金融案例导入

在美国，普遍使用以商业征信公司为基础的社会信用管理方式，遍布美国的个人征信公司、追账公司等都是从营利目的出发，向社会提供有偿服务，包括资信调查、资信评级、资信咨询、商账追收等，完全实行市场化运作。

在美国，每个人都有一个“社会安全号”（Social Security Number，SSN），这个安全号可以把一个美国人一生几乎所有的信用记录串在一起，包括个人的银行账号、税号、信用卡号、社会医疗保障号等，都与之挂钩。自 20 世纪 30 年代美国成立社会安全管理局后，联邦政府下令，所有合法公民和居民必须持有有效的社会安全号，该号由国家社会安全管理局统一赋予。只要把某个人的社会安全号码输入全国联网的计算机，任何人均可查到自己的背景资料，既包括年龄、性别、出生日期等这些自然状况，也包括教育背景、工作经历及与税务、保险、银行打交道时的信用状况、有无犯罪记录等。如果一个人有过不良纳税记录，那么，这一记录将永远伴随着他，当他去求职、买保险、买汽车、开公司时，几乎无论他做什么，无论他到哪个州，这一污点都无法抹去，他将因此而四处碰壁。

在美国，社会安全号就如同中国的居民身份证号码，每人只有一个并且终身不变、终身使用。美国是一个联邦国家，即使是作为“身份证”的驾驶执照，也是每个州不同。所以，跟着你一生不变的唯有社会安全号。在很多学校，拿此来做学籍号码。没有它，你只能算是一个社会边缘人，用不了多久，你就会明白，许多东西你必须有社会安全号才能享受到。

对消费者信用评估和提供个人信用服务的中介机构，在美国叫信用局，或称消费信用报告机构。它们专门从事个人信用资料的收集、加工整理、量化分析、制作和售后服务，形成了个人信用产品的一条龙服务。美国的个人信用服务机构实行的是自由的市场运作模式，这些机构都是由私人部门设立的。整个美国有 1 000 多家当地或地区的信用局为消费者服务，但这些信用局中的绝大多数都附属于 Equifax、Ex-perian 和 TransUnion 三家最主要的征信局，或者与这三家公司保持业务上的联系。而这三家征信局都建有覆盖全美国的数据库，包含了超过 1.7 亿消费者的信用记录，从而在事实上形成了三足鼎立的局面。这也构成了美国信用局制度的核心。

美国的信用局制度就个人信用信息的收集、个人信用产品的开发和管理，形成了一套科学的体系，其主要包括三个环节：(1) 个人信用资料的收集和登记；(2) 个人信用数据的加工处理和信用评估；(3) 个人信用产品的销售使用。

在美国，几乎每个成年人都离不开信用消费，要申请信用卡、分期付款、抵押贷款等，都需要对消费者的信用资格、信用状态和信用能力进行评价，这种评价集中表现为信用报告。美国的个人信用报告由三大信用机构提供，对个人的借款习惯进行详细记录和分析。

为了达到既保护个人隐私和合法权益，又保证正常信用信息充分交流的目的，美国法律在以下三个方面做出界定：(1) 什么信息属于个人隐私，应当予以保护；什么信息属于正常的信用信息，应当公开并允许征信机构收集。(2) 如何保证信息的使用目的是正当的，即不能被滥用。(3) 如何保证信用信息的准确性、完整性和及时更新。为了保证消费者的知情权，美国规定任何机构或个人根据征信机构提供的信用报告做出不利于消费者的决定，如拒绝消费者的贷款、工作、牌照申请等，都必须告知消费者提供该信用报告的征信机构的名称、通信地址和电话号码。

如果有了不良记录，可能没人再愿意贷款给你，这时，信用修复机制会帮你解除顾虑，给你提供建议，包括如何清理、重组债务，如何加强理财，以便分批偿还债务等。还清贷款后，再对你观察两三年，如果没有污点，就可以消除不良记录。

项目一　信用的产生和发展

项目任务

1. 掌握信用是怎样产生的；
2. 重点掌握信用的发展过程。

一、信用的产生

“信用”一词，原意指人们在相处时能履行跟人约定的事情而取得的信任，如“讲信用”或“守信用”。但作为经济范畴里的信用则是指借贷行为，即以偿还付息为条件的借贷活动。

经济学中的信用是与商品生产、货币经济密切相关的范畴，是一种体现特定经济关系的借贷行为。所谓借贷行为，是指商品或货币的所有者把商品或货币暂时让渡（即贷）出去，根据约定的时间，到期由商品或货币借入者如数归还并附带一定数额的利息。

信用具有偿还性和付息性这两个特征，其中，偿还性是信用的最基本特征。因此，它具有与一般商品交换不同的价值运动形式。

信用是生产力发展到一定阶段的产物，并随着商品经济的发展而发展。在原始社会初期，社会生产力水平较低，人们的生产生活还难以维持自身的生存需要，社会中根本就没有剩余产品出现。原始社会末期出现了两次大的社会分工，即畜牧业从原始农业中分离出来和手工业从农业中分离出来。社会分工中私有制的出现使得原始社会内部的财富发生分化，社会中开始出现了贫富差距。劳动产品也出现了剩余，较多的社会财富集中于富裕的家庭，而贫困的家庭缺少生活必需的生产资料和生活资料。于是贫困的家庭开始向富裕的家庭借贷。这就是历史上出现最早的信用形式，此时的信用表现为实物的借贷行为。

在货币出现后，货币充当了物物交换的中介，极大地扩大了物物交换的范围。但是在商品货币关系的条件下，商品和货币在各个所有者之间的分布是不平衡的。如商品和货币在不同的国家和地区、不同单位和个人之间在同一时间会出现有多有少的问题。于是社会中必定有些人有多余的货币，同时有一些人急需货币，在商品的买卖关系中出现了盈余单位和赤字单位的现象。这时余缺的调剂方式只能是债权人赊销商品或贷出货币，债务人按照规定日期支付货款或偿还贷款，并且支付一定的利息。就这样，最初的实物借贷逐渐发展为货币借贷，商品货币关系下的信用也就由此产生了。

通过信用活动，我们可以把社会经济运行中暂时闲置的资金聚集起来投入到需要补充资金的单位中去，从而保证了整个经济体系的有效运行。此外，通过信用活动还能够对经济进行干预和调节，如：通过信用活动来控制货币的借贷量，调节货币流通；通过信用活动控制货币的借贷流向来促进或限制某些企业重要产品的生产和销售，扶持或限制某些企业的发展。

参考案例

同货币一样，信用也是一个古老的经济范畴。在西方，早在公元前18世纪，古巴比伦皇帝汉穆拉比编制了一部法典，其中对债务问题做了非常具体的规定。中国古代最早反映借贷的典籍较西方晚。公元前300年孟尝君放债的故事就是其中最有名的一则。他在自己的封邑“薛”放债取息，作为奉养三千宾客的财源之一。有一年，薛地歉收，很多人欠交利息。他派人催收，仍“得息钱十万”。

二、信用的发展

信用是随着生产力的发展而发展的，不同的生产力水平和经济关系下的信用具有不同的表现形式。信用经历了高利贷信用、资本主义信用和社会主义信用三个发展阶段。

（一）高利贷信用

高利贷资本是通过放贷实物或货币而获得高额利息的一种生息资本。高利贷信用是高利贷资本的运动形式。它是一种古老的信用形式，产生于原始社会末期。那时，随着私有制的出现，原始公社内部产生了贫富分化现象，富裕家庭占有大量财富，贫困家庭为了维持生计，不得不向富裕家庭借贷，这就给高利贷信用的产生和发展创造了条件。

在商品经济不发达和小生产经济为特征的奴隶社会和封建社会，高利贷信用得到了广泛的发展。马克思指出：高利贷资本作为生息资本的具有特征的形式，是同小生产、自耕农和小手工业主占优势的情况相适应的。由于小生产者的经济地位极不稳定，意外事件和天灾人祸都可能使小生产者陷入困境，为了维持生产和生活，小生产者不得不求助于高利贷。小生产者的大量存在，构成了对高利贷的稳定需求，这也是高利贷得以不断发展的催化剂。旧中国的高利贷十分活跃，如华北盛行的"驴打滚"、江浙一带的"印子钱"、广东的"九扣十三归"等，都是典型的高利贷信用。

高利贷作为一种信用形式，具有信用的一般特征，如价值单方面转移、到期偿还和收取利息等，同时高利贷也具有自身独有的特点：

第一，高利贷信用的利率特别高。极高的利率是高利贷的显著特征。高利贷的年利率一般都在30%以上，有的甚至高达百分之几百。例如，旧中国江浙一带的"印子钱"，借10元，实得9元，每天还0.2元，还到60天算本利还清。这种借贷实际是以日计息，日息约为1%，月息可达近35%。正如马克思所指出的：高利贷除了货币需求者的负担能力或抵抗能力外，再也不知道别的限制。产生如此高利率信用的根本原因在于：一方面，在自然经济占统治地位的前资本主义社会，商品经济不发达，社会上可用于借贷的闲置资金极为有限，而高利贷的借用者主要是小生产者，他们往往是出于急用而借钱，其对高利贷的需求弹性极小，这种需求（而且是弹性极小的需求）远远大于供给的状况决定了高利贷的利率水平；另一方面，小生产者是在无法维持生活和生产的情况下借贷的，高利贷者明知借者债务偿还困难，风险极高，所以也决定了高利率的产生。

第二，高利贷信用是非生产性的。从高利贷资本的来源看，它是奴隶主、封建主、宗教机构和货币经营者通过各种渠道积累起来的货币资本，不是社会再生产中暂时闲置的资本。从高利贷的用途看，奴隶主和封建主借高利贷，主要是为了享受奢侈的生活以及豢养卫士，发动战争。小生产者借高利贷主要是为了应付意外事件，维持生计。

高利贷信用的这两个主要特征是紧密联系在一起的，由于高利贷利率极高，借债的人根本不可能把借到的资金用于生产，因为生产所得还不够支付利息；反过来，由于生产资金缺乏，导致生产发展缓慢，社会可得资金量增速迟缓，进而产生高昂的利息。高利贷信用的这两个特征都表明高利贷对社会生产起着阻碍和破坏作用。马克思曾一针见血地指出：高利贷不改变生产方式，而是像寄生虫那样紧紧地吸在它身上，使它虚弱不堪，高利贷吮吸着它的脂膏，使它精疲力竭，并迫使再生产在每况愈下的条件下进行。

但高利贷也有其积极的历史作用。首先，高利贷信用是促进自然经济解体和商品货币关系发展的重要因素。小生产者借高利贷往往以破产告终，小农经济遭到的破坏是经常的和严重的，从而加速了自然经济的解体；同时，高利贷高额的利息又迫使借贷者不得不直接或间接地努力发展商品经济和商品交换，从而促进了商品货币关系的发展。其次，高利贷信用对资本主义生产方式的形成起着促进作用。一方面，高利贷迫使农民和手工业者破产，成为失去生产资料的无产者；另一方面，高利贷又造成货币资本的大量集中。这两方面为资本主义生产方式的产生创造了劳动力商品和货币资本这两个必要前提。

（二）资本主义信用

资本主义信用表现为借贷资本的运动。借贷资本是货币资本家为了获取利息而贷给职能资本家使用的货币资本。

借贷资本是在产业资本循环的基础上产生和发展起来的。产业资本在循环周转过程中，由于各种因素的影响，总会有一部分货币资本暂时游离出来并处于"间歇"状态，但这是与资本追逐剩余价值的本性相悖的，这部分资本会力求寻找发挥其职能的场所，这便产生了借贷资本的供给。与此同时，职能资本家为了保持连续的扩大再生产，会产生对货币资本的临时性需求，于是职能资本家和货币资本家为了相同的目标——追逐更多的剩余价值，达成了以有偿的方式来调剂货币资本的余缺，借贷资本的运动便产生了。

由于借贷资本是在职能资本运动的基础上产生并服务于职能资本的一种派生资本，因此，借贷资本的利息低于高利贷资本的利息，它只是借贷资本所创造的利润的一部分，其最高限是平均利润率。

（三）社会主义信用

社会主义信用是指社会主义经济关系中借贷资金的运动形式。社会主义经济是商品货币经济，同样存在商品货币关系，因此，社会主义信用也必然存在。社会主义信用体现了社会主义生产关系，它摒弃了资本剥削的性质，但它作为信用的一种，仍然具有信用的一般特征，它仍然是以偿还为条件的借贷资本的运动。在社会主义市场经济中，代表不同经济利益的资金剩余者和资金短缺者只能借助有偿借贷的形式来实现资金的调剂。

总之，从信用发展的历史进程可以看出，信用作为商品经济的重要组成部分，总是受特定生产方式的制约，同时又反映着一定的生产关系并在其中发生作用。

项目二　现代信用的基本形式

项目任务

1. 了解现代信用的基本形式；
2. 重点掌握商业信用和银行信用。

信用形式是信用关系表现出来的具体形式。随着商品经济的不断发展，信用活动日益频繁，信用形式也日趋多样化。按照不同的划分标准，信用有不同的分类。比如，按地域标准划分，可将信用分为国内信用和国外信用；按信用对象划分，可将信用分为对物的信用和对人的信用；按取得信用的用途划分，可将信用分为消费信用、资本信用、财政信用和投资信用等；按信用的发放主体划分，可将信用分为商业信用、银行信用、国家信用、消费信用、民间信用和国际信用等。本节将着重介绍以信用发放主体为标准进行分类的几种信用形式。

一、商业信用

商业信用是指企业之间在买卖商品时，以延期付款形式或预付货款等形式提供的信用。它是最早出现的信用形式。当商品交换发生延期支付或提前支付，货币执行支付手段职能时，商业信用就产生了。

商业信用具有以下几个显著的特征：

第一，商业信用的主体是生产经营企业。商业信用的债权人和债务人都是直接参加生产和流通并掌握商品的企业。在商品赊销行为中，信用的贷出者（债权人）是商品的卖方，信用的借入者（债务人）是商品的买方，只要双方同意便可签订延期付款或预收货款的协议，无须中介机构介入就可顺利地实现商品的销售，从而保证企业生产或经营的正常进行。所以，商品信用是一种直接信用形式。

第二，商业信用的客体是商品资本。商品信用所提供的资本，不是处于闲置状态的货币资本，而是处于企业资金循环周转过程中的商品资金。在商业信誉中，同时包括两种性质不同的经济行为，即买卖行为和借贷行为。当一个企业把商品赊销给另一企业时，商品的所有权发生了转移，商品的买卖行为即告结束，但由于商品的货款没有及时支付，即存在借贷关系，这种借贷关系是直接为企业生产经营服务的，并没有从企业再生产过程中独立出来。

第三，商业信用和产业资本的动态变化是一致的。由于商业信用所提供的商品资本是产业资本的一部分，所以商业信用的动态变化与产业资本的动态变化是一致的。在经济繁荣时期，商业信用会随着生产和流通的发展、产业资本的扩大而增加；在经济危机时期，商业信用又会随着生产和流通的萎缩、产业资本的缩小而减少。

商业信用的存在，润滑着整个生产和流通过程，对经济发展具有极大的促进作用。但商业信用也有一定的局限性。

第一，商业信用的数量和规模受企业所拥有的资本量的限制。商业信用是企业之间相互提供的，是工商企业之间对现有资本总额的再分配，其最大限度是工商企业的现有资本总额，实际运用中往往只是现有资本总额的一部分。

第二，商业信用受商品流转方向的限制。由于商业信用的客体是商品资本，因而商业信用的产生受到商品流转方向的限制，信用只能由商品的生产者或经营者向该商品的需求者提供，即只能是上游产品企业向下游产品企业、工业企业向商业企业提供商业信用，而不能相反。

第三，商业信用具有对象上的限制。由于商业信用是直接信用，因而工商企业只会与自己有业务联系、相互了解的企业发生商业信用关系。

二、银行信用

银行信用是银行和其他金融机构以货币形式提供的信用。银行信用具有以下特点：

第一，银行信用的主体是金融机构和社会不同经济利益者。银行和其他金融机构在银行信用活动中充当信用中介。它们一方面以债务人的身份通过吸收存款、储蓄或借贷方式从社会各部门、各阶层筹措资金；另一方面以债权人身份通过贷款或投资等形式向社会不同经济利益主体贷放资金，为全社会提供全面的信用服务。

第二，银行信用的客体是货币资金。银行信用是以货币形式提供的。银行通过吸收存款方式可以把社会上各种闲置的资金集中起来，形成巨大的借贷资金，从而克服了商业信用在数量和规模上只局限于企业的现有资本的局限。同时，由于货币具有与一切商品相交换的能力，所以银行信用不受商品流转方向的限制，可以提供给任何一个需要的部门和企业，从而克服了商业信用在授信方向和对象上的局限。

第三，银行信用和产业资本的变动存在不一致性。由于银行信用是一种间接信用，它所吸纳和贷出的资本是独立于产业资本循环的货币资本，所以银行信用的变动具有相对独立性，它与产业资本的变动存在不一致性。比如，经济危机时期，产业资本的循环速度减慢、规模缩小，产业信用也因此大量萎缩，但企业为了防止破产及清偿债务，必然要求大量银行资金的帮助，导致对银行信用需求的激增；同时由于经济危机引起了银行存款减少，这就造成银行信用供不应求，从而引发银行利率大幅上涨。

第四，银行信用具有信用创造功能。任何经济实体只有在具有货币资本或商品资本的前提下才能提供信用，并且对外提供信用的规模受自身资本总量的约束。唯独银行信用是例外。银行能够创造和扩张信用。银行可以通过提供贷款创造出派生存款；可以通过发行银行券、支票等信用流通工具创造信用。

从银行信用的特点可以看出，银行信用克服了商业信用的局限性，极大地扩展了信用的范围、数量和期限，更加有利于社会经济的发展。银行信用已成为当代信用经济的核心和主体，但银行信用仍然不能完全替代商业信用。因为商业信用是与商品生产和流通直接联系的，它能直接为产业资本循环服务，当企业之间可以直接利用商业信用实现融资时，就不必求助于银行信用，而且商业信用是银行信用的基础，一些银行信用业务，如票据贴现、票据承兑、票据抵押贷款等，都是在商业信用的基础上进行的。因此，商业信用是现代信用制度的基础，银行信用是现代信用制度的主导和核心。

三、国家信用

国家信用是指国家以债务人的身份通过举债来筹措资金的一种信用形式。国家信用主要指国家或政府的负债。国家负债的目的一般是弥补财政赤字和解决暂时性的资金不足。国家信用是一种由信用分配转化为财政分配的特殊信用形式。

国家信用有多种形式，如发行政府公债、发行国库券、向银行借款、向国外借款等。其中典型的形式是发行公债券和国库券。公债券是政府为弥补长期的财政赤字而发行的期限在一年以上的长期债券。国库券是政府为解决短期的预算支出而发行的期限在一年以下的债券。国家从国内金融市场筹集资金，形成国家内债；从国外金融市场筹集资金则形成国家外债。

国家信用的产生直接与国家财政相联系。早在公元前4世纪的奴隶时期，就出现了国家由于捐税不够使用而发行期票借债的情况。在封建社会和资本主义社会，国家信用得到了长足的发展。到了资本主义时代，特别是第二次世界大战以来，资本主义各国普遍利用赤字财政，扩大需求，刺激生产，由此造成了巨额的财政赤字，然后通过发行国库券和公债来弥补。20世纪80年代以后，世界上绝大部分国家都发行了巨额的国债和公债，我国也不例外。

在现代经济社会中，国家信用与商业信用、银行信用不同，它与生产流通过程无密切联系。国家利用这种形式筹措资金，可以发挥特殊的作用：

第一，国家信用是调剂政府收支不平衡的手段。一国财政收支在财政年度内，常因先支后收而发生暂时的不平衡，所以往往借发行国库券这种短期债券来解决收支矛盾。通常，国库券必须用一定的预算收入作为担保。

第二，国家信用是弥补财政赤字的重要手段。国家由于各种原因，经常出现较大的财政赤字。第二次世界大战结束以后，西方各国普遍采用凯恩斯的赤字财政政策，扩大社会总需求，以刺激生产发展，结果造成各国财政连年巨额赤字，只好频繁发行公债进行弥补。这类公债发行所筹集到的资金往往具有非生产性。

第三，国家信用是筹措资金用于特定支出的重要手段。我们知道，国家不论其性质如何，其基本的职能都是相同的，这就是要维持国家机器的正常运转，保障社会经济的发展和公众生活的安定。撇开国家信用作为国家干预经济、平衡和促进经济发展的工具不说，在特定的条件下，如战争时期，军费开支必然大量增加，有时甚至占据了国民收入的一半以上份额。面对如此巨大的支出，单单靠正常条件下的税收收入显然是难以维持的。而运用国家信用，将一部分的国民收入通过公债的形式集中到国家手中，然后用于战争支出，无疑是最快捷、最有效的办法。此外，国家在保证日常支出外，进行一些开发性项目或工程的投资，如建设铁路、大型水电站，开发落后地区等，也可通过发行公债来筹措资金予以解决。所以，国家信用作为信用方式来说是一种经济手段或工具。同时，它又能起到其他信用工具或手段起不到的作用。

第四，国家信用是调节经济、稳定经济发展的重要手段。一般来说，由于国家信用的运用者是政府，政府的信誉要高于其他任何部门或企业的信誉，因此政府发行的债券比金融市场上任何形式的信用工具的信誉都要好。只要政府不倒台，那么国家债券的信誉就有可靠的保证。所以，国家债券在金融市场上成为社会公众重点选择的投资对象。利用国家信用筹措资金用于经济建设就成了国家调节经济、干预经济的一个重要手段。在经济发达国家，国家信用的运用是相当普遍和充分的，不仅发行各种长期性质的债券（如公债），还发行大量的短期性质的债券（如国库券），促进了债券市场的繁荣，有效地引导着社会资源在国民经济各个部门间的合理流动，促进了国民经济的健康协调发展。

国家信用是现代信用体系中一种重要的信用形式。它具有以下特点：

（1）国家信用的主体是政府，政府以债务人的身份出现，债权人是国内外经济实体和居民、外国政府以及国际金融组织等。

（2）国家信用的债务凭证风险小、流动性大、收益率低。国家信用所发行的债务凭证的担保主体是一国政府，只要政府不倒台，还款就有保证，因而相对于其他信用形式，国家信用债务凭证的风险更小。根据风险和收益成正比这一经济学定律，较低的风险带来的必然是与其相对应的低收益。国家信用债务凭证具有可转让性，兼具信誉良好，因而市场流动性大大增强。

（3）国家信用的利息支出来自国家税收，由纳税人承担。

四、消费信用

消费信用是工商企业、商业银行及其他金融机构以消费品为对象，向消费者个人提供的信用。消费信用的产生旨在解决消费者个人的支付困难。通过工商企业、商业银行及其他金融机构对消费者提供信用，可以使消费者需求提前实现，从而达到推销产品、促进生产的目的。

消费信用的主要形式有：

（一）分期付款

分期付款是商品销售单位向消费者提供的一种中长期消费信用，多用于购买高档耐用消费品如小汽车、家电等。分期付款是一种最为常见的消费信用形式。消费者在购买时先付一定比例的现款，然后签订分期付款合同，按合同约定逐期偿还贷款并支付利息。在贷款未付清前，商品所有权属于卖者或提供信用者。

（二）消费信贷

消费信贷是指银行和非银行金融机构以货币形式直接对消费者个人或销售企业发放的消费贷款。消费信贷是一种中长期信用，主要有信用贷款和抵押贷款两种方式。消费信贷的还款方式主要有到期一次还本付息和分期偿还本息。

（三）信用卡

信用卡是由发卡机构和零售商共同向消费者提供的一种延期付款的消费信用。消费者可以凭信用卡在约定单位购买商品或支付劳务服务费用等，同时，消费者还可以凭信用卡在规定的额度内向银行透支现金。

消费信用在信用制度发达的国家运用十分广泛，并已深入到人们日常生活的各个领域，在整个社会经济中发挥着重要的作用。主要作用有：(1) 消费信用可以帮助人们提前实现消费愿望，引导人们消费，调节消费结构；(2) 消费信用可以扩大商品销售，开拓新产品市场，促进商品生产和社会经济的发展。但过度的消费信用会增加市场货币量的投放，造成虚假的市场繁荣。

知识链接

没卡成了"外星人"，美国人离不开信用卡

美国是世界上消费信贷相当发达的国家之一，其信用制度较为成熟。比较正规的消费信贷已有 80 多年的历史。据统计，在美国人的日常开支中有 80%以上是用信用卡支付的，现金只占很小的比例。与借记卡不同的是，信用卡不用存钱，信用卡公司会告诉你一个额度，额度内随便花，月底账单来了，寄一张支票过去就可以了。于是，喜欢寅吃卯粮的美国人一年要刷掉上万亿美元。吃、穿、住、行，一卡搞定。美国信用卡的基础是其良好的个人信用体系。美国的个人信用制度相当成熟，表现为：

一、发达的个人消费资料网络

在美国，信用机构是现在 IT 技术应用得最为彻底的金融类机构，高度的货币电子化为个人消费信用档案登记提供了极大的便利，个人收支状况都可以通过发达的信息网络反映出来，银行和资信机构可以通过互联网获得比较全面的资料。个人信用登记制度的建立是通过成立消费者信用报告机构来完成的。第二次世界大战以后，美国消费者信贷报告机构获得了长足的发展。目前一次信用查询的在线答复时间不超过几秒钟。

二、完善的个人资信评估机制

个人资信档案一般包括两方面：一是借款人向银行申请借款时提交的贷款申请表，包括贷款历史、居住情况、收入情况、婚姻情况等方面的信息；二是信用管理机构提供的与借款人信用历史有关的资料，包括未偿还的债务情况、信用卡透支情况、在其他金融机构的贷款记录等。

三、发达规范的金融市场环境

美国很多公司为消费者提供分期付款信贷，其方式是与购买者和商家共同签订合

同，融资公司提供贷款，购买者分期偿还。美国联邦住宅信贷银行为会员储蓄贷款协会提供贷款；政府全国抵押协会为住宅抵押债券二级市场融资；联邦住宅抵押贷款公司为住宅抵押债券的二级市场买卖提供资金支持。储蓄贷款协会可以发行房地产定期存单，由商业房地产公司购买并由保险公司承担一定额度的保险。

四、完善的法律体系

如在消费信贷的环境方面通过了《信贷机会平等法》《诚实借贷法》《公平信贷报告法》《社会再投资法》《诚实贷款法》《信用卡发行法》《公平贷款记录法》等，在还款方面的法律规定有《破产法》。并且，随着市场环境的发展，美国相关法律也不断地加以修正。

因此，美国人一打开钱包，里面一摞摞的都是各种“卡”。一个人同时有三四张信用卡是家常便饭，没有卡的人反倒成了“外星人”。

五、民间信用

民间信用是指居民个人之间以货币或实物形式所提供的直接借贷。民间信用的主体一般是独立从事商品生产经营活动的个人或组织以及家庭个人消费者。民间信用多与生产和生活中临时性的资金需求相关，其期限一般比较短。民间信用的利率一般高于银行同期的贷款利率，有些甚至具有高利贷性质。

民间信用是我国信用形式的补充。改革开放以来，随着个体经济的发展和壮大，民间信用不断发展并初步形成规模。民间信用有助于动员社会闲散资金，弥补银行贷款的不足，在促进我国个体经济的发展方面具有积极作用；但由于民间信用利率较高，会助长部分资金趋向食利，而且由于民间信用具有一定的盲目性和不稳定性，容易造成金融秩序的混乱。因此，我们在发挥民间信用积极作用的同时，应加强对民间信用的管理。

六、国际信用

国际信用是指国家间的相互借贷关系。

国际信用是债权债务关系的国际化。在国际信用中，授信国往往通过借贷资本的输出来带动本国商品的出口以获取利润；而受信国往往利用国际信用来购买发展所需的设备、技术和商品，达到促进本国经济发展的目的。

国际信用的主要形式有：国际商业信用（包括来料加工和补偿贸易等）、国际银行信用（包括出口信贷和进口信贷）、国际政府贷款、国际金融机构贷款、国际债券和国际租赁等。

项目三　信用工具

项目任务

1. 掌握信用工具的特征；
2. 掌握几种主要的信用工具。

信用工具，又叫金融工具，是用来证明债权债务关系的各种具有法律效力的书面凭证。信用工具是随着信用关系和信用形式的发展而不断发展的。它是各种信用关系的反映并为信用关系服务。

一、信用工具的特征

（一）偿还性

信用工具必须在到期时由债务人履行偿付债务的义务。每种信用工具都具有不同的偿还期。偿还期通常指从信用关系产生到债务人全部归还本金所经历的时间，它由持有期和待偿期组成。持有期是指从信用工具签发到出售日（或购买日）为止的时间，待偿期是指从出售日（或购买日）起到信用工具到期日为止的时间。比如，某企业 2013 年 1 月 1 日发行了 10 年期债券，2017 年 1 月 1 日某一购买者从二级市场买进了此债券，则这一债券的偿还期是 10 年，其中持有期为 4 年，待偿期为 6 年。10 年偿还期决定着发行债券的某企业使用借入资金的时间，某购买者关心的是待偿期，而不是持有期，6 年待偿期是该购买者衡量债券收益水平的时间。

信用工具的偿还期有两种极端情况：一是偿还期为零，如纸币和银行的活期存款，后者可以随时要求兑现；二是偿还期为无限，如股票、永久性债券等，它们只能在二级市场上转让，而不能归还借贷的本金。

（二）流动性

流动性是指信用工具在短时间内转变为现金而在价值上不受损失的能力，又称变现力。一般而言，信用工具的流动性与其偿还期呈反方向变化，即期限越长，其流动性越弱；期限越短，其流动性越强。同时，发行者的信用程度越高，信用工具的流动性就越强；反之，其流动性就越弱。

（三）风险性

风险性是指投资于信用工具的本金是否会遭受损失的风险。信用工具的本金可以是其票面载明的货币价值，也可以是持有人获取该信用工具而实际支付的代价。本金可能遭受损失的风险主要有信用风险和市场风险两类。信用风险是指债务人不能按时履行合约并偿还本金和支付利息的风险。信用风险的大小主要取决于债务人的信誉和经营状况。对任何一个投资者来说，信用工具总是存在信用风险的，只是风险有大有小。市场风险是指信用工具的市场价格随市场利率的上升而跌落的风险。信用工具的市场价格与市场利率呈反方向变动。在信用工具收益水平一定的条件下，市场利率越高，信用工具的市场价格就越低；市场利率越低，信用工具的市场价格就越高。

（四）收益性

收益性是指信用工具能够定期或不定期给持有人带来收益的特性。信用工具的收益水平是通过收益率来衡量的。收益率是指持有信用工具所获得的净收益与本金的比率。收益率有三种表现形式：名义收益率、即期收益率和实际收益率。

名义收益率（又称票面收益率）是指证券发行中，票面上规定的每期应付利息额与证券面值之间的比率。比如，某债券面值为 1 万元，票面利息为每年 500 元，则其票面年利率为 5%。

即期收益率是指票面利息与证券当期市场价格之比。用公式表示为：

即期收益率＝票面利息÷证券市场价格×100％

比如，某种面值为100元的债券，其票面年利息为6元，当前市场价格为92元，则当期收益率为：6÷92×100％＝6.5％。

实际收益率是指证券的年平均盈利与市场价格之比。年平均盈利的计算公式为：

年平均盈利＝票面收益＋(票面价值－购入价)÷偿还期限

比如，某债券票面价值为100元，票面年利息为6元，购入时市场价格为92元，偿还期为8年。持有人到期时除了每年获得6元的利息收入外，还可获得1元的盈利。因此，该持有人的实际收益率为：(6＋1) ÷92×100％＝7.6％。

二、信用工具的种类

信用工具的种类很多。近年来随着金融创新的推进，信用工具还具有发展的势头，其品种不断增加。信用工具依据不同的标准，可以有不同的分类。

按期限不同划分，可以将信用工具分为货币市场信用工具和资本市场信用工具。货币市场信用工具主要有商业票据、信用证、信用卡、可转让大额定期存单、国库券等；资本市场信用工具主要有股票、公司债券和中长期公债等。

按发行者是否为金融机构划分，可以将信用工具分为直接信用工具和间接信用工具。直接信用工具主要有政府债券、公司债券、非金融机构股票等；间接信用工具主要有可转让大额定期存单、银行债券和人寿保险单等。

按投资人是否掌握所投资资产的所有权划分，可以将信用工具分为债务凭证类信用工具和所有权凭证类信用工具。所有权凭证类信用工具只有股票一种，其他都属于债务凭证类信用工具。

按信用工具价值的确定依据不同划分，可以将信用工具分为原生信用工具和衍生信用工具。原生信用工具主要有货币、债券、股票等。衍生信用工具主要有远期合约、期货、期权和互换交易等。

本节仅重点介绍几种主要的信用工具。

(一) 商业票据

商业票据是源于商业信用的一种传统信用工具，是工商企业之间由于信用关系而形成的短期无担保债务凭证的总称。具体讲，商业票据是以商品和劳务交易为背景而签发的一种债务凭证。但商业票据只反映由此而产生的货币债权债务关系，而不反映交易的内容。因为交易行为已经完结，商品已经过户，这叫作商业票据的抽象性。相应的特征是不可争辩性，即只要证实票据不是伪造的，应该根据票据所载条件付款的人就无权以任何借口拒绝履行义务。此外，商业票据的签发不再需要提供其他保证，只靠签发人的信用。因而，商业票据能否进入金融市场，要以签发人的资信度为依据。

商业票据有本票和汇票两种。本票是债务人（出票人）承诺在一定时间及地点无条件支付一定款项给受款人的支付承诺书。基本当事人有出票人（付款人）和受款人，本票的出票人就是付款人。汇票是由债权人向债务人发出的支付命令书，命令他在约定的期限内支付一定款项给第三人或持票人。汇票的基本当事人有出票人、付款人（债务人）和受款人（持票人）。汇票进入流通领域后，经过背书，可以转让。汇票必须经过债务人的承诺才有效。债务人承认付款的手续叫承兑。

传统以商品和劳务交易为背景的商业票据（真实票据），在金融市场不断发展的今天逐渐演变成一些信誉优良的大公司在市场上筹集短期资金的借债凭证，这就是融通票据。融通票据的市场不断发展并壮大着。

（二）债券

债券是由债务人签发的，证明债权人有按约定条件获得利息和收回本金的权利的凭证。债券按发行人不同，可以划分为政府债券、公司债券和金融债券。

政府债券是政府为筹集资金而发行的债务凭证。政府通过发行债券获得的资金主要用于弥补财政赤字及国家重点建设项目。政府债券主要有公债和国库券。两者的区别主要在于：一是发行方式不同。公债面向全国公众公开发行；国库券则可以不公开发行，只向银行、保险公司等金融机构发行。二是期限不同。公债期限较长，一般在一年以上，有的甚至永不到期；而国库券期限较短，一般期限在一年以内。我国的国库券与西方国家的国库券在期限上有所不同，我国从 1981 年开始发行国库券到现在，期限一般都在一年以上，它相当于西方国家的政府公债。

公司债券是公司或企业向社会筹集资金而发行的债务凭证。公司债券是企业融资的重要手段。由于公司债券的风险比政府债券大，所以，公司债券的利率一般比政府债券的利率高。公司债券的期限有短期、中期和长期之分，但以中长期居多，一般期限在 10 年以上。

金融债券是银行或其他金融机构发行的债券。金融机构通过发行金融债券可以吸收相对稳定的中长期信贷资金。金融债券既可以在国内发行，也可以在国外发行，如外国债券和欧洲债券。所谓外国债券是指在另一国债券市场上以该国货币为面值所发行的债券；欧洲债券是指在另一国市场上以第三国货币为面值所发行的债券。

（三）股票

股票是股份公司发放给股东，证明其所投入的股份金额并拥有本公司股权的一种所有权凭证。股票是资本市场上借以实现长期融资的信用工具，是持有者取得股息和红利的有价证券。

股票不具有偿还性，但股票可以转让流通。股票可以分为普通股票和优先股票两种。优先股票是相对于普通股票而言的，是指股东有优先于普通股票分红和资产求偿权利的股票。不同股票的持有人，对企业的权益要求是不同的：第一，普通股票的股东在法律上有权参加企业管理，对企业拥有所有权和决策投票权。优先股票的持有人则无上述权利。第二，普通股票的股息是随股份公司经营业绩的变化而变化的；优先股票的股息通常是事先确定的，无论公司经营利润大小都可按固定的收益率取得股息，因而优先股票的收益稳定，风险较小。第三，普通股票的股东享有优先认购权。当公司决定增资配股时，普通股票的股东享有按特定价格认购新发行股票的权利，以达到维持其原来的持股比例和控制能力；优先股票的股东享有优先的剩余财产索取权。当公司破产、改组和解散时，首先还清对外所欠一切债务，其剩余部分优先分配给优先股股东，若还有剩余，才分配给普通股股东。

（四）衍生金融工具

衍生金融工具是指在货币、债券、股票等原生金融工具基础上发展起来的，其自身价值依赖于原生金融工具的一类金融产品。衍生金融工具往往根据原生金融工具的预期价格的变化定值。它的主要类型有远期合约、金融期货、金融期权和互换等。远期合约是合约双方确定以约定的价格在将来某一日期购买或出售某种金融产品的协议。远期合约通常是在两个金融机构之间或金融机构与其客户之间签署的，其交易一般不在规范的交易所进行。远期合约主要有货币远期合约和利率远期合约两类。金融期货又称金融期货合约，是买卖双方同意在约定的将来某个日期以约定的条件（包括价格、地点和交易方式）买进或卖出一定数量某种金融产品的合约。金融期货是一种标准化的合约。金融期货交易一般在规范的交易所完成，交易的买卖双方都必须向交易所缴纳保证金，金融期货交易一般不需要实际交割。金融期货主要有货币期货、黄金期货、利率期货和指数期货等。金融期权是期权买方向期权卖方支付一定费用后，获得在规定的期限内享有按交易双方约定的价格买进或卖出一定数量某种金融产品的权利。金融期权可分为看涨期权和看跌期权。互换是指两个或两个以上的当事人按共同商定的条件，在约定的时间内交换一系列支付款项的金融交易。互换交易可分为利率互换和货币互换两种。

衍生金融工具的功能表现在：一是可以提供转移风险的手段。期货和期权市场将价格、利率、汇率风险从生产商和投资者转移给具有风险偏好的投机家。二是提供价格发现和信息传递机制。在衍生金融工具市场上，人们不断地进行套利、套汇的投机活动，这有助于形成市场价格机制。投机者不断分析和提供信息，有利于信息的传播和流通。

知识链接

金融衍生品——次贷

次贷即“次级抵押贷款”（Subprime Mortgage Loan）。“次”是与“高”“优”相对应的，形容较差的一方，在“次贷危机”一词中指的是信用低、还债能力低。

在美国，贷款是非常普遍的现象。美国人很少全款买房，通常都是长时间贷款。在美国，失业和再就业是很常见的现象，那些收入并不稳定甚至根本没有收入的人，买房因为信用等级达不到标准，就被定义为次级信用贷款者，简称次级贷款者。

次级抵押贷款是指一些贷款机构向信用程度较差和收入不高的借款人提供的贷款。与传统意义上的标准抵押贷款的区别在于，次级抵押贷款对贷款者信用记录和还款能力要求不高，贷款利率相应地比一般抵押贷款高很多。那些因信用记录不好或偿还能力较弱而被银行拒绝提供优质抵押贷款的人，会申请次级抵押贷款购买住房。

美国次级抵押贷款市场通常采用固定利率和浮动利率相结合的还款方式，即购房者在购房后前几年以固定利率偿还贷款，其后以浮动利率偿还贷款。

在2006年之前的5年里，由于美国住房市场持续繁荣，加上前几年美国贷款利率水平较低，美国的次级抵押贷款市场迅速发展。

随着美国住房市场的降温尤其是短期贷款利率的提高，次贷还款利率也大幅上升，购房者的还贷负担大为加重。同时，住房市场的持续降温也使购房者出售住房或者通过抵押住房再融资变得困难。这种局面直接导致大批次贷的借款人不能按期偿还贷款，银行收回房屋，却卖不到高价，大面积亏损，由此引发了次贷危机。

模块总结

1. 信用是一种借贷行为、借贷关系，是一种以偿还为前提条件的特殊的价值运动形式。信用的形式主要有商业信用、银行信用、国家信用、消费信用、国际信用等几种。

2. 普通股股东和优先股股东的权利不同。普通股的股东享有经营管理权、收益分配权、优先认股权、剩余财产分配权，其股息不固定；优先股指股东有优先于普通股分红和优先于普通股的剩余财产分配的权利，但优先股的股东没有选举权和被选举权，对公司的经营决策没有投票权。优先股的股息通常是固定的。

3. 信用工具又称金融工具，是在信用活动中产生的，能够证明债权债务关系、资金所有权关系的具有法律效力的凭证。信用工具具有偿还性、流动性、风险性和收益性的特点。信用工具的种类很多，本章主要介绍了商业票据、债券、股票和衍生金融工具。

综合练习

一、单项选择题

1. 信用的最基本特征是（　　）。

A. 偿还性　　B. 付息性　　C. 流动性　　D. 风险性

2. 最早出现的信用形式是（　　）。

A. 国家信用　　B. 银行信用　　C. 商业信用　　D. 民间信用

3.（　　）是现代信用制度的主导和核心。

A. 国家信用　　B. 银行信用　　C. 商业信用　　D. 民间信用

4. 国家以债务人的身份通过举债来筹措资金的信用形式是（　　）。

A. 国家信用　　B. 银行信用　　C. 商业信用　　D. 民间信用

二、简答题

1. 简述信用的本质及特征。

2. 信用在国民经济运行中有什么作用？

3. 简述商业信用的优点及局限性。

4. 试述银行信用和商业信用的关系。

5. 什么是消费信用？消费信用的发展对国民经济有什么积极意义？

三、实践题

利用课余时间去商业银行柜台或大堂经理处咨询以下问题，以加深对本模块知识点的理解：

（1）目前商业银行一年期存款利率与贷款利率是多少？

（2）信用卡如何办理？有何优惠政策？

（3）如何通过商业银行购买国库券等有价证券？

案例分析

从银联、网联到信联

什么是信联？信联，全称是百行征信有限公司，是一家根据《征信机构管理办法》设立的征信业务公司。2018 年 1 月 4 日，央行受理百行征信有限公司（筹）的个人征信业务申请并进行公示。主要股东及所持股份：中国互联网金融协会，持股 36%；芝麻信用管理有限公司，持股 8%；腾讯征信有限公司，持股 8%；深圳前海征信中心股份有限公司，持股 8%；鹏元征信有限公司，持股 8%；中诚信征信有限公司，持股 8%；考拉征信有限公司，持股 8%；中智诚征信有限公司，持股 8%；北京华道征信有限公司，持股 8%。

信联可以做什么？信联主营个人征信业务。根据《征信业管理条例》的规定，征信业务是指对企业、个人的信用信息进行采集、整理、保存、加工，并向信息使用者提供的活动。信息使用者通过对信用数据的分析、计算了解个人信用状况并进一步提供相应的商业服务。通俗地讲，就是信联可以依法收集你的信用卡消费记录、贷款记录、日常消费记录等信息，并向特定主体提供。

信联出台的意义是什么？信用信息涉及个人隐私，因此征信体系的建立必须在社会商业利益以及公民个人信息保护之间进行平衡。信联的股权结构直观地体现了我国未来的个人征信体系格局和理念：银监会牵头、行业巨头参与，征信数据全面整合到国家掌控之下。信联的出现将对征信行业格局产生重大影响。信联落地，标志着金融市场又一项基础设施建设完成，将解决目前互金市场的征信数据盲点问题。

（1）数据全面整合，体现征信的公平客观。

信用已经成为个人在网络经济时代日益重要的无形财富，也是公民个人的重要隐私；同时片面的、不客观的征信结果对当事方将造成巨大影响。信联的建立可以实现对行业巨头拥有的信用信息的整合，减少“数据孤岛”现象，征信结果将更加全面；在国家力量的参与下，现有征信业务实践将突破个别征信机构固有的利益冲突（各大征信机构都与旗下的具体经营企业相关联），适用更客观的评级标准，征信结果将更加公平。

（2）“国”字当头，保护公民个人隐私。

各大征信机构作为民营力量，对国家征信工作的基本理念和规则理解不够。而且由于其不可避免的商业属性，在经济利益面前，存在侵犯公民个人信息权和个人隐私的风险。有了国家力量的掌舵，公民个人信息安全和社会公共利益将被置于征信工作的核心地位，征信监管的公益性凸显，公民个人隐私保护将得到重视。

（3）现有征信试点机构融合，业务格局将会变化。

现有的获准开展个人征信业务的各大征信机构并未取得正式的征信牌照。信联获批以后，现有试点机构的试点资格会保留还是收回？还是会被核准正式的征信牌照？是否可以继续开展征信业务？……这些问题将会使征信业务格局发生大幅调整。全面覆盖的征信体系将使那些丧失信用、恶意欠债的个体无所遁形，对劣币的驱逐将极大地净化交易环境，确保交易安全。信联的建立代表着我国个人信用体系的建立。

思考：

信联的诞生将对我国经济发展产生怎样的影响？

模块三

利息与利息率

金融案例导入

如果以10%为年利息率，单利和复利的差异会随着时间的推移而不断增大。按照复利计息，达到50年时，其终值会令人望而生畏。由表3-1可见单利和复利随着时间变化的差异。

表3-1　　1元现值、10%年利率各年单利、复利计算的终值比较

年限	1	2	3	5	10	20	30	50
单利终值	1.1	1.2	1.3	1.5	2.0	3.0	4.0	6.0
复利终值	1.1	1.21	1.331	1.610 5	2.593 7	6.727 5	45.259 3	117.391

从表3-1可以看到，单利和复利的差异会随着时间的推移而不断增大。

据说，美国房地产价格最高的纽约曼哈顿是当时欧洲移民花费大约28美元从印第安人手中购买的，如果按照10%的年利率计算，这笔钱现在要相当于美国几年的国内生产总值之和，远远大于整个纽约曼哈顿的所有房地产价值。苏联解体以后，法国提出让俄罗斯政府偿还第一次世界大战时沙皇借款的要求，虽然只有90年左右，但是那笔借款的本息之和足以让俄罗斯破产。大家也许还记得，有一个聪明的大臣讨要的奖赏仅仅是在棋盘的第一个格子中放一粒米，第二个格子放两粒米，第三个格子放四粒米，依此类推，最终可是要将整个王国的粮库掏空的！他要求的年利率相当于百分之一百！

项目一　利　息

项目任务

1. 掌握利息的实质和作用；
2. 了解利息和价格的关系；

3. 重点掌握利息的计算。

一、利息的实质

利息是在货币资金的借贷活动中债权人从债务人手中获得的报酬，或者是债务人支付给债权人的使用贷款的代价。例如，某厂商为了扩大生产，从一货币所有者手中借到为期一年的10万元贷款，期满后该厂商偿还给货币所有者11万元。这其中的1万元就是利息。

如果把经济社会高度抽象为实体部门和货币金融部门，那么，显然社会财富的增加从本源上说就是实体部门扩张和效益增进的结果。但在商品货币经济中，两部门之间必然要发生种种联系，货币资金在向实体经济部门注入时总是有条件的注入。这里面最基本的条件有两个：一是按时回流；二是要带有一个增值额，这个增值额就是利息。

在马克思之前，一些经济学家就探讨了利息与实体经济部门中利润的关系。马克思则透彻地分析了借贷资本和产业资本的关系、资本所有权和使用权之间的关系、货币资本家和职能资本家的关系，指出利息是剩余价值的转化形式，是利润的一种分割，从而从本源上回答了利息的性质问题。

资产阶级经济学家中也有许多人探讨了利息的性质问题，但他们大都是从某个侧面入手来观察利息、解释利息的性质。例如，资本生产力论认为资本具有像自然力一样的生产力，这两种生产力常常结合在一起共同推动社会生产的发展；节欲论侧重从资本来源于储蓄、储蓄来源于节欲的思路上去分析利息的本质，把利息看作节欲的应得报酬；时差利息论则将时间因素导入利息分析，认为同一种类和数量物品的现在价值和未来价值之间存在差别，由于时间的推移，这些物品的边际效用也显著不同，因而出现了利息。对于利息性质的学说还有许多，我们在此不一一介绍。应当说明的是，对任何一种学说，只要它在观点、方法上有一点点可取之处，我们就不应以虚无的态度对待。

二、利息的作用

利息作为资金的使用价格在市场经济运行中起着十分重要的作用。

在商品货币经济中，货币为商品运动提供了一个无差别的衡量尺度，生产的维持和扩张，流通及消费的进行，都可以用货币尺度进行检验。这样，无论是实物资源还是货币资金的使用，只有引进利息观念并发挥其积极作用，才能达到最经济、最有效率的目标。在我国实行计划经济体制时期，市场受到极大限制，货币的积极作用也被压制到最低点。在国家与企业、中央与地方以及微观经济主体之间的资金关系上，无偿调拨和占用资金为主导形式，利息的经济核算、价值补偿等功能都没有充分发挥出来，整体经济的运行效率十分低下。实行改革开放政策后，经过多年的实践，我国的市场经济体系已初具轮廓，微观经济基础与改革前相比已发生了根本性的变化，利息在经济生活中的作用越来越大。

(1) 利息作为企业的资金占用成本已直接影响企业经济效益水平的高低。企业为降低成本、增进效益，就要千方百计减少资金占用量；同时在筹资过程中对各种资金筹集方式进行成本比较。全社会的企业若将利息支出的节约作为一种普遍的行为模式，那么，经济成长的效率也肯定会提高。

(2) 在中国居民实际收入水平不断提高、储蓄占收入比率日益加大的条件下，大多出现了资产选择行为，金融工具的增多为居民的资产选择行为提供了客观基础，而利息收入则是居民资产选择行为的主要诱因。居民重视利息收入并自发地产生资产选择行为，无论是对宏观经济调控还是对微观基础的重新构造都产生了不容忽视的影响。从中国目前的情况看，高储蓄率已成为中国经济的一大特征，这为经济高速增长提供了坚实的资金基础，而居民在利息收入诱因下做出的种种资产选择行为又为宏观紧缩调控中的“软着陆”、资本市场发育以及中小型国有企业民营化做出了积极的贡献。

(3) 由于利息收入与全社会的赤字部门和盈余部门的经济利益息息相关，因此，政府也能将其作为重要的经济杠杆对经济运行实施调节。例如，中央银行若采取降低利率的措施，货币就会更多地流向资本市场，当采取相反措施提高利率时，货币就会从资本市场流出。如果政府用信用手段筹集资金，它也可以用高于银行同期限存款利率水平的利率来发行国债，将民间的货币资金吸收到政府手中，用于各项财政支出。

三、利息与价格的关系

在一个信用占主导地位的经济里，利息会渗透到生活的方方面面。一个企业即使不借入资金而完全靠自有资金进行生产经营活动，它也要将利息作为机会成本进行效益核算。因为根据替代原理，这类没有负债的企业即使不将资金投向自身预定的经济活动，而是简单地把这些资金贷放出去，它们也能得到与市场平均利息率大体相当的收益。因此，货币资金在一定的时间内注定要获得一定的利息，利息作为一个具有广泛影响的经济变量也必然与许多经济变量发生关系。

利息作为货币资金的价格首先要与一般商品的价格发生关系。从微观角度看，任何商品生产参与经济活动的目的都是追逐利润，在价格水平一定的情况下，如果商品的全部成本低于销售价格，那么，这种商品就是可盈利商品。由于利息是计入成本的，在其他条件不变时，如果利息水平提高了，那么，随着商品总成本的提高，利润就会减少；如果利息增加比重较大，利润还常常变为负数。假若任何商品生产都在追求平均利润率，那么，只要利息水平提高，商品生产者为保证利润预期目标的实现也要相应提高商品的价格。当利息水平降低时，商品生产者在确保一定利润水平的前提下，为提高商品的竞争力，一般也会相应降低商品销售的价格。由此可见，从微观上说，利息水平与一般商品的价格是正相关关系。那么，从宏观角度看，利息和商品价格变动是否也是正相关关系呢？大多数经济学家都持这样一种观点：在一个储蓄的利率弹性和投资的利率弹性都比较充分的经济体系中，如果货币当局运用提高利率的手段来调节经济，那么总需求特别是投资需求就会因为资金成本的提高而减少，社会总需求减少了，而商品供给在短时期内却未见减少，商品的价格水平自然就会下降；在相反的利率变动背景下也会出现相反的情况。从这种宏观意义上考察，利息率的变动与价格总水平的变动似乎又有一种负相关关系。在货币理论史上，有一个与上述推论相反的统计分析结论，J. M. 凯恩斯将这一统计分析结论称为“吉布逊谜团”。英国经济学家吉布逊对英国 1791 年至 1928 年长达 138 年的名义利率（以长期公债收益率为代表）和物价（以批发物价指数为代表）的关系进行研究，发现名义利率和物价指数保持着一种正相关关系，显然，这一统计现象对利率与物价具有负相关关系的传统理论推论是一种严峻挑战。为什么会出现这种正相关现象？许多经济学家都提出了自己的假说，对这些假说，我们不一一介绍。我们只要注意一点：利息与物价是两个有紧密关系的经济变量，它们之间的相互关系依一定的经济条件和时间条件呈现可能不同的变动规律。

四、利息的计算

（一）利息的计算方法

利息的计算有两种基本方法：单利与复利。

单利计算利息的特点是对利息不再付息，即不论时间长短，利息的计算只按本金计息。其计算公式为：

$$I=Prn$$
$$F=P(1+rn)$$

式中，I 为利息；P 为本金；r 为利息率；n 为借贷期限；F 为本金和利息之和（简称本利和）。

例如：一笔为期 3 年、年利率为 6%的 10 万元贷款，则：

$$I=100\,000\times6\%\times3=18\,000(\text{元})$$
$$F=100\,000\times(1+6\%\times3)=118\,000(\text{元})$$

复利是一种将上期利息转为本金一并计算、逐期滚算的方法。如按年计息，第一年按本金计算；第一年年末所得的利息并入本金，第二年则按第一年年末的本利和计息；第二年年末的利息并入本金，第三年则按第二年年末的本利和计算；依此类推，直至信用契约期满。其计算公式为：

$$F=P(1+r)^n$$
$$I=F-P$$

若将上述实例按复利计算，则：

$$F=100\,000\times(1+6\%)^3=119\,101.6(\text{元})$$
$$I=119\,101.6-100\,000=19\,101.6(\text{元})$$

（二）现值与终值

由于利息成为货币资金增加的一般形态，而利率又决定着货币资金的增值程度，所以，任何一笔货币资金，不论将做怎样的运用，都可以根据利率计算出在未来某一时点上，本利和将会是多少。这个本利和也称为终值，如上例按复利计算的 119 101.6 元即为终值。

相反，如果我们知道在将来某一时点有一定金额的货币，把它看作那时的本利和，按现行利率计算要取得这样金额的本利和在现在必须具有的资金，这个推算出来的本金称为现值。求现值的方法实际上就是复利的逆运算，也就是求终值的逆运算。现值的计算公式为：

$$P=\frac{F}{(1+r)^n}$$

例如：3 年后需要用一笔 100 000 元的货币，按年利率 6%计算，则现在需要准备的本金为：

$$P=\frac{F}{(1+r)^n}=\frac{100\ 000}{(1+6\%)^3}=83\ 961.93(\text{元})$$

求现值也称贴现，所以现值也称贴现值。现值概念广泛运用于投资决策和财务管理中。

（三）年金终值与现值

年金是指在某一确定的时期内，每期都有一笔相同金额的系列收付款项。年金实际上是一组金额相等、每相邻两笔时间间隔都相等的现金流序列，通常用 A 来表示年金。年金是一组等额定期收入或者支出，它具有两个特点：一是收入或者支出的金额都是相等的；二是相邻两笔收入或者支出的时间间隔必须是相等的。

一般来说，折旧、租金、利息、保险金、分期付款等都会构成年金。根据年金的不同特点，年金又可以分为普通年金、预付年金（先付年金）、永续年金等。

1. 普通年金

普通年金是指每期收入或支出发生在该期期末的年金。用 A 表示年金，P 表示年金现值，r 表示利息率，则普通年金现值的计算公式为：

$$P=\frac{A}{r}\left[1-\frac{1}{(1+r)^n}\right]$$

用 F 表示年金终值，则普通年金终值的计算公式为：

$$F=A\cdot\frac{(1+r)^n-1}{r}$$

例如：假设现有某商品房，可以使用 70 年，每年可以获得纯租金收益 5 万元，购买时的市场利率为 10%，请问价格为多少合适？

解：

$$P=\frac{A}{r}\left[1-\frac{1}{(1+r)^n}\right]=5\times\frac{1}{0.1}\times\left[1-\frac{1}{(1+0.1)^{70}}\right]=50\times0.998\ 7=49.94(\text{万元})$$

可见，购买价为 49.94 万元是合适的。

又例如：小李今年 22 岁，刚刚参加工作，准备存钱买房，他每年从工资收入中拿出 5 万元在年底存入银行，银行利率为 10%，请问当他工作 5 年后，可以拥有多少银行存款？

解：

$$F=A\cdot\frac{(1+r)^n-1}{r}=5\times\frac{(1+0.1)^5-1}{0.1}=30.53(\text{万元})$$

所以，他工作 5 年后可以拥有 30.53 万元的银行存款。

2. 预付年金

预付年金，又称先付年金，是指每期的等额收入或者支出发生在本期期初的年金。普通年金发生在每期的期末，而预付年金则发生在每期的期初。预付年金的每期收入或者支出都比普通年金早一期发生，因此预付年金的现值或终值都等于同期限、同金额的普通年金的现值或终值乘以（$1+r$）。

承上例，如果存款发生在每年的年初，则5年后小李的银行存款总额为：

$$30.53\times(1+0.1)=33.583(\text{万元})$$

3. 永续年金

永续年金是指无期限的、每期的等额收入或者支出发生在本期的期末的年金。永续年金没有终止的时间，因此只有现值没有终值。永续年金的现值用以下公式计算：

$$P=\frac{A}{r}$$

例如：某企业想给某大学设立一个永久性的奖学金基金，希望每年能从该基金中拿出10万元来奖励品学兼优且家庭经济困难的学生。考虑到基金资金的安全性，基金管理人计划用基金购买近乎无风险的国债，将其产生的利息收入作为奖学金。

假设一年期国债的平均利率为4.5%。那么，该企业要向学校捐赠多少款项才能设立该奖学金基金呢?

解：

$$P=\frac{A}{r}=10\div0.045=222.22(\text{万元})$$

该企业要向学校捐赠222.22万元才能设立该奖学金基金。

项目二　利息率

项目任务

1. 了解什么是利息率；
2. 重点掌握利率的分类。

一、利息率的定义

利息率，又称利率，是指一定时期内利息额同贷出资本额（本金）的比率。它体现着借贷资本或生息资本增值的程度，它是衡量利息的量的尺度。利率用公式表示为：

利息率＝利息额/本金额×100%

例如：某人为了扩大自己企业的生产规模，向小王借了10万元购买生产设备，一年后获利5万元，他将其中的1.5万元作为利息支付给小王，则这笔钱的利息率为：

$$\frac{15\,000}{100\,000}\times 100\%=15\%$$

利息率的表示方式有年利率、月利率和日利率。年利率一般以本金的百分之几表示，通常称为年息几厘，例如，年息 3 厘，就是指本金 100 元，每年利息 3 元。月利率一般以本金的千分之几表示，通常称为月息几厘，如月息 3 厘，即指本金 1 000 元，每月利息 3 元。日利率一般以本金的万分之几表示，通常称为日息几厘，如日息 3 厘，就是指本金 10 000 元，每日利息 3 元。

年利率/12＝月利率

月利率/30＝日利率

年利率/360＝日利率

二、利率的分类

利率是一个十分复杂的经济变量系统。它之所以复杂，一方面是由于金融资产的多样化，另一方面还由于人们可以从不同的角度考察利率，使其具有各种各样的表现形式。

（一）名义利率与实际利率

名义利率，也称挂牌利率，是指对物价变动因素未作剔除的利率，通常是借贷契约和有价证券上载明的利息率。它是投资者根据借贷契约应该收到的利息率或债务人应该支付的利率。实际利率是指名义利率剔除物价变动因素，以实物为标准计算出来的利率。它表明投资者实际获得的利率或债务人实际支付的利率。名义利率、实际利率、通货膨胀率三者之间的关系为：

$$r=I+p$$

式中，r 为名义利率；I 为实际利率；p 为通货膨胀率。

在市场经济运行中，由于物价水平要随商品供求及货币供求关系变动而不断发生变化，即使名义利率水平相对稳定，实际利率水平也会不断发生变化。实际利率是资金使用或占用的真实成本，它的变化势必会对货币资金的供求关系及人们的资产选择行为发生影响。

（二）短期利率与长期利率

短期利率是指融资时间在 1 年期以内的利息率。长期利率是指融资时间在 1 年以上的利息率。一般长期利率高于短期利率。因为融资期限长、市场变化大、经营风险大，导致融资风险也大；融资期限越长，使用借入资金经营获得的利润越多，因此，借者所应支付的利息就应越多。划分长短期利率的意义主要在于：明确融资期限长短对利率水平的影响，掌握期限利率结构的管理要求，确保借贷资金的真实收益。

（三）固定利率与浮动利率

固定利率是指在整个借贷期间内不随借贷资金供求状况变化而变化的利率。固定利率具有简便易行、易于计算借贷成本等优点。在借贷期限较短或市场利率变化不大的条件下，可采用固定利息率。但当借贷期限较长或市场利率变化较快时，其变化趋势很难预测，货币资金借出者和借入者可能都要承担利率风险。所以对于中长期贷款，借贷双方都不愿采用固定利率。

浮动利率又称可变利率，是指在借贷期间内利率随资金市场供求状况的变化而定期调整的利率。调整期限和调整时作为基础的市场利率的选择，由货币资金借贷双方协商决定。实行浮动利率，在计算利息成本时要困难一些，利息负担也可能会加重，但是借贷双方承担的利率风险较小，利息负担同资金供求状况紧密结合，所以一般中长期贷款都会选用浮动利率。

（四）官方利率与市场利率

官方利率又称法定利率，是指由政府金融管理部门或者中央银行确定的利率，各金融机构以此为参照或必须执行的利率。按照作用机制不同，官方利率可分为两种类型：一类是由中央银行操纵的非强制性利率，如再贴现（或再贷款）利率，它是通过影响商业银行等金融机构的筹资成本，引起市场利率水平的变化。在这种情况下，真正对资金供求发挥作用的是市场利率，官方利率只具有指导性效果。另一类是中央银行规定的强制性利率，如对金融机构规定存款利率的最高限、贷款的行业差别利率及债券利率等。在这种情况下，不论市场资金供求状况如何，金融机构或债券等筹资者都必须按照官方利率进行融资活动，对金融运行实际发挥作用的是官方利率，官方利率具有指令性和控制效果。

市场利率是指在金融市场上由资金供求双方自由竞争所形成的利率。它包括借贷双方直接融通资金时商定的利率和在金融市场上买卖各种有价证券时的利率，它随着借贷资金供求状况的变化而变化。

官方利率与市场利率有着密切的关系。官方利率代表了一国政府货币政策的意向，对市场利率具有重要影响。当官方利率与市场利率背离时，官方利率就会产生某些政策效应，如再贴现利率的提高快于市场利率的提高，就会产生紧缩效应，反之则有扩张效应。但是，市场利率又要受借贷资金供求关系以及一系列复杂因素的影响，因此二者并不一致。市场利率是客观存在的，它的变化非常灵敏地反映着借贷资金的供求状况，是国家规定官方利率的重要依据。

（五）一般利率与优惠利率

一般利率是指金融机构按一般标准发放贷款或吸收存款所执行的利率；而优惠利率则是指低于一般标准的贷款利率和高于一般标准的存款利率。优惠利率带有扶持和照顾的性质。在国际借贷市场上，一般以伦敦银行间同业拆放利率为衡量标准，低于该标准的贷款利率被称为优惠贷款利率。优惠贷款利率的执行对象一般都是国家政策扶持的行业、企业或项目。优惠贷款利率有正面作用也有负面作用，使用不当会造成资金浪费、效益下降。优惠存款利率更多的是各金融机构为争取客户和存款的竞争手段，在实行利率管制的国家一般没有优惠存款利率。

（六）存款利率与贷款利率

存款利率是指客户在银行或其他金融机构存款所取得的利息与存款额的比率。存款利率的高低直接决定了存款者的利息收益和银行及其他金融机构的融资成本，对银行集中社会资金的数量有重要影响。一般来说，存款利率越高，存款者的利息收入越多，银行的融资成本越高，银行集中的社会资金数量越多。存款利率随存款种类和档次而变化，由于存款种类很多，因而存款利率相当复杂。就一般情况而论，经济发达的国家，资本积累已达到相当高的程度，资金供给比较充足，存款利率较低；经济落后的国家，资金缺乏，存款利率普遍较高。

贷款利率是指银行和其他金融机构发放的贷款所收取的利息与贷款本金的比率。贷款利率的高低直接决定着利润在企业和银行之间的分配比例，因而影响着借贷双方的经济利益。贷款利率越高，银行和其他金融机构的利息收入越多，借款企业留存的利润就越少。贷款利率因贷款种类的不同而不同，例如，流动资金贷款利率、固定资金贷款利率、抵押贷款利率、票据贴现利率等。同一类贷款中也因贷款期限不同而利率高低不同。

存、贷款利率之间应保持一定的差距，以保证金融业有利可图，否则，金融业就失去了生存发展的基础。存、贷款利率的差距到底有多大，可按历史传统和约定俗成的规定。一般而言，当贷款利率与存款利率存在很大差距时，可能使直接融资趋于活跃，通过银行进行的间接融资减少。当存款利率较高而贷款利率较低时，或者当存款利率提高的幅度大于贷款利率提高的幅度时，可能会促使存款增加，特别是当存款利率高于投资收益时，企业趋向于把资金存入银行而不去投资，从而造成投资减少。当存款利率相对较低，或者当存款利率下降的幅度大于贷款利率下降的幅度时，可能会促使存款减少、投资增加。

由此可见，存款利率与贷款利率关系密切。存、贷款利率的差距直接决定着金融部门的经营状况。存款利率的高低直接影响银行集中社会资金的规模，进而对借贷资金的供求状况和贷款利率产生影响；贷款利率的高低直接影响贷款规模。

三、利率的结构

在利率体系中，任何一种利率都因资金的借贷期限不同和融资风险不同而存在利率水平上的差异，这就是利率结构问题。利率结构主要包括两方面内容。

（一）利率的风险结构

利率的风险结构是指由于各种不同的资金借贷具有不同的风险所形成的利率差别。这是因为资金贷出者普遍要求贷出资金的风险在利息收益方面得到补偿，预期风险越大，他所要求的利率就越高。

利率的风险结构首先表现为不同信用形式上的利率差别。一般来说，在各种信用主体中，国家信用的等级最高，因而国家信用的风险最低。银行作为专门经营货币资金的经济组织，在很大程度上依靠其社会信誉展开经营，所以，银行信用的风险也较低，但要稍高于国家信用。企业因为在从事各种生产经营活动中受各种不确定因素的影响较大，所以信用风险较大。至于民间信用，由于比较分散，大多在私下协议进行，因此信用风险最高。这样，利率也就按照国家信用、银行信用、企业信用、民间信用的顺序依次递增。一般来说，国家债券利率低于银行存款利率，银行存款利率低于公司债券利率，公司债券利率低于民间借贷利率。当然，各种信用形式间的利率差距还受到社会对不同信用的需求以及各种信用主体之间竞争的影响。

其次，利率的风险结构表现在银行具体贷款利率的确定上。银行一般根据具体一笔贷款风险的大小，在纯利率基础上加上不同的风险利率。比如前面提到的一般利率与优惠利率。

(二) 利率的期限结构

利率的期限结构是指由于借贷期限长短不同而形成的利率差别。决定利率期限差别的因素主要有以下三个：

1. 预期收益的确定性程度

一般来说，期限短的贷款取得预期收益的把握大一些，贷款归还的保证程度高一些，利率就相应低一些；期限长的贷款取得预期收益的把握小一些，贷款归还的保证程度低一些，利率就相应高一些。

2. 流动性强弱

对于各种金融资产，人们普遍具有追求流动性的愿望，从某种程度上来说，利息就是对缺乏流动性的一种补偿，流动性越强，人们所要求的利息补偿越小，利率就越低；流动性越弱，人们所要求的利息补偿就越大，利率就越高。而金融资产的流动性与期限长短是负相关的，期限越短，流动性越强；期限越长，流动性越弱。所以，期限越短，利率就越低；期限越长，利率就越高。

3. 资金的时间价值

随着时间的推移，资金能够带来利息收入，一定时期利上加利的总和就构成了资金的时间价值。人们在进行资金借贷时，必然考虑到这一点。因此，如果不考虑风险性、流动性要求及其他因素，长期贷款利率应等于按复利计算的短期贷款利率。

知识链接

资金的时间价值

拿破仑1797年3月在卢森堡第一国立小学演讲时说了这样一番话："为了答谢贵校对我，尤其是对我夫人约瑟芬的盛情款待，我不仅今天呈上一束玫瑰花，并且在未来的日子里，只要我们法兰西存在一天，每年的今天我将亲自派人送给贵校一束价值相等的玫瑰花，作为法兰西与卢森堡友谊的象征。"时过境迁，拿破仑穷于应付连绵的战争和此起彼伏的政治事件，最终因惨败而被流放到圣赫勒拿岛，把在卢森堡的诺言忘得一干二净。

可卢森堡这个小国对这位"欧洲巨人与卢森堡孩子亲切、和谐相处的一刻"念念不忘，并载入他们的史册。1984年年底，卢森堡旧事重提，向法国提出违背"赠送玫瑰花"诺言的索赔；要么从1797年起，用3路易作为一束玫瑰花的本金，以5厘复利（即利滚利）计息全部清偿这笔"玫瑰花"债；要么法国政府在法国的各大报刊上公开承认拿破仑是个言而无信的小人。

起初，法国政府准备不惜重金赎回拿破仑的声誉，但却又被计算机算出的数字惊呆了：原本3路易的许诺，本息竟高达1 375 596法郎。经过苦思冥想，法国政府斟词酌句的答复是："以后，无论是在精神上还是在物质上，法国将始终不渝地对卢森堡大公国的中小学教育事业予以支持与赞助，来兑现我们的拿破仑将军那一诺千金的玫瑰花信誉。"这一措辞最终得到了卢森堡人民的谅解。

项目三　决定和影响利率水平的因素

项目任务

1. 了解马克思的利率决定理论；
2. 掌握利率水平的决定因素；
3. 能够分析影响利率水平的因素。

一、马克思的利率决定理论

马克思对利率决定因素的分析是以其对在资本主义制度下利息本质的认识为基础的。马克思认为，资本主义利息是利润的一部分，是剩余价值的一种转化形态。在资本主义社会中，职能资本家把自己的一部分利润以利息的形式支付给借贷资本家，作为给借贷资本的报酬，这样，利润就分割为两部分：借贷资本家的利息和职能资本家留下的企业主收入。分割利润的利息率既与借贷资本的供求状况有关，也与资本借贷的性质有关。职能资本家借款是为了把它当作资本以获取利润，如果利率高到要拿走他的全部利润而使他无利可图，他就根本不会去借款；同样，借贷资本家也是以增值为目的而贷放货币的。因此，正常情况下，利率水平应介于零和平均利润率之间。马克思的利率决定理论也因此被称为平均利润决定论。

二、决定利率水平的因素

（一）社会平均利润率

如前所述，利息是利润的一部分，所以利息率必然依存于利润率，受到利润率的制约。但利息率的高低并非由个别商品生产经营者的利润水平来决定，而是由大多数商品生产经营者的利润水平共同决定的。在现代社会化大生产的条件下，各个商品生产经营者的利润在竞争中具有平均化趋势，所以利息率决定于社会平均利润率。

在一般正常的经济生活中，利率必然在零和社会平均利润率之间进行波动，即0＜利率＜社会平均利润率，这是利息率确定的经济区间，在这样的区间内确定出的具体利率才具有正常的经济意义。至于利率在区间内究竟如何确定，还取决于社会资金供求状况。

（二）社会资金供求状况

平均利润率对利率的决定作用是就利率总水平而言的，某一时刻的市场利率则是由社会资金供求状况决定的。这是因为在信用经济中，货币资金是一种特殊商品。一方面这种特殊商品的投资和使用能带来价值的增值；另一方面这种特殊商品以利率表示其价格。在金融市场上，货币资金这种商品的价格利率的高低自然要受其供求关系状况的左右。当社会资金供大于求时，利率相应降低；当社会资金供不应求时，利率则相应提高。利率对社会资金供求关系反映的程度取决于供求决定机制是否健全。供求决定越充分的市场，利率越能反映资金供求的真实状况。

三、影响利率水平变动的因素

社会平均利润率和社会资金供求状况所决定的是利率的基本水平，现实的利率水平还要受以下诸多因素的影响。

（一）物价水平的变动

物价水平的变动对利率的影响主要表现为货币本身的升值或贬值的影响。若一国发生通货膨胀，货币贬值，物价上涨，从而使货币的实际购买能力下降。表现在借贷活动中，就是投资或信贷本金的价值随物价上涨而发生贴水，于是利息成为补偿贴水的手段。如果利率不能补偿贴水率，投资和信贷就会受到抑制。反之，一国发生通货紧缩，货币升值，物价下跌，货币的实际购买力提高。表现在借贷活动中，就是投资或信贷本金的价值因货币升值而发生升水，利率水平必然回调。所以利率水平与物价变动水平具有同步发展的趋势，物价变动的幅度制约着利率水平的高低。

（二）国家经济政策

在现代经济运行中，国家对经济的干预成为必然；利率作为一个金融变量，既是一个决定于某些经济因素的经济运行机制中的内生变量，又是一个中央银行货币政策可以影响的外生变量，所以利率成为国家对经济活动进行调节的重要工具。世界各国政府都根据本国经济发展状况和经济政策目标，通过中央银行制定的官方利率来影响市场利率，以达到调节经济、实现其经济发展目标的目的。利率不再完全随着借贷资金供求状况在其确定的经济区域内自由波动，而必须受国家的调节与控制。在经济高涨时期，国家实行紧缩的金融政策，相应会提高利率水平；在经济衰退时期，国家实行扩张的金融政策，相应会降低利率水平。

（三）国际利率水平

随着国际经济联系的日益加深，国际利率水平对一国国内利率水平的影响越来越大。国际利率水平对国内利率的影响是通过借贷资本在国际间的流动来实现的。

若一国国内利率水平高于国际利率水平，外国资本就会向国内流动，国内借贷资本供应就会增加，受供求关系影响，国内利率水平就会慢慢下降，直至与国际利率水平相当。若一国国内利率水平低于国际利率水平，本国资本就会向国外输出，国内借贷资本供应就会减少，受供求关系影响，国内利率水平就会慢慢上升，直至逼近国际利率水平。

借贷资本在国际间的流动渠道主要有两个：一是国际信贷渠道。比如，在国际金融市场利率较低的条件下，银行及其他金融机构从国际金融市场上筹资成本较低，从而使其能够以较低的利率发放贷款，影响国内利率的回落。二是国际贸易渠道。比如，在国际金融市场利率高于国内贷款利率的条件下，出口企业就会把一些可以即期结汇的交易做成远期结汇交易，这实际上等于出口企业向外国进口商提供了一笔贷款，出口企业可以从国际金融市场和国内利率水平的差异中获得收益。

（四）汇率

汇率与利率，从表面上看是两个作用领域完全不同的经济杠杆，但实质上两者具有较强的联动性。

首先，利率的变动能影响汇率。如前所述，若国内国际两个金融市场利率水平不一致，必然会引起资本在国际间流动。资本的输出输入又必然会影响一国国际收支状况，而一国的国际收支状况又直接影响着汇率的变动。比如，若中央银行提高国内利率，使之高于国际金融市场利率，那么在金融市场上银根就会紧缩，公众对外汇需求就会减少；同时，外资又会流入，外汇供应比较充裕，这样就会使外汇汇率相对下跌，本币汇率相对上升。反之，亦然。

其次，汇率的变动也会影响利率水平。若外汇汇率上升、本币贬值时，国内居民对外汇的需求就会下跌，从而使得本币供应相对充裕，国内利率趋于稳定，并在稳中下降。若外汇汇率下跌、本币升值时，国内居民对外汇的需求就会增加，本币的供应处于相对紧张状态，从而迫使国内市场利率上扬。

（五）其他因素

除上述决定和影响利率水平的因素外，还有其他因素也会对利率产生影响。

（1）借贷期限。利率随借贷期限的长短而不同，通常借贷期限愈长，利率就愈高，反之则愈低。

（2）借贷成本。银行经营的成本主要有两类：一是借入资金成本；二是业务费用。而银行收益除中间业务的手续费等收入外，主要是来自存、贷款利率之间的差价收益。所以银行在确定利率水平，尤其是贷款利率水平时，就必然要考虑经营成本，使贷款利率水平高于存款利率水平。

除此之外，一国的民族融资习惯、利率管理、国际协议等都在一定程度上对利率水平及其结构产生影响。

项目四　利率的一般功能和作用

项目任务

1. 掌握利率的一般功能；
2. 重点掌握利率的作用。

一、利率的一般功能

利率之所以作为经济杠杆发挥重要的作用，关键在于它的经济功能。一般来说，利率具有以下经济功能。

（一）中介功能

利率的中介功能具体表现在三个方面：第一，它联系了国家、企业和个人三方的利益，其变动将导致三方利益的调整。第二，它沟通了金融市场与实物市场，特别是两个市场上不同利率之间的联动性，使金融市场和实物市场之间相互影响，紧密相关。第三，它连接了宏观经济和微观经济，利率的变动可以把宏观经济的信息传达到微观经济活动中去。

（二）分配功能

利率具有国民收入分配和再分配的功能。第一，利率从总体上确定了剩余价值的分割比例，使收入在贷者和借者之间进行初次分配。第二，利率对整个国民收入进行合理的再分配，调整消费和储蓄比例，从而使盈余部门的资金流向赤字部门。

（三）调节功能

利率的调节功能主要是通过协调国家、企业、个人三者的利益来实现的。它既可以调节宏观经济活动，又可以调节微观经济活动。对宏观经济调节，主要是调节供给和需求的比例，调节消费和投资的比例等。对微观经济的调节，主要是调节企业的经济活动、个人的经济活动等，使之符合经济发展的要求和国家的政策意图。

（四）动力功能

实现一定的物质利益是推动社会经济发展的内在动力。利率就是通过全面、持久地影响各经济主体的物质利益，激发它们从事经济活动的动力，从而推动整个社会经济走向繁荣。

（五）控制功能

利率可以把那些关系到国民经济全局的重大经济活动控制在平衡、协调、发展所要求的范围之内。例如，通过利率的调整，控制信贷需求，进而影响投资规模、物价等。总之，合理的利率有利于进行有效的宏观控制，从而保证国民经济良性循环。

二、利率的作用

利率是一种重要的经济杠杆，在国民经济的稳定和发展中起到极其重要的作用。具体来说，利率通过其变动产生成本效果、流动性效果和心理效果，对经济运行发生调节作用。利率的变动既能调节宏观经济，又能调节微观经济；既有直接作用，又有间接作用。

（一）利率能影响储蓄的总量与结构

储蓄有广义和狭义之分，在西方经济学中，储蓄是个广义的概念，收入中除去消费，余下的部分都可称作储蓄；狭义的储蓄则仅指居民储蓄存款。获得利息是储蓄的动机之一，利率的高低决定着本金在一定的条件下利息收入的高低。因此，利息无疑会影响储蓄总量的大小。在收入既定的情况下，消费与储蓄是一种此消彼长的关系。利率提高会缩减即期消费，增加储蓄；反之，利率下降会增加即期消费，减少储蓄。可见，消费是利率的减函数，而储蓄是利率的增函数。储蓄是节约目前消费，待将来获得利息收入以后再进行消费，即所谓即期消费和远期消费的互相转化。所以，在说明利率对储蓄总量的影响时，要考虑物价的因素。只有当利率超过物价的上涨幅度时，人们才愿意减少即期消费，以期获得更大的远期消费；否则，人们只会增加即期消费而减少储蓄。以上的分析是在假定收入水平不变的条件下利率变动对储蓄和消费产生的影响。如果收入水平提高了，也可能出现利率水平提高后，储蓄和消费共同增加的现象。利率变动不仅会影响储蓄总量的大小，还会影响储蓄的构成，主要表现在：储蓄者是选择金融资产储蓄，还是选择实物资产储蓄；是选择货币，还是选择股票、债券进行储蓄。这主要取决于各种资产的收益和风险的大小。可见，利率对储蓄的作用是非常明显的。

（二）利率能刺激或抑制投资的规模

投资是经济发展的主要因素和动力，投资可分为实质性投资和证券投资。实质性投资指对生产和流通领域进行的投资活动；证券投资指人们对金融商品或金融资产的购买或持有。利率的变动对二者的影响是不同的。实质性投资与利率高低有着密切的关系。一般来说，低利率有利于刺激投资规模的扩大，因为在其他条件不变的情况下，低利率使企业减少了生产成本中利息的支出，增加了企业盈利，从而刺激企业增加投资、扩大生产规模；反之，高利率会抑制投资规模的扩大。因此，国家往往可以采用差别利率政策进行投资结构调整，对经济发展中的基础产业、短线产业以低息甚至是贴息政策进行扶持，而对于长线产业采取高利率政策，抑制其投资规模。这样，可以改善和优化整个社会的投资结构和产业结构，促进社会投放效益的提高。利率同证券投资的关系则具体表现为：在正常情况下，利率同证券价格成反向变化。当市场利率下降时，资金会更多地流向证券市场，从而导致证券价格上升；反之，利率上升，证券价格会下降。因此，市场利率的变动是影响证券行市的一个重要因素。

（三）利率有调节物价的作用

在市场经济中，利率变动和物价变动之间有着非常密切的关系。这里，我们就利率遏制通货膨胀的作用进行讨论。通货膨胀是由于流通中的货币量超过了实际需要的货币量而引起物价持续上涨。当流通中的货币量超过实际需要货币量时，提高利率可以抑制信贷需求，收缩信贷规模，从而减少货币供应量，最终使物价稳定。具体来说，当经济过热、发生通货膨胀时，中央银行可以提高再贷款利率或再贴现利率，使商业银行借入资金的成本增加，为了自身的利益，商业银行也会提高贷款利率，这就增加了借款人的融资成本，从而抑制了借款人对信贷资金的需求，缩小了信贷规模。同时，利率还能够通过调节社会总供给和总需求来影响物价。提高利率可以集中更多的社会闲散资金，以存款的形式存在银行。这样，一方面银行可以将集中的资金用于向企业发放贷款，使其扩大生产，增加有效供给；另一方面，又推迟了购买力，减少了社会总需求，使总供给和总需求平衡，最终达到物价稳定。

（四）利率有调节国民经济的作用

利率作为一种重要的经济杠杆，无论是对宏观经济还是对微观经济都起着重要的调节作用。通过上面的分析我们可以看出，利率不但能调节社会总供给与总需求，使之趋于平衡，还可以起到优化产业结构和稳定物价的作用。此外，利率还有下列调节作用：

1. 动员和分配资金

这是利率的基本作用。在生产、流通和其他经济活动的周期中，总会产生临时性的资金需求和临时性的闲置资金。从机会成本考虑，资金闲置其实是资金所有者的一种损失。为避免这种损失或取得更大的收益，资金的所有者就应该让渡资金的使用权给资金的需求者，并从需求者借入资金后经营所获得的利润中取得利息。因此，利率是动员资金的必要手段。正是利率（利息）的存在，才决定了有可能动员和分配资金，并决定了信贷资金的规模和方向。

2. 调节货币流通

利率对货币流通的作用主要表现在：（1）存款利率直接影响银行存款规模，影响消费和储蓄的比例关系。（2）贷款利率直接影响银行贷款规模，决定货币供应量和影响企业的投资、生产规模。正是利率对社会总需求和总供给的影响作用，才决定了社会经济是否稳定，货币流通是否正常顺利进行。

3. 平衡国际收支

平衡国际收支是一国宏观经济政策中的经济目标之一。当国际收支不平衡时，可以通过利率进行调节。例如，当国际收支发生逆差时，可以调整本国利率高过国际市场利率。这样，可以吸引国外资金流入本国，从而改善国际收支。但是，这种调节作用的结果是资本项目下的国际收支状况改善，有可能加重本国的外债负担和抑制本国经济的发展。

4. 刺激企业提高经济效益

对企业而言，利率能够促进企业加强经济核算、提高经济效益。因为企业利润＝销售收入－（产品成本＋利息＋税金）。在通常情况下，产品成本和税金是稳定的。如果企业销售收入不变，企业利润就取决于应付利息的多少，而利息的多少，又与企业占有信贷资金的多少、占用时间的长短以及利息率的高低有关。企业占有信贷资金多、占用时间长、利息率高，则需要支付的利息就多，所得利润就少；反之亦然。如果利率变动，则利润大小也随之变动。企业作为最大可能利润的追求者，就会加强经营管理，加速资金周转，努力节约资金的使用和占用，提高资金使用率。

对个人而言，利率影响其经济行为。一方面，利率能诱发和引导人们的储蓄行为，合理的利率能够增强人们的储蓄愿望和热情。因此，利率的变动在某种程度上可以调节个人消费和储蓄倾向。另一方面，利率可以引导人们选择金融资产，人们将收入化为金融资产保存时，通常会考虑资产的安全性、流动性和收益性。在金融商品多样化的今天，在保证一定安全性与流动性的前提下，主要由利率决定的收益率的高低往往是人们选择时着重考虑的因素。在这种情况下，金融商品的利率差别成为引导人们选择金融资产的有效依据，人们会通过金融商品的利率比较来确定自己的选择。

模块总结

1. 利息是在借贷活动中债务人为取得货币使用权向债权人支付的超过本金的部分。利息的存在基础是信用关系。

2. 利息是国民收入的一部分在社会经济内部的再分配。利率是借贷期内所形成的利息额同借贷本金的比率。利息的计算方法有两种：单利和复利。利率可按不同的划分方法分为若干种类。

3. 利率是调节经济的重要杠杆，是影响经济生活的重要因素，但它本身也受若干因素的制约。决定利率的因素是社会平均利润率和社会资金供求状况，影响利率的因素是物价水平的变动、国际利率水平、国家经济政策、汇率等。

4. 利率作为一种重要的经济杠杆，在国民经济的稳定和发展中发挥重要的作用。

综合练习

一、单项选择题

1. 一定时期内的利息额与本金的比率，我们称之为（　　）。

A. 利率　　B. 平均收益率　　C. 名义收益率　　D. 即期收益率

2. 利率按融资时间不同可划分为（　　）。

A. 短期利率和长期利率　　B. 固定利率和浮动利率

C. 名义利率和实际利率　　D. 一般利率和优惠利率

3. 由政府金融管理部门或中央银行确定的利率是（　　）。

A. 优惠利率　　B. 官方利率　　C. 实际利率　　D. 一般利率

4. 我国居民储蓄存款利率是（　　）。

A. 浮动利率　　B. 实际利率　　C. 官方利率　　D. 优惠利率

二、计算题

1. 小王在银行办理了10 000元的定期存单，存期为5年，年利率为3%，每年计息一次，分别用单利和复利计算存单到期时小王的本利和。

2. 某公司准备建设新厂区，分5次投资，每年年初投资1 000万元，预计第五年年末完工，该公司的投资款项均是向银行借得，年利率为8%，请计算该项目完工时的投资总额。

3. 小江计划每年年末从银行取出10 000元用于春节花销，连续取3年，在银行存款利率为10%的情况下，他现在需向其银行账户存入多少钱?

三、简答题

1. 什么是利息？如何计算利息?

2. 决定和影响利息率水平的基本因素有哪些?

3. 利率在现代经济中有何作用?

4. 单利与复利有何异同?

5. 简述一般利率和优惠利率的区别。

6. 资金供求状况对利率总水平有何影响?

7. 结合我国实际情况简述汇率对利率总水平的影响。

四、实践题

到商业银行柜台查询当前一年期零存整取利率水平，并利用本模块所学知识计算：假设你每月从生活费中节省100元存入银行，一年后可以获得多少本息？同时，利用本模块所学知识为自己的大学生活做好理财规划。

案例分析

中国利率市场化进程

自1993年我国确立利率市场化改革之后，利率市场化进程稳步推进。1993年《国务院关于金融体制改革的决定》提出，中国利率改革的长远目标是：建立以市场资金供求为基础，以中央银行基准利率为调控核心，由市场资金供求决定各种利率水平的市场利率体系的市场利率管理体系。

1996年放开银行间同业拆借利率。

1997 年放开银行间债券回购利率。

1998 年放开贴现与转贴现利率。

2002 年 3 月，中国人民银行统一了中外资金融机构外币利率管理政策，实现中外资金融机构在外币利率政策上的公平待遇。

2004 年 10 月，贷款上浮取消封顶。下浮的幅度为基准利率的 0.9 倍，还没有完全放开。与此同时，允许银行的存款利率都可以下浮，下不设底。

2012 年 6 月，中国人民银行进一步扩大利率浮动区间。存款利率浮动的区间的上限调整为基准利率的 1.1 倍；贷款利率浮动区间的下限调整为基准利率的 0.8 倍。7 月，再次将贷款利率的浮动区间的下限调整为基准利率的 0.7 倍。

2013 年 7 月 20 日起，中国人民银行决定全面放开金融机构贷款利率管制，取消金融机构贷款利率 0.7 倍的下限，由金融机构根据商业原则自主确定贷款利率水平，并取消票据贴现利率管制。

2014 年 11 月，结合推进利率市场化改革，存款利率浮动区间的上限调整至基准利率的 1.2 倍，一年期贷款基准利率下调 0.4 个百分点至 5.6%；一年期存款基准利率下调 0.25 个百分点至 2.75%，并对基准利率期限档次做适当简并。

2015 年 5 月 11 日起，中国人民银行决定金融机构存款利率浮动区间的上限由存款基准利率的 1.3 倍调整为 1.5 倍。

2015 年 8 月 26 日起，中国人民银行决定放开一年期以上（不含一年期）定期存款的利率浮动上限，标志着中国利率市场化改革又向前迈出了重要一步。

2015 年 10 月 24 日起，中国人民银行决定对商业银行和农村合作金融机构等不再设置存款利率浮动上限，标志着我国利率市场化改革基本结束。

思考：

我国利率市场化改革有何利弊？

模块四

金融机构体系

金融案例导入

中国邮政储蓄银行于2007年3月20日正式挂牌成立，截至2008年已建成覆盖全国城乡网点面最广、交易额最多的个人金融服务网络，拥有营业网点3.6万个。2015年12月开始，中国邮政储蓄银行由单一股东向股权多元化迈进。采取发行新股方式，融资规模达451亿元，发行比例为16.92%。2016年8月27日，中国邮政储蓄银行80亿美元IPO（首次公开募股）获批。2016年9月28日中国邮政储蓄银行在香港联交所主板成功上市。

特殊“异象”

邮政储蓄业务从诞生之日起，就蕴藏了诸多“异象”——说它不是银行，但它吸纳存款；说它是银行，但它只存不贷。

始于1986年的邮政储蓄最初被央行界定为只存不贷，其吸收的存款有65%以上来自农村。1990年，邮政储蓄存款由代办改为全额转存央行，由央行支付利息；该利率远高于邮储系统支付给储户的利率，邮政系统据此坐享着一笔稳赚不赔、毫无风险的利差收益。

自1996年至2002年，央行连续8次降息，但邮政储蓄的转存利率仍远高于同期商业银行交存央行的准备金利率。譬如，仅仅2002年当年，央行就向邮政储蓄支付了180亿元的转存利息，成了邮、电分拆之后中国邮政最主要的利润来源。

2003年8月1日，央行提出，邮政储蓄的转存应该实行新老划断，准予此后新增的存款可以由国家邮政局自主运作，但放贷获利仍为禁区；原有的存款（约8 290亿元）继续按4.131%的利率转存在中国人民银行；央行的邮储“包养”政策至此终结，转存款利率下调，甚至比商业存款的一年期利率还低，邮政储蓄当年因此一项就减少了45%左右的收益。

邮政储蓄资金的增长速度超出了所有人的想象

到2005年年末，邮政储蓄存款余额达到1.3万亿元，存款余额居工商银行、农业银行、建设银行及中国银行之后，列第五位。邮政储蓄存款余额市场占有率已经达到9.56%。

2003 年，国家邮政储汇局新增存款 1 496 亿元；2004 年新增 1 750 亿元，也就是说当年能真正走向市场的邮政储蓄资金已经高达 2 000 亿元左右。截至 2006 年 8 月，中国邮政储蓄存款余额达 1.54 万亿元，其中，邮政储蓄资金自主运用资产余额突破 8 000亿元。

相对于其他商业银行，邮政储蓄的优势在于县域金融的网点优势，邮政储蓄银行拥有 2.5 亿储户和 3.7 万个营业网点，其中县及县以下农村网点占到 2/3 以上，且其绝大部分网点已经实现计算机联网，可以实现全国通存通兑。

项目一　金融中介机构与资金融通

项目任务

1. 掌握什么是金融中介机构；
2. 重点掌握资金融通方式；
3. 理解金融中介机构的经济功能及特殊性。

一、金融中介机构

金融中介机构，也称金融机构，指专门从事各种金融活动的组织，包括间接金融活动中的金融交易媒介体和直接金融活动中的中介服务机构等。根据业务的区别金融中介机构通常会被划分为以下三种：间接融资中介机构，如商业银行、信用社等，它们对资金盈余单位发行间接金融工具，如存单、银行票据等，再将获取的资金转让给资金不足单位；直接融资中介机构，如投资银行、证券机构等；其他金融中介机构，如保险、信托、租赁等机构。

金融中介机构存在的必要性在于：

（1）直接融资的优缺点。在直接金融过程中，短缺单位通过出售股票、债券等凭证而获得资金，盈余单位持有这些凭证而获得未来的本息收入（债券）或股息分红（股票）。因此，对于短缺单位来讲，这些凭证是一种负债；对于盈余单位来讲，它们则是一笔资产。这些凭证大多可以在市场上流通，因而具有较高的流动性。由于直接金融避开了银行等中介环节，由资金供求双方直接进行交易（当然，它也要借助于投资银行、证券交易所等金融机构的服务），所以资金短缺单位可以节约一定的融资成本，资金盈余单位则可能获得较高的资金报酬。但是作为一种资金融通渠道，它仍有严重的不足，主要表现在：它要求盈余单位本身具备一定的专业知识和技能；它要求盈余单位承担较高的风险；直接金融市场的门槛较高，对资金短缺单位尤其是中小企业和个人消费者来说，融资难度较大。因此，直接金融的上述不足为间接金融留下了广阔的活动空间。

（2）间接融资的优势。在间接金融过程中，资金的盈余单位和短缺单位并不发生直接的关系，而是分别同金融中介机构发生一笔独立的交易，金融中介机构发挥着吸收资金和分配资金的功能。在这一过程中，金融中介机构是融资风险的直接承担者，它之所以愿意从事中介活动，是为了获得相应的报酬，也就是从资金短缺单位获取的收益扣除向盈余单位支付的成本之后的剩余。对于银行这种中介机构来说，这种报酬表现为存款和贷款的利差。从总体考察，间接金融中介机构的存在至少有以下几种好处：

1）可以减少信息成本和合约成本。资金盈余单位要对短缺单位进行融资，需要了解短缺单位的有关信息，这便会有信息成本。若双方决定采取贷款的形式建立融资关系，还必须谈判，签订合约后，还要监督它的执行，由此产生的成本就是合约成本。如果这些事情都由单个的盈余单位和短缺单位分别来做，那么成本是相当昂贵的。而金融中介机构一般都雇用了大量的经济、金融、会计、审计、评估、法律、策划等方面的专家来完成这些工作，因而要比一般的单个的资金盈余单位更容易提高效率。金融中介机构通过自身的负债把盈余资金集中起来，再选择相应的企业（或证券市场）进行贷款（或投资）。

2）可以降低风险。在直接融资交易方式下，借款人对贷款人的任何一次违约都会使贷款人蒙受巨大损失。而通过集中存款人的资金，金融机构减少了分散贷款的风险。另外，金融中介机构通过投资的多样化，也可以降低风险。

3）可以实现资金期限的转换。正常情况下，单个的资金盈余单位随时都可能从一个盈余单位变成短缺单位，因此它很难对短缺单位进行长期的资金融通。但是，金融中介机构却可以突破这一限制，在保证盈余单位资金流动性的同时，可以集中大量短期暂时沉淀的资金，满足短缺单位资金占用长期性的要求。

正是由于间接融资具有的这些优越性，使得它在资金融通过程中扮演着极其重要的角色。即使在证券市场十分发达的西方国家，大部分资金也是通过金融中介机构来流动和配置的。

二、资金融通方式

所谓资金融通，是一个使暂时闲置的资金通过集中、分配和再分配到最需要的地方和部门的过程。它对资金融通的双方都是有利的。首先，对于借入资金的一方来说，通过借入急需的资金，可以更为有效地安排自己的生产和消费；其次，对于资金的贷出方来讲，能将钱借给急需资金的人去使用，获得资金的一方将会同意为他人所提供的方便支付一定的报酬，因而本来无收益的资金就变成了能够生息的资产。

从资金盈余单位到资金短缺单位的资金流动可以有两条渠道：一是直接金融，也就是资金短缺单位可以在证券市场向资金盈余单位发行某种凭证（即金融工具），比如股票、债券等。当盈余单位花钱向短缺单位购买这些凭证时，资金就从盈余单位转移到了短缺单位手中。二是间接金融，即盈余单位把资金存放（或投资）于银行等金融中介机构，再由这些机构以贷款或证券投资的形式将资金转移到短缺单位手中。资金融通过程如图 4－1 所示。

在市场经济中，资金的融通方式主要通过两条途径得以实现：一条是资金盈余单位和资金短缺单位之间直接协商借款，也可以通过金融市场进行借贷，由前者购入后者发行的直接金融工具来实现。这种由最后贷款人与最后借款人直接借贷资金的资金融通方式，称为直接融资。另一条是通过各种金融中介机构来实现。这种通过金融机构来实现资金盈余

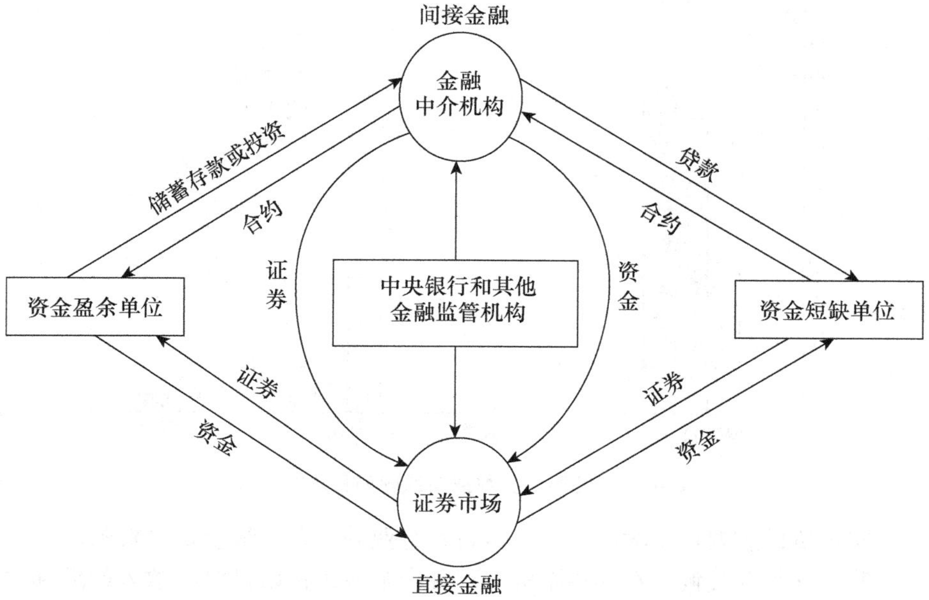

图 4-1　资金融通过程

单位和资金短缺单位之间的资金融通方式，称为间接融资。下面我们以一组数据来表明直接融资与间接融资在实际中的运用情况。

图 4-2 反映了 1970—1996 年美国企业如何通过外部资金（来自企业之外）为其运营融资。其中：40.2%是银行贷款类，主要由银行提供的贷款构成；15.1%是非银行贷款类，主要由其他金融机构中介提供的贷款构成；债券类占 35.5%，包括公司债券和商业票据等可流通的债务证券；股票类只占 9.2%。

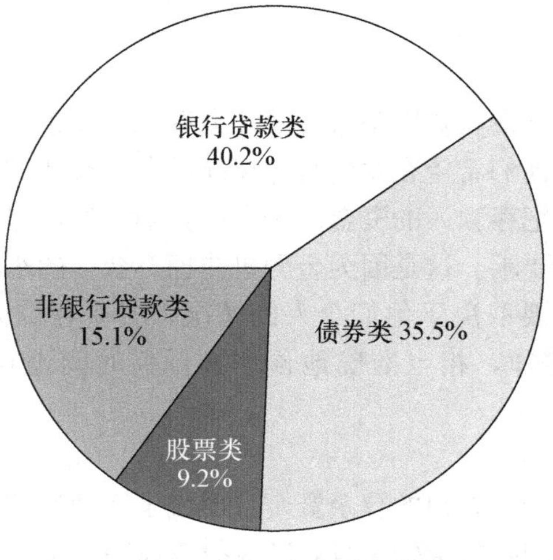

图 4-2　美国企业融资数据

图 4-3 与图 4-2 使用相同的方法，对美国与德国和日本的数据进行比较。

从这些数据我们可以发现以下几点：股票不是企业最主要的外部融资来源；与直接融

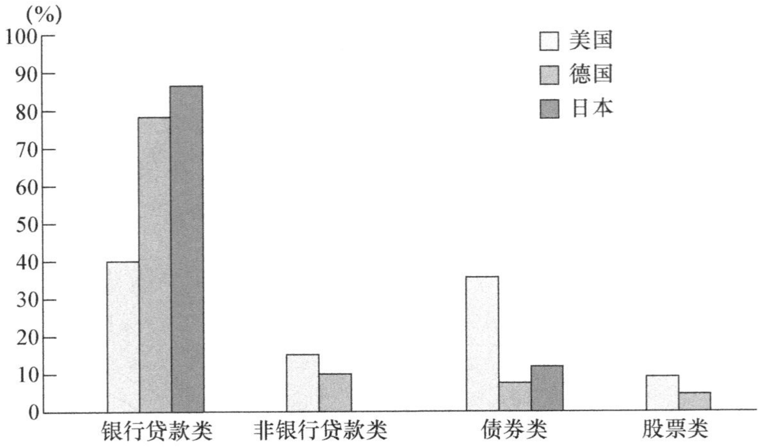

图 4－3　美国融资数据与德国和日本的比较

资相比，间接融资的重要性要大出数倍；银行是企业外部资金最重要的来源。

有一点我们必须要强调，在间接融资中，各个金融机构以付给存款人的低利率和收取借款人的高利率之间的差额来作为其服务费用。那么，为什么借款人愿意支付这笔费用而不去直接融资呢？为什么现代经济中大部分资金融通都是通过金融中介机构进行的呢？这是由金融机构的经济功能及特殊性所决定的。

三、金融中介机构的经济功能

（一）降低融资成本

借款人和贷款人之间融通资金总要花费一定的费用，而金融机构的存在使得融资费用趋于最小。金融机构可通过以下两个途径降低融资成本：（1）降低咨询成本；（2）降低评估成本。

（二）提供长期贷款

许多借款人希望获得长期贷款以购买房屋和大型机械设备等固定资产，而贷款人一般不愿提供长期贷款，因为他们希望在发生紧急情况或发现有新的投资机会时，能利用这些资金。金融中介机构可以把存款人的资金用于发放长期贷款，但仍然能够满足存款人在任何时候提取他们的存款的要求。这是因为金融机构拥有众多的小额存款人，在正常的情况下，他们是否提取存款主要取决于他们个人的情况，各个存款人的取款决定是相互独立的，从而可以应用大数定律，相当准确地预测在任何时间地点被提取存款金额的概率分布。

（三）减少融资风险

由于金融机构汇集了千家万户的盈余资金，形成了巨额经营资金，因而能买进并持有许多种不同性质乃至不同国家的金融工具，减少投资风险；金融机构还可以通过专门的专业管理选择一定的金融资产组合方式，使得风险得以最大限度地抵消，从而保护债权人的利益。

四、金融中介机构的性质和职能

（一）金融中介机构的性质

金融中介机构的性质是以追求利润为目标、以经营货币资金为对象的特殊企业。

在市场经济条件下，金融中介机构首先是个企业，它具有一般企业的基本特征：有从事经营所需要的自有资本，依法经营、照章纳税、自负盈亏、追求利润。从这点来看，它与一般的企业并无两样。金融中介机构的特殊性表现在以下两个方面：

1. 金融中介机构的经营对象是货币资金这一特殊的商品

经营业务内容包括运用各种金融工具以实现货币的借贷、资金的转账结算支付以及各种与货币运动有关的或者与之相联系的金融业务。

2. 金融中介机构在国民经济中的特殊地位决定了它是一种特殊的企业

从整个社会再生产过程来看，金融机构的经营是现代工商企业经营的条件，它在国民经济中的地位远比一般企业重要得多。金融企业在考虑自身利益的同时，更多的是着眼于服从经济发展对资金运动的要求，服从政府对经济发展的特定情势做宏观调控的要求，服从货币政策的需要，如信用扩张或紧缩、特定时期的产业政策等。从这个意义上说，金融中介机构是国家货币政策宏观调控意图的贯彻者、执行者，是社会资金运动，特别是企业资金运营的监督者。一般企业经营不善、资不抵债可以申请破产清算，它的经济影响是局部的、有限的，而金融中介机构则不同，它同整个经济社会，从政府到企业以至个人，发生着横向的、纵向的、方方面面错综复杂的经济联系，成为社会货币流、资金链的中心环节。一旦金融中介机构倒闭，将会导致一系列债权债务关系无法清偿，也就是说，债务链会因此断裂，它对整个经济社会的影响和冲击是巨大而广泛的。为了避免经济的震动，从某种程度上说，国家对金融中介机构有着更多更周全的保障措施，不到万不得已，金融中介机构是不能轻率地宣布倒闭的。这在全世界大多数国家都是一样的。

（二）金融中介机构的职能

金融中介机构作为一个经营货币信用业务的特殊企业，它在经济中发挥着以下职能：

1. 信用中介职能

信用中介是金融中介机构最基本的职能。这一职能是指通过金融机构的负债业务，把社会上的各种闲置资金集中起来，再通过资产业务把它投向各个部门。金融中介机构是作为货币资金的借入者和贷出者来实现资金的融通，并从吸收资金的成本与发放贷款的利息收益差额、投资收益的差额获取利差收入，形成其经营利润的。

通过信用中介职能实现资金盈余与资金短缺之间的融通，并不改变资金的所有权，改变的只是资金的使用权。这种使用权的改变，对经济活动形成了多层次的调节关系。

通过信用中介职能，把暂时从再生产过程中游离出来的闲置资金和居民储蓄资金，转化为执行生产职能的资本，在不改变社会资金存量的条件下，通过改变资金的流动性和使用量，扩大再生产规模。

信用中介职能，又能通过金融市场的利益导向，把社会资金安排在市场需求最迫切、产出效益最好的经济部门，即能以最高利率获取资金的经济部门。这种资金资源的优化配置，使社会产业结构在市场指导下得以优化，促进了经济的健康增长和协调发展。

2. 支付中介职能

支付中介职能是指为工商企业和其他存款户办理与商品货币运动有关的技术性金融服务。如通过存款在账户上的转移代理客户支付；在存款的基础上为客户兑付现款；等等。目前，金融中介机构已成为工商企业、机关团体和个人的货币保管者、出纳员和支付代理人。

支付中介职能的发挥，大大减少了现金的使用，节约了社会流通费用，简化了交易结算过程，加速了货币资金的周转，提高了国民经济对资金的利用率，促进了再生产的扩大。

支付中介职能和信用中介职能是相互依存的，因为只有客户在保存一定的存款金额基础上，才能办理支付。如果存款不足，客户会要求金融中介机构给予贷款，即向银行的借贷需求，形成银行的信用业务。支付中介与信用中介相互促进，构成了金融中介机构借贷资金的整体运动。

3. 信用创造功能

信用创造功能是指在现代信用货币制度条件下，金融中介机构通过贷款和投资活动创造存款货币，扩大信用规模的功能。金融中介机构利用其所吸收的存款发放贷款，在非现金结算（支票流通和转账结算）的基础上，贷款又转化为新的存款，在这种存款不提取现金或不完全立即提取现金的情况下，就增加了银行的资金来源，最后在整个银行体系，形成了数倍于基础货币的派生存款。

信用创造功能的发挥，大大减少了货币流通费用。在现代信用货币制度下，银行创造的存款货币构成了社会货币总量的绝大部分。通过贷款创造出的存款货币不需要花费开采、冶炼、铸造、印刷、运输、保管等一系列费用，只需要在银行账面上记载一笔金额数字即可。因此，它是最廉价的货币，也是最富有“弹性”的货币：它随时可受货币政策的调控进行信用扩张或紧缩，具有伴随实物经济的扩张与收缩相对应的货币供给弹性。当然，这种信用业务的扩张不是无限制的，它要受银行现金准备状况和经济发展对信用规模的客观需要制约。

4. 转移和分散风险职能

金融中介机构一方面为客户提供管理风险的方法；另一方面通过直接对资金需求方的市场行为、财务状况、经营运行等方面加以监督来降低资金风险，通过对不同的风险资产进行组合从而分散金融资产的经营风险，通过各种金融工具、金融产品的操作帮助客户转移或分散风险。

项目二　我国的金融机构体系

项目任务

1. 掌握中国人民银行的架构；
2. 掌握我国五大国有商业银行的概况；

3. 掌握政策性银行及其他金融机构的相关内容。

我国的经济体制和货币信用的发达程度与西方发达国家相比有很大的不同，因此，我国金融机构的建立和发展与西方发达国家也迥然不同，具有自己的特殊性。下面主要介绍新中国金融中介机构体系。

一、金融领导与监督机构

（一）中国人民银行

中国人民银行是1948年12月1日在华北银行、北海银行、西北农民银行的基础上合并组成的。1983年9月，国务院决定中国人民银行专门行使国家中央银行职能。1995年3月18日，第八届全国人民代表大会第三次会议通过了《中华人民共和国中国人民银行法》，至此，中国人民银行作为中央银行以法律形式被确定下来。

1998年，按照中央金融工作会议的部署，根据履行职责的需要设立分支机构，改革人民银行管理体制，撤销省级分行，按经济区设立跨省区分行，作为中央银行的派出机构，并实行集中统一领导和管理。目前，中国人民银行在沈阳、天津、济南、上海、南京、广州、武汉、成都、西安设置了九大分行和北京、重庆两家直属总行的营业管理部，在一些地区和城市设立333个中心支行，市辖区设办事处，县设支行。这些分支机构在辖区内履行中央银行的有关职责。

同时，成立人民银行系统党委，对党的关系实行垂直领导，干部垂直管理。2003年随着银监会的成立，中国人民银行专门行使制定和执行货币政策职能。

中国人民银行作为我国的中央银行，处在全国金融机构体系的核心地位，它具有世界各国中央银行的一般特征，是通货发行的银行、银行的银行和政府的银行。其具体职责是：

（1）依法制定和执行货币政策；

（2）发行人民币，管理人民币流通；

（3）按照规定审批、监督管理金融机构；

（4）按照规定监督管理金融市场；

（5）发布有关金融业务和监督管理的命令和规章；

（6）持有、管理、经营国家外汇储备、黄金储备；

（7）经理国库；

（8）维护支付、清算系统的正常运行；

（9）负责金融业的统计、调查、分析和预测；

（10）作为国家的中央银行，从事有关的国际金融活动；

（11）国务院规定的其他职责。

（二）中国银行保险监督管理委员会

为进一步推动金融体制改革，防范和化解金融风险，我国于2003年4月成立了中国银行业监督管理委员会（简称银监会）。银监会是把中国人民银行对银行、资产管理公司、信托投资公司及其他存款类金融机构的监管职能分离出来，并与中央金融工作委员会的相关职能进行整合而成。具体是将原中国人民银行的银行监管一司、主管信托公司和财务公司的非银行金融机构监管司、主管农村信用社的合作金融司、主管市场准入的银行管理司等监管部门并入银监会。

中国保险监督管理委员会（简称保监会）于 1998 年 11 月成立，是国务院直属正部级事业单位，根据国务院授权履行行政管理职能，依照法律、法规统一监督管理全国保险市场，维护保险业的合法、稳健运行。

随着我国经济的进一步发展，金融作为现代经济的核心，必须高度重视防控金融风险、保障国家金融安全。为深化金融监管体制改革，解决现行体制存在的监管职责不清晰、交叉监管和监管空白等问题，强化综合监管，优化监管资源配置，更好统筹系统重要性金融机构监管，逐步建立符合现代金融特点、统筹协调监管、有力有效的现代金融监管框架，守住不发生系统性金融风险的底线，2018 年 3 月，十三届全国人大一次会议表决通过了关于国务院机构改革方案的决定，将中国银行业监督管理委员会和中国保险监督管理委员会的职责整合，组建中国银行保险监督管理委员会（简称银保监会），作为国务院直属事业单位。

2018 年 4 月 8 日上午，中国银行保险监督管理委员会正式挂牌。银保监会的成立，意味着运行了 15 年的中国银行业监督管理委员会和 20 年的中国保险监督管理委员会成为历史，“一行三会”的金融监管格局至此成为“一行两会”。

根据国务院机构改革方案，银保监会的主要职责是，依照法律法规统一监督管理银行业和保险业，维护银行业和保险业合法、稳健运行，防范和化解金融风险，保护金融消费者合法权益，维护金融稳定。而原来银监会和保监会拟定银行业、保险业重要法律法规草案和审慎监管基本制度的职责将划入中国人民银行。

2018 年 5 月 14 日，商务部办公厅发布通知，将商务部制定融资租赁公司、商业保理公司、典当行业务经营和监管规则职责划给银保监会。自 4 月 20 日起，有关职责由银保监会履行。

（三）中国证券监督管理委员会

1992 年，我国成立了国务院证券委员会和中国证券监督管理委员会，负责对全国证券市场进行统一监管。1998 年上述机构合并为中国证券监督管理委员会（简称证监会）。

证监会为国务院直属正部级事业单位，依照法律、法规和国务院授权，统一监督管理全国证券期货市场，维护证券期货市场秩序，保障其合法运行。证监会内设发行监管部、创业板发行监管部、非上市公众公司监管部、市场监管部、机构监管部、风险处置办公室、基金监管部等职能部门。

证监会拟定有关证券市场管理的规则；对证券经营机构从事证券业务特别是股票业务进行监管；依法对有价证券的发行和交易以及向社会公开发行股票的公司实施监管；对境内企业向境外发行股票实施监管。

证监会设在北京，现设主席 1 名，副主席 4 名，纪委书记 1 名，主席助理 3 名；证监会机关内设 18 个职能部门，1 个稽查总队，3 个中心；根据《证券法》第 22 条的规定，证监会还设有股票发行审核委员会，委员由证监会专业人员和所聘请的有关专家担任。证监会在省、自治区、直辖市和计划单列市设立 36 个证券监管局，以及上海、深圳证券监管专员办事处。

二、国有及国有控股的大型商业银行

国有商业银行是我国金融体系的骨干，其由国家专业银行转化而来，资本全部归国家所有。

国有独资商业银行的主体地位是在其作为专业银行时期就奠定了的。目前，国有独资商业银行无论是在人员、机构网点数量上，还是在资产规模及市场占有份额上，在我国整个金融领域均处于绝对举足轻重的地位，在世界大银行排序中也处于较前列的位置。

五大国有商业银行原先有着严格的专业分工，具体情况如下所述。

（一）中国工商银行

中国工商银行主要面向城市，以城市工商企业、机关团体和居民为服务对象，主要经营工商企业存贷款和城镇居民储蓄业务，其存贷款业务规模居各商业银行之首。

中国工商银行的职责主要有：办理城镇储蓄，吸收工商企业和机关、团体、部队、学校等单位的存款；办理国有工商企业、城镇集体企业和个体工商企业的贷款；管理国有工商企业流动资金；管理工商企业和有关企业主管部门用于技术改造的贷款；办理国有企业、集体企业的结算业务；办理委托、租赁、咨询等业务；提供情报咨询服务，提供保管箱服务；代理收购、出售金银；受理人民银行委托的现金管理、工资基金管理等业务。

中国工商银行的业务正日趋综合化，目前已经开始承办外汇业务，并在国外设立了分支机构。

（二）中国农业银行

中国农业银行主要经营农村金融业务，在广大农村遍设分支机构。其主要职责有：调查研究农村经济情况，领导和管理农村金融工作；组织农村资金，办理各项农村存款；支持农村商品生产，受理各项贷款；统一管理各项支农资金；办理转账结算业务，管理农村信用合作社；提供有关情报、咨询服务；办理农村信托、租赁等业务；管理国有农场、供销合作社的流动资金，监管工资基金，管理农村金融市场；办理国家、人民银行委托办理的其他业务。

中国农业银行的业务也在全面发展，除在农村广泛设立分支机构外，还在全国许多城市增设了分支机构，并相应开展了外汇业务。

（三）中国银行

中国银行是组织、运用、积累和管理外汇资金的银行。其主要职责有：办理贸易和非贸易结算；办理国际银行间的存贷款业务；办理华侨汇款和其他国际汇兑，办理外币存贷款业务；办理与外汇业务有关的经人民银行准许的存贷款业务；办理外汇（包括外币）的买卖，办理国际基金的买卖；组织或参加国际银团贷款，在外国和中国港澳等地区投资或合资经营银行、财务公司等；从事国际金融活动，参加国际金融会议。

中国银行的管辖分行是按省、自治区、直辖市设置的，除台湾地区未设置外，共设有30个管辖分行。出于开展业务的需要，目前中国银行设有14个计划单列城市分行，如沈阳市分行、南京市分行等，中国银行在厦门、珠海、深圳、汕头设有4个经济特区分行；中国银行的海外机构分布在18个国家和地区，此外，中国银行还与世界上许多国家和地区的1 000多家银行、几千个机构建立了业务代理关系。

在国家金融体制转轨的推动下，各国有商业银行的业务相互交叉，目前国家外汇业务指定银行已有十多家，中国银行一统外汇外贸结算的格局已被打破，但中国银行外汇外贸专业特色仍保留着。

（四）中国建设银行

中国建设银行是办理固定资产投资和贷款的银行，其主要职责有：管理基本建设支出预算；审批基本建设财务计划和决算，制定基本建设财务管理制度；办理基本建设拨款和贷款；办理大型技术改造专项贷款；办理基本建设存款业务；办理基本建设单位的财务结算（主要包括工程价款的结算和贷款结算），开办信托业务，代办有关投资的拨款和贷款。目前，该行业务已走向多元化。

（五）交通银行

交通银行始建于1908年，是中国近代以来延续历史最悠久、最古老的银行，也是近代中国的发钞行之一。现为中国五大国有银行之一。交通银行是中国境内主要综合金融服务提供商之一，并正在成为一家以商业银行为主体，跨市场、国际化的大型银行集团，业务范围涵盖商业银行、投资银行、证券、信托、金融租赁、基金管理、保险、离岸金融服务等诸多领域。

以上介绍的主要是我国五大国有商业银行的传统业务，随着我国金融体制的深化改革，五大国有商业银行的传统业务已经在发生显著变化：一方面是政策性业务被逐渐地剥离，由政策性银行替代；另一方面是各自严格业务分工的格局已被打破，出现了“一业为主，多业交叉”的新格局。

知识链接

我国五大国有商业银行简介

1. 中国工商银行

2005年10月28日，中国工商银行股份有限公司正式挂牌成立，注册资本为2 480亿元。其中，中央汇金投资有限责任公司和财政部分别持有中国工商银行股份有限公司50%股权。

2006年10月27日，中国最大的商业银行——中国工商银行在上海和香港两地成功实现A+H股同步上市。

2013年7月22日，胡润品牌榜发布，中国工商银行以2 460亿元，排名第2。

2017年2月，Brand Finance发布2017年度全球500强品牌榜单，中国工商银行排名第10。

2017年7月31日，《财富》中国500强排行榜发布，中国工商银行排名第7。

2. 中国银行

2004年8月26日，中国银行股份有限公司挂牌成立。

2006年7月5日，中国银行上海证券交易所成功挂牌上市，是我国首家在A股市场挂牌上市的大型国有商业银行，创造了中国资本市场有史以来首次公开发行的新纪录。

2013 年 7 月，英国《银行家》（*The Banker*）杂志公布了 2013 年“全球 1 000 家大银行”排名，中国银行位居第 9，与 2012 年排名一致。

2017 年 2 月，Brand Finance 发布 2017 年度全球 500 强品牌榜单，中国银行排名第 29。

2017 年 9 月，在 2017 年中国企业 500 强中，中国银行排名第 10。

3. 中国建设银行

2004 年 9 月 15 日，中国建设银行股份有限公司挂牌成立，由汇金公司、中国建投、宝钢集团、国家电网和长江电力共同发起设立股份公司，注册资本为 1 942.302 5 亿元。

2005 年 10 月 27 日，中国建设银行在香港联交所挂牌。

2007 年 9 月 25 日，中国建设银行正式在上海证券交易所挂牌。

2012 年，胡润品牌榜发布，中国建设银行品牌价值 1 820 亿元，居榜单第三位。

2016 年 7 月 20 日，《财富》世界 500 强排行榜发布，中国建设银行名列第 22。

2017 年 2 月，中国建设银行在 Brand Finance 发布的 2017 年度全球 500 强品牌榜单中排名第 14。

4. 中国农业银行

2009 年 1 月 9 日，中国农业银行股份有限公司在北京召开创立大会，注册资本为 2 600 亿元。经国务院批准，中央汇金投资有限责任公司和财政部各持该股份公司 50% 股权。

2009 年 1 月 16 日，中国农业银行股份有限公司正式挂牌成立。

2010 年 7 月，中国农业银行 A+H 股于 15 日、16 日分别在上海、香港挂牌上市，实现全球最大规模 IPO。

2016 年 8 月，中国农业银行在 2016 年中国企业 500 强中，排名第 7。

2017 年 7 月 20 日，《财富》发布的世界 500 强排行榜中，中国农业银行排名第 38。

5. 交通银行

始建于 1908 年。

1986 年 7 月 24 日，作为金融改革的试点，国务院批准重新组建交通银行。

1987 年 4 月 1 日，重建后的交通银行正式对外营业，成为中国第一家全国性的国有股份制商业银行，总行设在上海。

2005 年 6 月 23 日，交通银行在香港联合交易所上市，2007 年 5 月 15 日在上海证券交易所上市。

截至 2016 年年底，交通银行已在 16 个国家和地区设立 20 家境外机构。

三、其他商业银行

（一）股份制商业银行

在我国，股份制商业银行是指大型商业银行以外的全国性股份制商业银行、区域性股份制商业银行的总称。我国股份制商业银行伴随着国民经济快速发展，历经了从无到有、从小到大的成长过程。目前，我国共有12家全国性的股份制商业银行：兴业银行、华夏银行、招商银行、广东发展银行、平安银行、上海浦东发展银行、民生银行、中信银行、光大银行、浙商银行、恒丰银行、渤海银行等。

（二）城市商业银行

城市商业银行是中国银行业的重要组成和特殊群体，其前身是20世纪80年代设立的城市信用社，当时的业务定位是：为中小企业提供金融支持，为地方经济搭桥铺路。20世纪90年代中期，以城市信用社为基础，各地纷纷组建城市商业银行，截至2017年9月末我国城市商业银行有134家，如上海银行、北京银行、南京银行、江苏银行、徽商银行、宁波银行等。

四、政策性银行

在我国现行的金融体制下，已基本实现了政策性业务与经营性（商业性）业务的分离。所谓政策性业务，就是指根据国家经济政策，对某些行业、企业发放低息贷款，其业务特点与商业银行的一般性业务相对而言，主要是为了满足社会经济结构、产业结构的平衡和国家经济政策贯彻的需要。例如农业，季节性很强，生产周期、资金周转速度限制很多，尤其受自然因素制约很大，因此国家须从政策上予以扶持，在资金方面提供一些必要的政策优惠。再如对外贸易，涉及国际间的竞争，关系到本国产品的国际市场占有率问题，对此，在资金方面有必要给予出口企业一定的优惠政策，这类职能便是由国家设立的政策性银行来完成的。

1994年以前，我国没有专门的政策性金融机构，国家的政策性金融业务分别由四家国有商业银行承担。根据党的十四届三中全会精神和《国务院关于金融体制改革的决定》及其他文件，我国于1994年从国有独资专业银行中相继分离建立了国家开发银行、中国农业发展银行、中国进出口银行三家政策性银行。其中，国家开发银行主要负责开发投资金融服务；中国进出口银行主要负责贸易融资服务；中国农业发展银行主要负责农业政策性金融服务。

国家开发银行的主要任务是：按照国家法律、法规和方针、政策，筹集和引导境内外资金，向国家基础设施、基础产业和支柱产业的大中型基本建设和技术改造等政策项目及其配套工程发放贷款，从资金来源上对固定资产投资总量进行控制和调节，优化投资结构，提高投资效率。其业务范围主要包括：（1）管理和运用国家核拨的预算内经营性建设基金和贴息资金；（2）向国内金融机构发行金融债券和向社会发行财政建设债券；（3）办理有关的外国政府和国际金融机构贷款的转贷，经国家批准在国外发行债券，根据国家利用外资计划筹借国际商业贷款等；（4）向国家基础设施、基础产业和支柱产业的大中型基建和技改等政策性项目及其配套工程发放政策性贷款；（5）办理建设项目贷款条件评审、咨询和担保等业务，为重点建设项目物色国内外合资伙伴，提供投资机会和投资信息。

中国进出口银行的主要任务是：执行国家产业政策和外贸政策，为扩大机电产品和成套设备等资本性货物出口提供政策性金融支持。其经办的主要业务包括：（1）办理与机电产品和成套设备有关的出口信贷业务（卖方信贷和买方信贷）；（2）办理与机电产品和成套设备有关的政府贷款、混合贷款、出口信贷的转贷、国际银行间及银团贷款业务；

(3) 办理短期、中长期出口信用保险，进出口保险，出口信贷担保，国际保理等业务；(4) 经国家批准，在境外发行金融债券；(5) 办理由本行承担的各类贷款、担保、对外经济技术合作等项目的评审，为境内外客户提供有关本行筹资、信贷、保险、保理等业务的咨询服务。

中国农业发展银行的主要任务是：按照国家的法律、法规和方针、政策，以国家信用为基础，筹集农业政策性信贷资金，承担国家规定的农业政策性金融业务，代理财政性支农资金的拨付，为农业和农村经济发展服务。其主要业务范围是：(1) 办理粮、棉、油等主要农副产品的国家专项储备贷款；(2) 办理粮、棉、油等主要农副产品的收购、调销、加工贷款；(3) 办理国务院确定的扶贫和农业综合开发贷款；(4) 办理国家确定的小型农、林、牧、水利基本建设和技术改造贷款；(5) 办理业务范围内开户企事业单位的存款和结算；(6) 发行金融债券；(7) 办理境外筹资。

政策性银行的业务性质是金融行为而非财政行为。对于有社会效益、有长期效益的项目，只要有还本能力，政策性银行就要尽力予以支持，以低息乃至无息放款。而财政支出是国家对必须由其无偿支持的经济活动和其他活动提供所需资金，具有无偿性和单向性。所以，两者有着本质区别。

政策性银行是银行而非财政性机构。政策性银行之所以是银行，是因为它所运用的资金与财政资金不同，财政资金是无偿的，而政策性银行的资金是有偿的。为支持政策性项目，政策性银行可以向其提供利率优惠的贷款，但至少要收回本金，政策性银行往往还要收取利息，因为还需要向提供资金的部门支付利息。政策性银行不追求利润，但必须保本经营，只有这样，才能不断运行下去。作为银行，政策性银行必须按银行规矩办事。

五、农村金融机构

农村金融机构主要包括农村信用社、农村商业银行、农村合作银行、村镇银行、农村资金互助社和贷款公司，主要从事农村地区的银行金融服务业务。

(一) 农村信用社

这是我国历史最长、规模最大、机构最多的金融机构。目前全国具有独立法人资格的农村信用社有 40 000 多家，还有非独立信用分社、信用站若干家。农村信用社是农村金融的主力军，是联结农民最好的桥梁和纽带，对服务“三农”发挥重要作用。

(二) 农村商业银行

农村商业银行，简称农商银行 (Rural Commercial Bank)，是由辖内农民、农村工商户、企业法人和其他经济组织共同入股组成的股份制的地方性金融。银监会鼓励符合条件的农村合作银行和农村信用社按照“成熟一家，组建一家”的原则推进产权改革。截至 2016 年年底，全国共组建农村商业银行 1 222 家 (已批筹)，机构数量、资产、资本分别占农村合作金融机构的 55.3%、70.7%、73.8%，同比提高 12.0 个、8.9 个、9.5 个百分点。其中北京、天津、上海、重庆、江苏、安徽、湖北、山东和江西 9 个省 (市) 已全面完成农村商业银行组建工作，如北京农商行、上海农商行、重庆农商行、合肥科技农村商业银行等等。

(三) 村镇银行

村镇银行是指经中国银行业监督管理委员会依据有关法律、法规批准，由境内外金融机构、境内非金融机构企业法人、境内自然人出资，在农村地区设立的主要为当地农民、农业和农村经济发展提供金融服务的银行业金融机构。村镇银行的市场定位主要在于两个方面：一是满足农户的小额贷款需求，二是服务当地中小型企业。2006 年 12 月 20 日，银监会出台了《关于调整放宽农村地区银行业金融机构准入政策，更好支持社会主义新农村建设的若干意见》，提出在湖北、四川、吉林等 6 个省（区）的农村地区设立村镇银行试点，全国的村镇银行试点工作从此启动。截至 2016 年年底，全国共组建村镇银行 1 519 家（已批筹），2016 年新组建 142 家，其中中西部地区占比 64.5%；村镇银行覆盖全国 67.4%的县（市、区），12 个省市（含计划单列市）实现村镇银行县域全覆盖。如浙江的长兴联合村镇银行和四川的仪陇惠民村镇银行等等。

知识链接

吉林银监局探索民营资本组建农村商业银行取得成功

吉林江源农村商业银行股份公司改制前不良贷款压降困难、拨备缺口巨大、历史包袱沉重。为破解处置难题，吉林银监局多方协调寻求政策支持，务实创新研究制定处置方案，精心组织稳步实施，历时三年，最终由万方集团等四家企业并购重组江源联社并同步组建江源农商行。这成为吉林省首个由民营资本全资并购农村商业银行的成功案例。

六、其他非银行金融机构

（一）金融资产管理公司

金融资产管理公司，是指经国务院决定设立的收购国有银行不良贷款，管理和处置因收购国有银行不良贷款形成的资产的国有独资非银行金融机构。金融资产管理公司的注册资本为人民币 100 亿元，由财政部核拨。金融资产管理公司收购不良贷款的资金来源包括划转中国人民银行发放给国有独资商业银行的部分再贷款和发行金融债券。

亚洲金融危机后，为解决银行体系巨额不良资产问题，1999 年国务院在借鉴国际经验的基础上相继成立东方、信达、华融、长城四大资产管理公司，并规定存续期为 10 年，负责收购、管理、处置相对应的中国银行、中国建设银行、中国工商银行、中国农业银行所剥离的不良资产。成立之初，除信达的人员较为齐备之外，其余三家均临时从对应的国有银行抽调。当时财政部为四家公司各提供了 100 亿元资本金，央行发放了5 700亿元的再贷款，四家公司获准向对口国有商业银行发行了固定利率为 2.25%的 8 200 亿元金融债券，并用这些钱向四大行收购 1.4 万亿元不良资产。

目前，四大金融资产管理公司已全部完成股份制改革工作，由政策性不良资产处置金融机构转变为商业化、市场化、多元化运作的现代金融企业。金融资产管理公司在商业化转型方面取得重大突破，发展迈入新的阶段。

（二）证券公司

我国的证券公司在初设时，或是由某一家金融机构全资设立的独资公司，或是由若干金融机构、非金融机构以入股形式组建的股份制公司。近两年，随着分业经营、分业管理原则的贯彻及规范证券公司发展工作的落实，银行、城市信用合作社、企业集团财务公司、融资租赁公司、典当行以及原各地融资中心下设的证券公司或营业机构，陆续予以撤销或转让。在要求证券机构彻底完成与其他种类金融机构脱钩的同时，鼓励经营状况良好和实力雄厚的证券公司收购、兼并业务量不足的证券公司。

我国证券公司的业务范围一般有：代理证券发行业务；自营、代理证券买卖业务；代理证券还本付息和红利的支付，证券的代保管和签证；接受委托代收证券本息和红利；接受委托办理证券的登记和过户、证券抵押贷款、证券投资咨询业务等。

（三）信托投资公司

我国的信托投资公司是在经济体制改革后开始创办的。比如现已发展为金融、投资、贸易、服务相结合的综合性经济实体的中国国际信托投资公司，就是创办于改革之初的1979年。以后又陆续设立了一批全国性信托投资公司，如中国光大国际信托投资公司、中国民族国际信托投资公司、中国信息信托投资公司、中国教育信托投资公司等，以及为数众多的地方性信托投资公司与国际信托投资公司。截至2016年11月末，全行业管理的信托资产余额已达18.91万亿元，信托投资公司成为我国金融体系中不可或缺的重要一员。信托投资公司直接为超过43万名自然人投资者、近7万家机构投资者提供了信托服务，2016年累计支付信托受益人收益6 668.88亿元。

目前信托投资公司的业务内容主要是：(1) 信托业务，如信托存款、信托贷款、信托投资等；(2) 委托业务，如委托存款、委托贷款、委托投资等；(3) 代理业务，如代理保管、代理收付、代理有价证券的发行和买卖、信用担保等；(4) 咨询业务，如资信咨询、项目可行性咨询、投资咨询和金融咨询等；(5) 兼营业务，如金融租赁、证券业务、房地产开发、国际融资性租赁项目下的进出口业务等；(6) 外汇业务，如外汇信托存贷款、投资以及在境内外发行和代理发行、买卖和代理买卖外币有价证券等。

（四）金融租赁公司

我国的金融租赁业起始于20世纪80年代初期。金融租赁公司创建时大都是由银行、其他金融机构以及一些行业主管部门合资设立，如中国租赁有限公司、东方租赁有限公司等。根据我国金融业实行分业经营及管理的原则，对租赁公司也要求其独立经营，因而租赁公司与其所属银行等金融机构的脱钩工作也在进行中。

目前，金融租赁公司的主要业务有：(1) 用于生产、科、教、文、卫、旅游、交通运输设备等动产、不动产的租赁、转租赁、回租租赁业务；(2) 前述租赁业务所涉及的标的物的购买业务；(3) 出租物和抵偿租金产品的处理业务；(4) 向金融机构借款及其他融资业务；(5) 吸收特定项目下的信托存款；(6) 租赁项目下的流动资金贷款业务；(7) 外汇及其他业务。

（五）财务公司

我国的财务公司是由企业集团内部集资组建的，其宗旨和任务是为本企业集团内部各企业筹资和融通资金，促进其技术改造和技术进步。如华能集团财务公司、中国化工进出口财务公司、中国有色金属工业总公司财务公司等。

财务公司的业务有：存款、贷款、结算、票据贴现、融资性租赁、投资、委托以及代理发行有价证券等。从今后规范要求的角度看，财务公司的主要任务就是为集团内部成员提供金融服务，其业务范围、主要资金来源与资金运用都应限定在集团内部，而不能像其他金融机构一样到社会上去寻找生存空间。

财务公司在业务上受中国人民银行领导、管理、监督与稽核，在行政上则隶属于各企业集团，是实行自主经营、自负盈亏的独立企业法人。它们在支持与促进企业集团特别是大型企业集团的改革发展中发挥了特定的作用。

（六）保险公司

保险业是一个极具特色并具有很大独立性的系统。这一系统之所以被列入金融体系，是由于经办保险业务的大量保费收入，按世界各国的通例，用于各项金融投资，而运用保险资金进行金融投资的收益又可积累更为雄厚的保险基金，从而促进保险事业的发展。

保险公司的业务分为两大类：一是财产保险业务，具体包括财产损失保险、责任保险、信用保险等业务；二是人身保险业务，具体包括人寿保险、健康保险、意外伤害保险等业务。根据我国《保险法》的规定，同一保险人不得同时兼营上述两类保险业务。现行规定，对保险公司的资金运用，除用于理赔给付外，其余只限于银行存款、买卖政府债券、金融债券和国务院规定的其他资金运用形式，而不得用于设立证券经营机构和向企业投资。

改革开放以来，我国保险业迅速发展，基本形成了以中国人民保险（集团）公司为主体，多种保险形式并存，多家保险公司竞争、共同发展的保险体系。目前，就我国保险公司的组织形式看，分为国有独资公司、股份有限公司；按经营范围划分为综合性公司与专业性公司；按经营区域划分为全国性公司与区域性公司。

2016 年我国保险业经营数据见表 4－1。

表 4－1　　2016 年保险业经营数据　　单位：万元

项目	金额
原保险保费收入	309 591 008.90
1. 财产险	87 244 981.36
2. 人身险	222 346 027.54
（1）寿险	174 422 166.77
（2）健康险	40 424 967.91
（3）人身意外伤害险	7 498 892.86
人身保险公司保户投资款新增交费	118 601 615.29
人身保险公司投连险独立账户新增交费	9 389 744.45
原保险赔付支出	105 128 899.84
1. 财产险	47 261 838.89
2. 人身险	57 867 060.95
（1）寿险	46 029 461.77
（2）健康险	10 007 522.22
（3）人身意外伤害险	1 830 076.96
业务及管理费	38 955 248.72
银行存款	248 442 107.31
投资	1 090 664 619.03
资产总额	1 511 691 649.52

（七）投资基金

投资基金是一种利益共享、风险共担的集合投资方式，即通过发行基金单位集中投资者的资金，由基金托管人托管，由基金管理人管理和运用资金，从事股票、债券、外汇、货币等金融工具投资，以获得投资收益和资本增值。

项目三　西方及国际金融机构体系

项目任务

1. 掌握西方金融机构体系主要包括哪些机构；
2. 掌握几个重点的国际金融机构。

一、西方金融机构体系

西方国家商品经济高度发达，市场经济体制比较完善，与此相适应，各国都有一个规模庞大、分工精细的金融机构体系。西方金融机构体系主要包括银行性金融机构与非银行性金融机构。

（一）中央银行与存款货币银行

1. 中央银行

中央银行是一国的货币当局，不以营利为目的，在各国金融体系中居于主导地位。中央银行的职能是宏观调控、保障金融安全与稳定、提供金融服务，是专门进行宏观调控与金融管理的机构。

2. 存款货币银行

存款货币银行在大多数国家习称商业银行，也有称存款银行或支票存款银行的。在金融机构体系中，对于创造存款货币起主要作用的金融机构，国际货币基金组织把它们通称为存款货币银行。西方国家的存款货币银行主要指传统称为商业银行或存款银行的银行。由于商业银行一词沿用已久，在国际金融和学术文献以及惯例上使用该名称非常普遍，因此本书中仍采用商业银行这一名称。

商业银行以经营工商业存、放款为主要业务，并为顾客提供其他多种金融服务。其中通过办理转账结算实现着国民经济中的绝大部分货币周转，同时起着创造存款货币的作用。在西方国家银行体系中，商业银行以其机构数量多、业务渗透面广和资产总额比重大的特点，始终占据着其他金融机构所不能代替的重要地位。

（二）其他金融机构

1. 政策性银行

政策性银行是政府设立的贯彻执行国家产业政策、区域发展政策的金融机构。它不以营利为目的，靠财政拨款和发行金融债券获得资金，专门为贯彻、配合政府社会经济政策或意图，在特定的业务领域内，直接或间接地从事政策性融资活动，充当政府发展经济、促进社会进步、进行宏观经济管理的工具。

2. 投资银行

投资银行是专门对工商企业办理投资和长期信贷业务的银行。投资银行的名称，在欧洲大陆及美国等工业化国家称作投资银行，在英国称为商人银行，在日本称作证券公司。此外，与这种银行性质相同的还有其他各种各样的形式和名称，如长期信贷银行、开发银行、实业银行、金融公司、持股公司、投资公司等。投资银行的资金主要依靠发行自己的股票和债券来筹集，即使有些国家的投资银行被允许接受存款，也主要是定期存款。此外，它们也从其他银行取得贷款，但都不构成资金来源的主要部分。从资金来源看，投资银行和商业银行有着明显的不同。

投资银行的资金运用或称资产业务主要有：对工商企业的股票和债券进行直接投资；对工业企业提供中期和长期贷款；为工商企业代办发行或包销股票与债券；参与企业的创建和改组活动；包销本国和外国政府的公债券；提供投资及合并的财务咨询服务。有些投资银行也兼营黄金、外汇买卖及资本设备或耐用商品的租赁业务。此外，投资银行往往也兼营一些短期贷款业务及其他业务。

3. 储蓄银行

这是办理居民储蓄并以吸收储蓄存款为主要资金来源的银行。西方不少国家的储蓄银行大多是专门的、独立的。国家对储蓄银行也大多有专门的管理法令，其主要内容一方面是保护小额储蓄人的利益，另一方面则是规定它们所集聚的大量资金应该投向何处。

储蓄银行的具体名称，各国有所差异，有的并不以银行相称，但其功能基本相同。比如有互助储蓄银行、储蓄存款协会、国民储蓄银行、信托储蓄银行、信贷协会等称谓。不少国家的邮政系统也办理储蓄业务，有的从居民住宅的角度出发发起建立储蓄银行等。西方国家的储蓄银行既有私营的也有公营的，有的国家绝大部分储蓄银行都是公营的。

储蓄银行的主要资金来源是吸收中小储户的储蓄存款。储蓄存款通常以存折的形式处理业务，存款人在存款或提款时，通常须本人携带存折到银行办理手续。在多数情况下，对储蓄存款或提款的数量和次数，也有一定限制。

储蓄银行所汇集起来的储蓄存款余额较为稳定，所以主要用于长期投资，如发放不动产抵押贷款（主要是住房贷款），投资于政府公债、公司股票及债券，对市政机构发放贷款等。有些国家明文规定了必须投资于政府公债的比例。对储蓄银行的业务活动各国都有范围不同、程度有别的限制和约束，如不得经营支票存款，不得经营一般工商贷款等。这些限制和约束在近一二十年以来已有所突破。有些储蓄银行通过技术创新绕过法律的限制，或经过法律的许可，已经逐步涉猎过去只有商业银行才能经营的金融业务。

4. 抵押银行

抵押银行，是专门以不动产作抵押办理长期贷款业务的专业银行。作为抵押品的不动产，一般为土地、房屋及其他不动产，但也收受股票、债券和黄金等作为贷款的抵押品。

抵押银行主要是靠不动产抵押证券来筹资，而不是靠吸收存款。贷款业务大体可分为两大类：一类是以土地为抵押的长期贷款，贷款对象主要是土地所有者或买土地的农业资本家；另一类是以城市不动产为抵押的长期贷款，贷款对象主要是房屋所有者和经营建筑业的资本家。法国的房地产信贷银行、德国的私人抵押银行和公营抵押银行均属此类。由于抵押品处理时常不易出售，造成资金占用，因而单纯从事抵押放款业务的银行是较少的。很多抵押银行为保持流动性，还兼营吸收存款、证券投资等业务。事实上，商业银行正大量涉足不动产抵押贷款业务。这种兼营、融合发展呈加强、加速趋势。

5. 农业银行

农业银行是向农业提供信贷的专业银行。农业受自然因素影响大，对资金的需求具有强烈的季节性；农村地域广阔，农户分散，资本需求数额小、期限长，利息负担能力低；抵押品大多无法集中，管理困难，有不少贷款只能凭个人信誉。这些都决定了经营农业信贷具有风险大、期限长、收益低等特点。因此，商业银行和其他金融机构一般都不愿承做这方面的业务。为此，西方许多国家专设了以支持农业发展为主要职责的农业银行。如美国的联邦土地银行、合作银行，法国的土地信贷银行、农业信贷银行，德国的农业抵押银行，日本的农林渔业金融工库等。

农业银行的资金来源有多种，有的专门由政府拨款，有的则靠发行各种债券或股票，也有以吸引客户的存款和储蓄来筹措资金的。有些农业银行的资金来源渠道则是多元化的，上述各渠道兼而有之。农业银行贷款方向几乎涵盖农业生产方面的一切资金需求，从土地购买，建造建筑物，到农业机械设备、化肥、种子、农药的购买等，无所不包。有的国家对农业银行的某些贷款还给予利息补贴、税收优惠等政策。

近年来，有的西方国家已准许农业银行办理商业银行业务。

6. 信用合作社

这是在西方国家普遍存在的一种互助合作性金融组织，也称信用组合，可统称为信用合作组织，分城市和农村两种。城市的信用合作社是由城市手工业或小工商业者组合的；农村的信用合作社是由经营农业、渔业、林业及其他农业项目的农民组合的。信用合作社的资金来源于合作社成员的股金和存款。有的信用合作社也吸收非会员的存款。信用合作社一般只对会员发放贷款，有的也对非会员个人提供消费信贷。起初，信用合作社主要发放短期生产贷款和消费贷款。现在，一些资金充裕的信用合作社已开始为解决生产设备更新、改进技术等提供中、长期贷款，并逐步采取以不动产或有价证券为担保的抵押贷款方式。

信用合作社一般规模不大。目前，西方国家的各种信用合作社一般都由一个全国性的组织联系在一起，形成一个金字塔形的结构。当吸收的存款不敷运用时，信用合作社往往通过发行债券或向中央银行和其他大银行借款来筹措资金。

7. 其他非银行金融机构

其他非银行金融机构主要有保险公司、财产保险、人寿保险、信托投资公司、财务公司、租赁公司等。

二、国际金融机构体系

（一）国际金融机构的形成与发展

1930 年 5 月国际清算银行的成立被看作国际金融机构的起源。第二次世界大战后，世界银行和国际货币基金组织、泛美开发银行、亚洲开发银行、非洲开发银行和阿拉伯货币基金组织等先后成立，将国际金融机构的发展推向一个新的高度。目前国际金融机构在重大的国际经济金融事件中协调各国的行动，提供短期资金以缓解国际收支逆差、稳定汇率，提供长期资金以促进各国经济发展等方面发挥着巨大的作用。

（二）国际货币基金组织

国际货币基金组织（IMF）成立于 1946 年 3 月。1947 年 3 月 1 日开始工作，1947 年 11 月 15 日成为联合国的专门机构，在经营上有其独立性。总部设在华盛顿。IMF 于 1980 年 4 月恢复中国代表权。

IMF 的宗旨是：通过一个常设机构来促进国际货币合作，为国际货币问题的磋商和协作提供方法；通过国际贸易的扩大和平衡发展，把促进和保持成员的就业、生产资源的发展、实际收入的水平提高作为经济政策的首要目标；稳定国际汇率，在成员之间保持有秩序的汇价安排，避免竞争性的汇价贬值；协助成员建立经常性交易的多边支付制度，消除妨碍世界贸易的外汇管制；在有适当保证的条件下，国际货币基金组织向成员临时提供普通资金，使其有信心利用此机会纠正国际收支的失调，而不采取危害本国或国际繁荣的措施；按照以上目的，缩短成员国际收支不平衡的时间，减轻不平衡的程度等。

IMF 的资金来源于各成员认缴的份额。成员享有提款权，即按所缴份额的一定比例借用外汇。1969 年又创设“特别提款权”的货币（记账）单位，作为国际流通手段的一个补充，以缓解某些成员的国际收入逆差。成员有义务提供经济资料，并在外汇政策和管理方面接受该组织的监督。

知识链接

人民币正式纳入特别提款权（SDR）货币篮子

特别提款权是国际货币基金组织于 1969 年创造的一种用于补充成员官方储备的国际储备资产。特别提款权可以换成可自由使用的货币。特别提款权的价值目前根据由四种主要货币（美元、欧元、日元和英镑）构成的货币篮子确定。国际货币基金组织执董会 2015 年 11 月 30 日正式宣布，自 2016 年 10 月 1 日起，人民币将被认定为可自由使用的货币，并作为除美元、欧元、日元和英镑之外的第五种货币加入特别提款权货币篮子。每种货币的权重分别为：美元 41.73%，欧元 30.93%，人民币 10.92%，日元 8.33%，英镑 8.09%。

（三）世界银行集团

自 1944 年成立以来，世界银行已从一个单一机构发展成为一个由五个联系密切的发展机构组成的集团，这五个发展机构分别是：国际复兴开发银行（IBRD），1945 年成立；国际金融公司（IFC），1956 年成立；国际开发协会（IDA），1960 年成立；多边投资担保机构（MIGA），1988 年成立；国际投资争端解决中心（ICSID），1966 年成立。世行的使命已从过去通过国际复兴开发银行促进第二次世界大战后重建和发展，演变为目前通过与其下属机构国际开发协会和其他成员机构密切协调致力于全球范围内的减贫事业。

国际复兴开发银行于 1945 年 12 月成立，主要向发展中国家提供长期生产性贷款；资金来源于股金、债权、借款和利润。

国际开发协会于 1960 年 9 月成立，主要向低收入发展中国家提供援助性贷款（无息）；资金来源于股金、补充资金、世界银行收益转拨、经营收益。

国际金融公司于1956年7月成立，主要向发展中国家私人企业新建、改建和扩建提供资金；资金来源于股金、借款和收益。

（四）国际清算银行（BIS）

国际清算银行于1930年5月成立，总部设在巴塞尔，主要为各国中央银行的合作提供便利。目前开展的业务以国际货币和银行领域合作的论坛、为各国中央银行提供金融服务、国际金融协定执行为主。

（五）亚洲开发银行（ADB）

亚洲开发银行于1966年12月成立，总部设在马尼拉。其宗旨是通过发放贷款、进行投资、技术援助来促进地区经济发展与合作。资金来源于股本、借款、债券、捐赠和利润；贷款分为普通贷款和特别基金贷款。

（六）亚洲基础设施投资银行（AIIB）

亚洲基础设施投资银行（Asian Infrastructure Investment Bank，AIIB，简称亚投行）是一个政府间性质的亚洲区域多边开发机构，重点支持基础设施建设。成立宗旨是促进亚洲区域的建设互联互通化和经济一体化的进程，并且加强中国及其他亚洲国家和地区的合作，是首个由中国倡议设立的多边金融机构，总部设在北京，法定资本为1 000亿美元。截至2017年6月16日，亚投行有80个正式成员。

模块总结

1. 从资金盈余单位到资金短缺单位的资金流动可以有两个渠道：直接金融和间接金融。

2. 我国金融机构体系的建立经历了曲折的发展过程。新中国金融体系的诞生以1948年12月中国人民银行的成立为标志。新时期金融机构改革以来，中国人民银行专门行使中央职能是一重大转折。我国现已基本上形成了以中国人民银行为领导，以国有独资商业银行为主体，多种金融机构并存、分工协作的金融机构体系格局。

3. 我国国有商业银行是我国金融体系的骨干，其由国家专业银行转化而来，有中国银行、中国农业银行、中国工商银行、中国建设银行、交通银行。

4. 西方国家金融机构体系包括银行性金融机构和非银行性金融机构两大类，其中银行性金融机构居支配地位。

5. 国际金融机构从职能和业务范围看，可分为全球性国际金融机构和区域性国际金融机构两大类。

综合练习

一、单项选择题

1.（　　）不属于间接金融机构存在的好处。

A. 可以减少信息成本和合约成本　　B. 可以降低风险
C. 可以创造货币　　D. 可以实现期限转换

2. 目前中国人民银行在全国有（　　）家分行。
A. 10　　B. 9　　C. 100　　D. 33

3. （　　）不是我国的政策性银行。
A. 国家开发银行　　B. 中国进出口银行
C. 中国农业发展银行　　D. 中国银行

4. 亚投行的总部设在（　　）。
A. 北京　　B. 东京　　C. 新加坡　　D. 香港

二、简答题

1. 从金融运行整体来看，间接金融中介机构存在的必要性有哪些？
2. 金融中介机构具有哪些经济功能和特殊性？
3. 简述中国人民银行的架构。
4. 简述西方国家金融机构体系的构成。

三、实践题

上网查询国际货币基金组织的相关资料，总结国际货币基金组织对国际经济发展的作用，特别是对中国现阶段发展有何助益。

案例分析

美国共同基金

美国现代的共同基金已经经历了 90 多年的发展历程，2016 年年末以 19.2 万亿美元的资产总额雄居全美第二大金融资产，占全世界共同基金资产总额的 55%。

截止到 2016 年年末，美国有 16 344 个共同基金，代表着广大的、多种类型的投资目标，从保守型到进攻型，投资于包罗万象的证券中。美国投资公司研究会根据基金的基本投资目标将共同基金大概分成以下三大类。

1. 股票基金

（1）进攻成长型基金寻求最大的资本成长，现实的收入不是重要的因素，而未来的资本所得才是主要目标。这种基金投资于非主流的股票、非热门股票，运用投资技术卷入巨大的风险，以期获得巨大的利润。

（2）成长型基金投资于发展前景非常好的公众公司的股票，但风险性比进攻成长型基金要小。

（3）成长和收入型基金寻求长期资本成长和现在的收入相结合，这种基金投资股票的标准是价值的增长和良好的、连续的支付红利记录。

（4）贵金属/黄金基金主要投资于与黄金和其他贵金属发生联系的股票。

（5）国际基金主要投资于美国以外的公司的股票。

（6）全球性综合基金投资于全世界的股票，包括美国的公司。

(7) 收入股票基金寻求收入的高等级，主要投资于有良好的红利支付记录的公司股票。

2. 债券和收入基金

(1) 灵活组合基金允许基金管理者预先处理或对市场条件的变化做出相应的反应，决定投资于股票、债券或货币市场。

(2) 余额基金通常在寻求保值投资者的资本、在支付现在的红利收入的基础上实现资本的长期增值，其投资组合多为债券、优先股和公众股混合。

(3) 收入混合基金寻求收入的高等级，这种基金主要投资于能产生现实收入的证券，包括股票和债券。

(4) 收入债券基金寻求高等级的现实收入，这种基金投资于混合的企业和政府债券。

(5) 美国政府收入债券基金投资于多样的政府债券，包括美国国库券、联邦政府担保抵押证券和其他政府票据。

(6) 全国政府抵押协会基金主要投资于全国政府抵押协会担保的抵押证券。

(7) 全球性债券基金投资于全世界的国家和企业债券，包括美国在内。

(8) 企业债券基金主要投资于企业债券，部分投资于国库券或联邦政府机构发行的债券。

(9) 高回报债券基金寻求非常高的回报，但是相对于企业债券基金会承担较大程度的风险，这种基金主要是投资于低信用等级的企业债券。

(10) 国家、市政债券长期基金寻求收入免缴税金，其投资的债券发行者是州和市政府，为学校、高速公路、医院、桥梁和其他市政建设筹集资金。

(11) 州市政债券长期基金寻求收入免缴联邦税和州税，但只限于本州的居民，投资的债券发行者只是单个州。

3. 货币市场基金

(1) 应纳税的货币市场基金寻求持续、稳定的净资产价值，这种基金投资于货币市场中短期的、高等级的证券，如美国国库券、大银行的存款证明书和短期商业债券，这种组合的平均期限是90天或更短。

(2) 免税的国家货币市场基金寻求收入免缴税金和最小的风险，投资于短期的市政债券。

(3) 免税的州货币市场基金寻求收入免缴联邦税和州税，但限于本州居民，投资于发行者是单一州的短期的市政债券。

此外，还有特定的或部门的基金，特定的基金包括生物工程基金、小公司成长基金、指数基金和社会准则基金等。部门基金主要投资于特定的证券市场的部门。基金也投资于其他的共同基金。广泛的可供选择的基金适应了不同客户的要求，可帮助其达到多样的财务目标。

思考：

1. 什么是共同基金？
2. 共同基金在我国的发展状况怎样？

模块五

商业银行

金融案例导入

巴林银行创建于1763年，创始人是弗朗西斯·巴林爵士，曾经以保守的经营风格著称于世。在资金规模上，巴林银行是世界银行业中的中型银行。为了保持金融机构的稳定性，美国不允许银行及其下属公司直接从事证券交易，而英、法等国则允许银行直接从事证券投资。在20世纪60年代，欧洲的一些银行开始进行和证券相关的投资业务。巴林银行于80年代大幅度转向证券投资，其传统的银行存贷业务的利润已经降到20%～40%。在证券投资中，以银行名义的自资交易超过代客交易。在以银行名义进行的交易中，有些交易是以银行的资金进行交易，而有些交易是银行挪用客户的资金进行的。所以这种交易的风险不仅危及银行也会危及客户的资金。此外，巴林银行实行部门经理的收入分红与经营效益挂钩的政策，试图驱使部门经理提高经营效益。另外，巴林银行在交易监管上一味放权，在客观上纵容部门经理将自己的利益放在银行安全之上，冒险投机。

里克尔斯·尼森（Nicholas Leeson）是巴林银行驻新加坡的经理，在巴林银行工作时表现出在证券交易上的能力，深得上司欣赏，1992年被派往新加坡任期货交割主管，不久兼任交易主管。一人身兼交易和交割主管两职，使银行内部的相互制约组织功能丧失，为巴林银行的倒闭埋下了伏笔。尼森为了获得个人的红利所得和提高自己在银行内部的地位，采用了开设错误账户（Erroraccount）的手法，隐瞒交易亏损。在1994年，尼森进行日经指数期权空头跨坐套利交易，同时卖出日经指数期货的看涨期权和看跌期权，到1994年年底，尼森表面上获利甚丰，巴林银行利润比1993年上升8倍。1995年，尼森继续做日经指数期权的跨坐套利，交易组合头寸的上下盈亏平衡点为18 500和19 500之间。1995年1月17日，神户大地震后，日经指数大跌。1月23日，日经指数跌到17 800点以下。为了挽救败局，尼森大量买进日经指数期货，同时卖出日本债券和利率期货，企图影响价格走势。但终因无力回天，到2月23日，尼森共买进70亿美元的日经指数期货，卖出200亿美元的债券和利率期货，经结算共亏损10亿美元。尼森于当日潜逃，在德国被捕。2月24日是巴林银行的红利结算日，尼森已在铁窗之中。2月26日，由于未能筹集到足够的款项，具有233年历史的巴林银行宣布倒闭，被荷兰银行购买。1995 年，新加坡法院判处尼森有期徒刑 6 年半。新加坡法院还对前巴林银行亚太地区负责人巴克斯和经理彼德·诺里斯进行了审理，指控他们支持尼森的非法投机且事后企图进行隐瞒。

项目一　商业银行的产生与发展

项目任务

1. 掌握商业银行的产生与发展；
2. 重点掌握商业银行的性质与职能。

一、商业银行的起源

据说“银行”一词来源于意大利语，原意即货币兑换商办理业务用的板凳（Banca）；破产（Bankruptcy）源于打坏无力偿还欠款的银行家使用的板凳的意大利习俗。

十四五世纪的欧洲，社会生产力获得巨大发展，各地区之间商业活动日益频繁。但是由于货币铸造权分散，造成各种铸币的重量、材料、成色不统一，货币的不一致导致了交易的困难。为了满足货币兑换的需求，逐渐从商业社会中分离出一种专门从事货币兑换的商人，即货币兑换商。随着贸易的扩大，为了解决商人保管和携带货币所产生的风险，货币兑换商开始货币保管及货币支付、结算业务，即货币经营业。但当时的货币兑换、保管、支付、结算等业务是由货币本身的职能引起的单纯的技术性业务活动，还没有涉及信用活动。早期的货币兑换商仅办理货币识别和兑换的业务，收取一定的费用。

久而久之，货币兑换商和顾客之间建立了信用，开始为顾客保管货币，成为存款业务的开始；后来为顾客保管货币的凭据蜕变成变相的支付工具，如按照顾客的书面指示，将其保管的货币转交给第三者，凭据变成银行支票，货币兑换商逐步演变成货币经营商。

随着工商业的进一步发展，货币经营商发现众多的顾客不会同时提取存款，他们手中总能保持一定量的货币，于是他们将保管的货币贷出赚取利息，成为银行部分存款准备金制度的起源，贷款业务开始形成和发展。

货币经营商变成银行家，货币经营业变成银行业。银行首先出现在意大利，如威尼斯银行（1171 年）、热那亚银行（1407 年）。

早期的银行具有高利贷的性质，其向现代银行的演变非常缓慢，不能适应资本主义发展的需要。1694 年采用股份制形式的英格兰银行成立，标志股份制银行成为资本主义银行发展的主要形式。

虽然银行起源于欧洲大陆，但是作为现代银行的发展却是在英国。英国银行业务的传统主要是吸收短期存款和为商业及贸易融通短期资金。因此，英国将银行称为商业银行。但是，商业银行的称谓已经明显不符合现代银行的业务特点。

二、商业银行的性质

商业银行是以追求最大利润为目标，以多种金融负债筹集资金，以多种金融资产为其经营对象，能利用负债进行信用创造，并向客户提供多功能、综合性服务的金融企业。

商业银行是一个不断发展的行业，它与国民经济的发展、变革和转变紧密相连。但在商业银行产生和发展的历史过程中，其性质一直表现为：

（1）商业银行是企业，具有企业的一般特征。无论是经营目标还是经营原则，商业银行都与一般企业相同。它的企业性突出表现在以营利或股东利益最大化为经营目标。

（2）商业银行是金融企业。它以金融资产和金融负债为经营对象，经营的是特殊商品——货币和货币资本。因此，商业银行不同于一般企业，是金融企业。

（3）商业银行是一种特殊的金融企业。与中央银行相比，商业银行是为工商企业、社会公众及政府部门提供金融服务的金融企业。而中央银行是面向政府、金融机构以及金融市场开展活动的具有银行特征的金融管理机构，在整个金融体系中具有领导者的地位，担负着国家金融管理职责。其他金融机构一般不能吸收活期存款、创造信用货币并提供更多、更全面的金融服务。而且，随着金融自由化和金融创新的发展，商业银行的服务范围越来越广泛，业务种类越来越多，并逐步朝着“金融百货公司”和“万能银行”方向发展。

三、商业银行的职能

（一）信用中介职能

商业银行本是一个信用授受的中介机构，因而信用中介是最基本也是最能反映其经营活动特征的职能。一方面，商业银行通过授信业务把社会上的各种闲散资金集中起来，形成银行负债；另一方面，又通过授信业务，把它投向社会经济的各个领域，成为银行资产。因此，商业银行既是社会借者的集中，又是社会贷者的集中。通过信用中介全面高效地融通社会货币资金，并通过借和贷的利息差额，获取利差，形成银行利润。

商业银行的信用中介职能并不改变货币资金的所有权，而只是把货币资金的使用权在资金盈余单位和资金短缺单位之间进行融通。这一货币资金使用权的改变，对社会经济的发展产生了巨大的影响。

商业银行通过信用中介的职能，对经济发展过程起了多方面的调控作用：（1）可以把暂时从社会再生产过程中游离出来的闲置资本，转化为职能资本。（2）可以将零散的、小额的货币集中起来，投入到商品生产过程中，形成巨额的生产资本，以扩大社会资本总量，加速社会再生产过程。（3）可以把短期资本转化为长期货币资本，在利润原则的支配下，还可以把货币资本从效益低的部门转到效益高的部门，以提高资金的使用效益。

（二）支付中介职能

商业银行作为货币经营机构，具有为客户保管、出纳和代理支付货币的功能，这就是支付中介职能。虽然从逻辑上说，商业银行的支付中介职能要先于信用中介职能，因为商业银行只有在保管和代理支付的基础上积存了大量的货币，才能用于放款，才能形成信用中介职能；但是，现代商业银行的支付中介和信用中介职能已紧密结合而不能分离，因为只有当客户在商业银行具有一定存款的基础上，银行才能为客户代理支付和兑付现款，如客户存款不足，就会向银行申请贷款，而贷款又会转化为存款，又需要进一步办理转账支付和提取现金等。现代商业银行作为居民、企业、机关和团体的货币保管者、出纳者和支付代理人，成为现代社会经济的现金出纳中心和转账结算中心，围绕商业银行形成了无始无终的支付链条和债权债务关系。

商业银行利用其信用中介职能，为包括政府、企业和个人在内的各种经济主体开设账户，特别是在与中央银行联网以后，形成了各经济主体之间的往来资金支付和结算系统，该系统成为商品生产和流通必不可少的基础条件，加速了社会资金的周转速度，为社会经济主体节约了大量的交易费用，促进了社会经济的发展和效率提高。

（三）信用创造职能

商业银行的信用创造是指商业银行利用其所吸收的存款发放贷款，在支票流通和转账结算的基础上，贷款又转化为存款，在这种存款不提取现金或不完全提现的情况下，就增加了商业银行的资金来源，最后在整个银行体系中，就形成了数倍于原始存款的派生存款。

商业银行的支付中介职能使非现金结算成为资金清算的基本方法，使社会对现金的需求转变为对存款的需求，为商业银行通过贷款创造派生存款提供了条件。同时，部分准备金制度使商业银行仅持有存款的一部分以应付客户的提现要求，将存款的其余部分用于放贷成为可能。由此，任何新增存款均通过商业银行体系的存款和贷款过程得到放大，形成商业银行的派生存款。

商业银行的信用创造促进了闲置资金的利用，有益于社会经济的发展，也成为中央银行通过控制派生存款调节货币供应量的重要途径。

（四）金融服务职能

所谓金融服务职能是指商业银行利用其在国民经济活动中的特殊经济纽带作用，凭借联系面广、信息全面灵活等优势，运用先进的科学方法和工具，向全社会提供财务管理、咨询、代理应收账款、信托等全方位的金融服务。

商业银行作为经营货币商品的特殊企业，本来就是要为客户提供一系列有关金融的服务，因而金融服务是其固有的职能。如货币支付中介服务，就是为客户提供了保管货币、现金出纳和代理支付的服务。随着商品市场经济的发展，商业银行金融服务的内容不断增多，范围也日益扩大。随着工商企业生产、流通专业化的发展，一些本来属于企业自身的货币业务也转交银行代为办理，如代发放工资、催收货款、代理支付各种费用等。个人消费也由原来的单纯钱物交换，发展为转账结算。尤其是在当今的信息时代，商业银行能充分运用其联系面广、信息灵通的优势，通过电脑为客户提供信息咨询、决策支持等服务项目，大大推进了信息时代的发展。在现代经济社会中，商业银行作为“金融百货公司”，彼此竞争激烈。各银行通过不断开拓服务领域，力争和客户建立起日益广泛的联系，并把金融服务和银行的资产负债业务结合起来，从而日益显示出商业银行业务发展的崭新面貌。

四、商业银行的发展

第二次世界大战结束以后，世界各国经济获得前所未有的迅速发展，金融业的竞争日趋激烈，电子技术在银行领域的广泛使用使各国商业银行出现了新的发展。

第一，全能化。在金融业的激烈竞争中，商业银行积极进行金融创新，推出新型金融工具，借以规避金融管制，加强竞争能力和获取高额利润。在开拓中间和表外业务的同时，涉足证券和保险业务领域，走向综合化和全能化。

第二，集中化。为了适应金融业的激烈竞争，商业银行出现规模扩大和集中化倾向。特别是面对国际化的竞争，各国先后取消了对商业银行规模的限制，例如美国取消单一店铺制、日本城市银行的大规模兼并浪潮等。

第三，国际化。为适应经济国际化的潮流和国际贸易、国际投资发展的需要，商业银行的业务也不得不走向国际化。同时，为逃避国内金融管制、适应布雷顿森林体系崩溃以后汇率跌宕起伏的形势，商业银行也必须将业务触角伸向世界各国。

第四，银行资产证券化。商业银行为了增加资产流动性和转移风险，将资产转化为可出售的证券成为商业银行涉足投资银行业务领域的重要内容。

项目二　商业银行的类型与组织

项目任务

重点掌握商业银行的外部及内部组织形式。

一、商业银行的外部组织形式

（一）单元制

单元制又称单一银行制（Unit Banking System），是指商业银行业务由一个独立的银行机构经营，不设立或不允许设立分支机构。该银行既不受其他商业银行控制，本身也不得控制其他商业银行。

这种银行制度在美国较典型，并有其历史背景。从历史上看，美国的单元制银行的建立是为了克服银行间的兼并现象，防止国民经济受到少数银行资本的控制；同时，也是为了促使银行更加致力于本地区经济的发展，并达到理想的规模。所以说，单元制银行是美国特殊经济条件下的产物。

单元制的优点主要表现在：(1) 限制银行吞并和垄断，防止过度竞争，减缓银行集中的进程，从而有利于银行业的自由竞争；(2) 有利于银行与地方政府的协调，更能适合本地区的需要，集中全力为本地区服务；(3) 各银行具有独立性和自主性，没有总行牵制，因而业务经营的灵活性较大；(4) 银行管理层次少，有利于中央银行管理和控制。

单元制的弱点主要表现在：(1) 业务多集中在某一区域或某一行业，无法分散风险；(2) 金融创新的单位成本高，不利于银行采取先进的管理手段和发展新的业务领域；(3) 银行规模较小，经营成本高，不利于取得规模经济效益；(4) 不利于资本的合理流动。资本不足，遭遇挤兑时，难免孤立无援，给经营者带来较大风险；资本过剩时，又缺乏调剂资金余缺的渠道，不利于提高资本收益。

（二）分行制

分行制又称分支行制（Branch Banking System），是指在各大中心城市设立总行，在本埠和国内外普遍设立分支银行的制度。目前，大多数国家实行的都是分支行制，如英国、法国、德国、意大利、瑞士、日本等。由于这些国家的分支机构遍布国内外各个角落，因而形成了一个庞大的银行网络，控制着整个商业银行的运作和业务开展。英国是实行分行制商业银行制度的典型。

分支行制的优点表现在：(1) 规模大，可以获得规模效应，既可以通过各行之间的资金调度提高资金使用效率，也可以降低资金成本；(2) 由于业务地域广，有利于分散风险和实现稳定增长；(3) 有利于资金在总分支行之间灵活调拨，高效率使用有限的资金，获得更大的收益；(4) 实行分支行制的商业银行由于其经营规模庞大，与国民经济的发展十分密切，这样的结果，一方面便于国家对其实行更加专业化的宏观金融管理，另一方面，它又往往能与政府、中央银行、大型企业之间保持良好的关系，为银行自身的发展创造良好的外部条件。

分支行制的缺点表现在：(1) 不利于竞争；(2) 不利于管理；(3) 极易导致资金过于从地方集中到大城市，不利于地方产业的发展，从而遭受地方银行的抵触。

（三）持股公司制

持股公司制又称集团银行制（Group Banking System），是指由某一集团成立股权公司，再由该公司控制或收购银行而组建起来的一种特殊的商业银行制度。根据美国 1956 年通过的《银行控股公司法》的定义，银行控股公司（持股公司）是指那些直接或间接拥有并控制某个银行 25%的有投票权的股票，控制该银行董事会的选举，并对银行的管理决策和经营政策有决定性影响的大公司。持股公司所拥有的银行在法律上是独立的，保持其自主的董事会，对股东负责，接受管理机构的监督，但其业务与经营政策由持股公司统一控制。

持股公司制的优点表现为：(1) 持股公司设施集中化，可以节省费用开支；(2) 银行持股公司能够扩大资本总量，增加自身实力和竞争力，提高抵御风险的能力，从而在一定程度上弥补了单一银行制的不足；(3) 持股公司股票更加畅销，可以降低资本成本。

持股公司制的缺点主要是：易于形成垄断集中，不利于开展竞争，不利于增强银行活力。

（四）连锁银行制

连锁银行制又称联合制（Chain Banking System），是指由某一个人或某一集团购买若干独立银行的多数股票，若干独立的银行在法律上是独立的，也没有股权公司的形式存在，但其所有权掌握在某一个人或某一集团手中，其业务和经营政策均由一个人或一个决策集团控制。

这种银行机构往往是一个地区或一个州的大银行组织起来，由几个银行的董事组成决策集团。连锁银行最早出现在美国 19 世纪 90 年代。

连锁银行和持股公司有许多相同点，两者都是为了弥补单一银行制的不足，回避对设立分支行的限制而实行的。连锁银行制也是一种变相的分支行制。但两者有一定的差异：银行持股公司在各子银行（或公司）之上有一个董事会，连锁银行则没有；银行持股公司经营规模一般较大，而连锁银行经营规模和活动地域都很小，常以一家较大的银行为中心，从而实现资金及业务往来、若干人员交换的便利。但连锁银行制与持股公司制相比，有它的局限性，由于其受某个人或某一集团的控制，因而不易获得银行所需要的大量资本。

二、商业银行的内部组织结构

由于各国的银行体制不同、经营环境不同，以及民族习惯的差异，商业银行的内部组织结构不可能完全一致，即使在同一个国家，每一家商业银行的内部组织结构也不尽相同。但是，各个国家的商业银行的内部组织结构存在着很大的共性。一般而言，商业银行的内部组织结构可分为决策机构、执行机构和监督机构三个层次。

决策机构一般包括股东大会、董事会以及董事会下设的各种委员会（贷款委员会、风险管理委员会等）。

执行机构则包括商业银行的总经理（行长）及其领导下的副总经理（各副行长）、各业务部门、各级分行以及各职能部门。执行机构负责实施决策机构的各项决议，具体从事商业银行的各项业务活动，对商业银行进行日常的经营与管理。

监督机构则主要包括监事会和直接向董事会负责的总稽核。

商业银行内部组织结构见图 5－1。

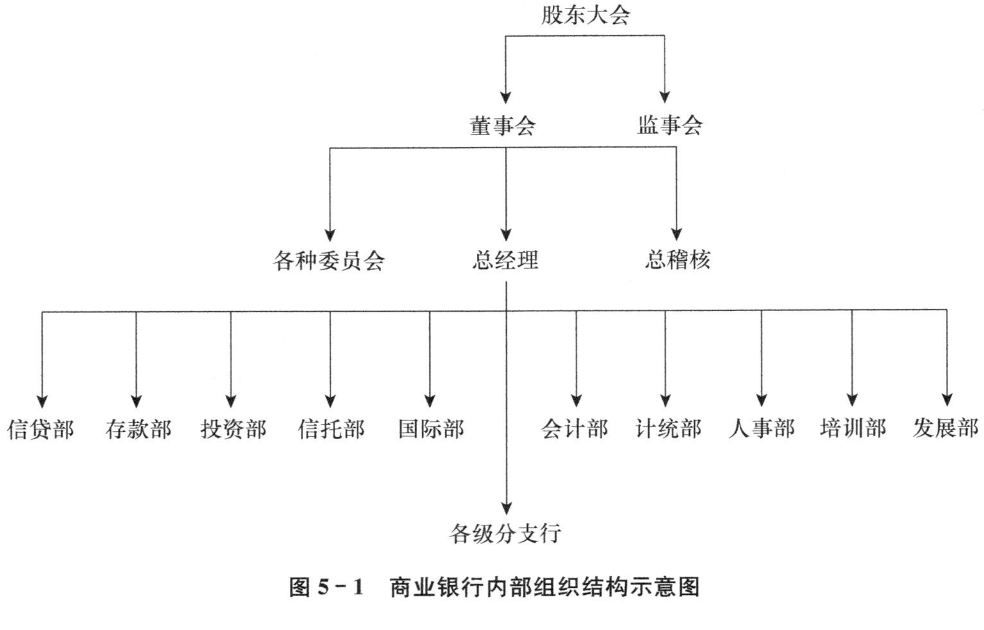

图 5－1　商业银行内部组织结构示意图

项目三　商业银行的业务

项目任务

1. 重点掌握商业银行的负债业务、资产业务；

2. 掌握商业银行的中间业务、表外业务。

一、负债业务

商业银行的负债业务是商业银行筹措资金借以形成资金来源的业务，是商业银行资产业务和其他业务的基础。其全部资金来源包括自有资金和吸收的外来资金两部分。自有资金包括其成立时发行股票所筹集的股份资本以及公积金、未分配的利润。一般来说，商业银行资金来源中自有资金所占比重较低。外来资金的形成渠道主要是吸收存款、向中央银行借款、向其他银行和货币市场拆借及从国际货币市场借款等。

（一）存款

吸收存款的业务是银行接受客户存入的货币款项，存款人可随时或按约定时间支取款项的一种信用业务。这是银行的传统业务，在负债业务中占有最主要的地位。可以说，吸收存款是银行与生俱来的基本特征。如果不吸收存款，单纯靠银行极其有限的自有资本作为营运资金，则银行业务很难扩展，从而也谈不上商业银行的存在。

传统的分类方法将存款概括为活期存款、定期存款和储蓄存款三大类。当前实际生活中的存款名目繁多，但都不外乎是这三类存款的变种。

1. 活期存款

活期存款是指那些可以由存户随时存取的存款。存入这种存款的主要是用于交易和支付用途的款项。这种存款，支用时须使用银行规定的制品，因而又有支票存款之称。企业、个人、政府机关、金融机构都能在银行开立活期存款账户。商业银行彼此之间也可以开立这种账户。

开立这种存款账户的目的是通过银行进行各种支付结算。由于支付频繁，银行提供服务要付出较高费用，所以一般不对存户支付利息。虽然活期存款时存时取，流动性很强，但众多存户的存取错综交替之中总会在银行形成一笔相对稳定、数量可观的余额，是银行用于贷放的重要资金来源。

在支票存款使用最普遍的美国，支票存款有三种形式：

第一种是不付息的活期存款。根据美国法律规定，商业银行不能向可开支票的活期存款支付利息，商业银行可通过代发工资、代缴公用事业费等对存户进行补偿。

第二种是可转让提款单存款（NOW）和超级可转让提款单存款（Super-NOW）。可转让提款单存款最早是于 1972 年马萨诸塞州储蓄银行发行的，目的是避开不能对可开支票活期存款支付利息的管制，它可以支付利息。

第三种是货币市场存款账户（MMDA）。它是产生于 1982 年的一种金融创新工具。与前两种存款不同，商业银行不必为货币市场存款账户保留法定准备金，但货币市场存款账户每月可签发的支票数量有限制。

2. 定期存款

定期存款是指那些具有确定的到期期限才准提取的存款。存入这种存款的是近期暂不支用和作为价值存储的款项。定期存款存入时，银行一般是向存户出具存单，也有采用存折形式的。由于定期存款期限较长，到期前一般不能提取，所以银行给予较高利息。

传统的定期存款是指上述利率固定、不可转让的存折存款。20 世纪 60 年代初，随着金融创新，美国花旗银行首先推出了可转让定期存单存款。近些年，一些国家的商业银行又相继推出了一些新的定期存款品种，使银行的定期存款种类不断增加，成为商业银行筹措资金来源的重要工具。

3. 储蓄存款

它是个人或非营利性组织为积蓄货币取得利息收入而开立的存款账户。这种存款通常由银行发给储户存折作为存款和提款的凭证，但不能签发支票，支用时只能提取现金或先转入储户的活期存款账户。储蓄存款的存折不具备流动性，即不能转让和贴现，但可以作为质物取得贷款。

储蓄存款有活期储蓄存款和定期储蓄存款之分，又以定期储蓄存款居多。定期储蓄是个人投资获利的重要对象，也是银行重要的信贷资金来源。

在我国，储蓄存款于 2000 年 4 月开始实行实名制，个人办理储蓄存款必须以本人真实姓名（符合法律、行政法规和国家有关规定的身份证件上使用的姓名）并提供有效身份证件开立账户，提款时亦须提供本人真实有效的身份证件。

（二）借款

借款是指商业银行通过同业借款、向中央银行借款以及发行金融债券等筹集资金的业务。相对于存款负债而言，它是一种主动型负债，在时间、规模、用途等方面有较大的灵活性，是商业银行重要的资金来源。

1. 同业借款

（1）同业拆借。同业拆借是指金融机构之间的短期资金融通，是货币市场借款的一部分，主要用于维持日常性资金周转；它也是商业银行为解决短期资金余缺、调剂法定存款准备金和清算准备金头寸而相互融通资金的重要方式。

随着金融业发展的客观需要，当今商业银行间的同业拆借业务无论在内容和规模上都发生了很大变化，日益成为商业银行头寸调度、资产负债管理的重要工具。一方面，一些大银行把拆入资金作为一种长期的周转准备，由此而减少对短期、低利、高流动性资产的持有；另一方面，许多中小银行对大银行拆入、拆出资金，风险较小，期限也短，有利于及时调整资产负债结构。

我国的同业拆借市场自 20 世纪 80 年代中期以来发展迅速，1996 年 1 月，我国建立了全国统一的银行间拆借市场，实现了同业拆借的统一化、规范化和计算机网络化。

为了进一步规范我国金融机构的同业拆借业务，我国的商业银行法明确规定：同业拆借应当遵守中国人民银行规定的期限，拆借的期限最长不得超过 4 个月；禁止利用拆入资金发放固定资产贷款或者用于投资；拆出资金应限于交足准备金存款、归还中国人民银行到期贷款之后的闲置资金；拆入资金用于弥补票据结算、联行汇差头寸的不足和解决临时性周转资金的需要。

（2）抵押、质押贷款。商业银行在资金紧张、周转不畅等情况下，也可以通过抵押、质押的方式向其他金融机构取得资金。作为抵押、质押的资产大部分是客户担保资产，银行将其转抵押给其他银行。银行有时也可将自己所持有的资产作为担保品，向其他银行取得借款。

（3）转贴现借款。当银行资金紧张发生周转困难时，将通过办理贴现买进的未到期票据交给其他商业银行或贴现机构，要求予以转贴现以获取资金。

2. 向中央银行借款

商业银行资金不足，必要时可以向中央银行借款。一般说来，商业银行向中央银行借款，其主要的、直接的目的在于缓解本身资金暂时不足的境况，而非用来牟利。向中央银行借款主要有两种形式：

（1）再贴现。即把自己办理贴现业务所买进的未到期票据，如商业票据、短期国库券等，再转卖给中央银行。

（2）直接借款。即用自己持有的合格票据、银行承兑汇票、政府公债等有价证券作为抵押品向中央银行取得抵押贷款。

由于一般只是在必要时商业银行才向中央银行借款来解决自己暂时不足的矛盾，因而无论从该项目在商业银行负债中的比重还是在中央银行资产中的比重来看，在西方国家都很小；但在我国，由于体制的原因，该项目一直是国有商业银行一项比较重要的资金来源。

3. 回购协议

回购协议是指商业银行将其持有的有价证券，如国库券、政府债券等，暂时出售给其他金融机构、政府甚至企业，并在将来约定的日期以约定的价格购回的一种协议。

这种融资方式相当于银行以证券为抵押品进行的短期资金融通行为。回购协议可以是隔夜回购，也可以是较长时期后回购。利用证券回购协议进行资金融通，不仅可以使银行充分利用这些优质资产，而且回购协议利率较低，如果银行以此融资用于收益较高的投资，则会带来更高的盈利。但是，回购协议并不是绝对安全的，有时也会发生违约风险。

4. 发行金融债券

发行金融债券是指商业银行经批准，通过向社会公众推销债务凭证的方式筹集资金的业务。自 1985 年以来，我国商业银行按照国家有关规定，经过中国人民银行批准，面向社会发行金融债券，为指定用途筹集资金。

此外，商业银行还通过国际金融市场借款、结算过程中的短期资金占用等方式筹集资金，满足周转和扩大经营的资金需要。

二、资产业务

商业银行资产业务是指商业银行所拥有的能够为其增加收益的物资、财产和权利的总和（既包括有形的，也包括无形的），实际上就是商业银行的资金运用业务。

商业银行的资产可以有多种不同的划分方法。如以资产存在的形态划分，可分为固定资产和流动资产；以资金运用的不同方式划分，可分为贷款、证券投资、贴现等；以价值载体的存在形式划分，可分为本币资产、外汇资产、贵金属资产；按资产的盈利能力划分，又可分为盈利资产和非盈利资产；等等。这里，我们根据银行的资产负债表，把银行资产划分为现金资产、贷款、证券投资、其他资产几大类。

（一）现金资产

商业银行的现金资产是商业银行所有资产中最具流动性的部分，是银行随时可用于支付客户提取现金的资产，也是银行满足顾客意外贷款需求及支付各种营业费用的第一资金来源。因此，现金资产被称为一级储备。由于现金资产很少或不能为银行带来收益，因此，各国商业银行尽可能将现金资产规模控制在最低限度。

1. 库存现金

一般是指银行保存在金柜中的通货（纸币和铸币）。为了适应日常营业的收付需要，银行仍需经常保持一定数额的库存现金，以供日常小额支付之用。由于库存现金属于非营利性资产，而且其所需的防护和保险等费用较高，所以银行一般只保持必要的适度数额。

2. 存放在中央银行的资金

存放在中央银行的资金可分为一般性存款和存款准备金两部分。

一般性存款主要是用来满足转账结算的需要。许多国家都规定，商业银行必须在中央银行开立普通存款账户，并经常存有足够的余额，以清偿支付票据交换的差额。一般性存款的另一作用，是调剂库存现金余缺。若某商业银行在中央银行保持一定的存款，当银行库存现金不足时，便可随时从中央银行提取。

所有商业银行都必须按照法定比率向中央银行缴纳存款准备金。规定缴存存款准备金的最初目的，是保证银行备有足够的资金以应付存款人的提存，避免发生挤兑而引起银行的倒闭。目前，缴存存款准备金已成为中央银行调节信用的一种政策手段了。

3. 存放在其他银行的资金

商业银行不仅在中央银行有存款，在其他银行也有存款。在其他银行保持存款的目的，是便于同业之间结算收付及开展代理业务。存放在其他银行的资金，称为存放同业，其他银行存放在本行的资金，称为同业存款。

4. 托收中的现金

托收中的现金是指收到以其他银行为付款人的票据，已提出收账但尚未收回的款项。当个人、企业或者政府部门将其收到的支票存入银行时，他们不能立即调动该款项，而必须在银行经过一定时间确认之后方可提现使用。在发达国家，这个过程大约需要 1～4 天。托收中的现金是资产占用，其规模取决于托收票据的数量以及票据清算时间。

（二）贷款

贷款又称放款，是银行将其所吸收的资金，按一定的利率贷放给客户并约期归还的业务。

贷款是商业银行的最主要和传统的资产业务，构成商业银行最主要的收入来源。贷款是流动性较低的银行资产，因此，利率最高。

各国商业银行由于经营环境、条件和规模以及经营策略各不相同，贷款占总资产的比重也有所不同，一般占银行总资产的 50%～70%。

贷款业务种类很多，按不同的标准划分，至少有如下几个类别（见表 5-1）：

表 5-1　　　　贷款业务种类表

划分依据	贷款种类
贷款期限	短期贷款、中期贷款、长期贷款
贷款是否有抵押品	信用贷款、担保贷款
贷款对象	工商业贷款、农业贷款、消费贷款
还款方式	一次偿还贷款、分期偿还贷款
风险程度	正常、关注、次级、可疑、损失

（1）按贷款期限划分，有短期贷款、中期贷款和长期贷款。短期贷款是指贷款期限在1年以内（含1年）的贷款；中期贷款是指贷款期限在5年以下（含5年）的贷款；长期贷款是指贷款期限在5年以上（不含5年）的贷款。

（2）按贷款是否有抵押品，有信用贷款和担保贷款。信用贷款是指凭借款人的信誉发放的贷款。担保贷款是指以法律规定的担保方式为条件发放的贷款，它又分为保证贷款、抵押贷款、质押贷款。其中：保证贷款是指以第三人承诺在借款人不能偿还贷款时，按规定承担一般保证责任或者连带责任而发放的贷款；抵押贷款是指以借款人或第三人的财产作为抵押物，债务人不能履行债务时债权人有权依法以折价或拍卖、变卖抵押物优先受偿的贷款；质押贷款是指以借款人或第三人的动产或权利作为质物发放的贷款。

（3）按贷款对象划分，有工商业贷款、农业贷款和消费贷款。工商业贷款主要用于满足工业企业固定资产投资和购入流动资产的资金需要，以及商业企业商品流转的资金需要。农业贷款，短期的主要用于购买种子、肥料、农药等，长期的主要用于购买土地、改良土壤或建造水利设施以及造林等。消费贷款是指贷放给个人用来购买消费品或支付劳务费用的贷款，其中又主要是用于购买高档耐用消费品，如汽车、房屋等。

（4）按还款方式划分，有一次偿还的贷款和分期偿还的贷款。一次偿还的贷款是在贷款到期时一次偿还本金，但利息根据约定，或在整个贷款期间分期支付，或在贷款到期时一次支付。分期偿还的贷款是按年、按季、按月以相等的金额还本付息。

（5）按风险发生程度不同划分，有正常、关注、次级、可疑、损失贷款。正常贷款是指借款人能够严格履行合同，贷款本息偿还有充分保证。关注贷款是指尽管借款人目前还没有违约，但是存在损害其财务状况的不利因素，如果继续下去，可能会对借款人的还款能力产生影响。但从根本上来讲，借款人依靠其正常经营收入能完全归还贷款本息。次级贷款是指贷款人还款能力存在明显缺陷，其正常经营收入不足以保证贷款本息的偿还，但是借款人的自由资金充足，资产变现能力强，通过担保人或拍卖抵押品，贷款能足额偿还。一般将借款人财务状况尚好，逾期1～6个月的贷款，划为次级贷款。可疑贷款是指借款人财务状况恶化，不仅其正常经营收入不能全部偿还本息，而且企业的自由资金不足，即使出售资产，诉诸担保和抵押，贷款也不能全额收回，出现损失是难免的，只是损失的数额目前还难以确定，如借款人财务状况恶化，逾期6个月以上的贷款应划为可疑贷款。损失贷款是指即使采取一切必要措施，贷款也无法收回，或者即使收回，其剩余价值也已经很小。这种分类中的次级、可疑和损失贷款又称为不良贷款。

知识链接

商业银行不良贷款情况

截至2016年年底，我国商业银行不良贷款余额1.51万亿元，较年初增加2 378亿元，比上年少增1 940亿元；不良贷款率为1.74%，较年初上升0.07个百分点，同比少增0.35个百分点。2016年全年四个季度不良贷款率分别为1.75%、1.75%、1.76%、1.74%，与2015年相比，不良贷款增速明显放缓。

2016年，受宏观经济下行压力的影响，银行业信用风险管理仍面临较大压力，银监会督促银行业金融机构加强不良贷款风险管控，严格落实“准确分类，提足拨备，坐实利润，资本充足”的总体要求，真实反映贷款质量，提升风险预判能力，多措并举化解存量风险，守住不发生系统性风险的底线。

（三）证券投资

证券投资是银行重要的收入来源之一，除实行全能银行制的国家外，多数国家明文禁止商业银行持有工商企业的股票，因此，商业银行持有的证券主要是各种债券。持有证券的好处有：灵活运用闲置资金，获取投资收益；加强流动性，发达的二级市场特别是短期国库券的安全性和流动性都非常高，通常作为商业银行的二级储备；多样化证券组合可分散风险。

对证券投资的规定有：由于证券投资的目的是增加收益和流动性，因此，投资对象须是信用可靠、风险小、流动性强的政府债券或财力雄厚、信誉高的公司债券。

三、中间业务和表外业务

（一）中间业务

中间业务，即商业银行以中介人的身份代客户办理各种委托事项，从中收取手续费的业务。商业银行在从事中间业务时并不直接以信用活动的一方出现，即不直接以债权人和债务人的身份进行资金交易活动。一般情况下不需要或不直接使用自己的资金，因而不形成或不直接形成商业银行的资产和负债。

（1）结算业务：是指各经济单位之间因交易、劳务、资金转移等原因而引起的货币收付行为，包括支付结算（包括汇票、支票、本票、汇兑、委托收款等）。

（2）租赁业务：是指以收取租金为条件出让物件使用权的经济行为。租赁可以分为经营性租赁和融资性租赁。

经营性租赁：是指出租人将租赁物反复出租给不同的承租人的租赁业务，出租人负责租赁物的保养、维修和配件供应，租赁期满后不发生所有权的转移。

融资性租赁：是以融资为目的，出租人根据客户的要求，筹措资金，购买客户所需的设备后出租给客户，收取租金。租赁期满后，往往以象征性的价格将租赁物出售给客户。

（3）信托业务：是指接受客户的委托，代为管理、运用和处理所托管的资金或财产。信托业务最初由个人或保险公司经营，后来出现专门的信托公司。商业银行由于资金实力雄厚和业务经验丰富，通过设立信托部，参与信托业务。在信托关系中，信托财产的所有权从委托人转移到了受托人手中，受托人以自己的名义管理和处理信托财产。

（4）信用卡业务：是由商业银行或专门的信用卡公司发行的一种现代支付工具（例如购物卡、记账卡、提现卡、支票卡等）。

（5）代理业务：是商业银行为客户代为办理收付的业务，如代理收付款（代发工资、代收付款、代理保险、个人分期付款）、代理融通（以代理人身份代为收取应收账款，并为委托人提供资金融通）、代理行业务、代理证券（代理承销和兑付证券）、现金管理、其他代理会计、代理保管、代理遗嘱执行、代理个人外汇和证券买卖、代客理财等。

（二）表外业务

表外业务是不直接对银行的资产负债表产生影响，但能够给银行带来额外收益，同时也使银行承受额外风险的经营活动。据此，广义的表外业务泛指所有能给银行带来收入而又不在资产负债表中反映的业务。根据此定义，商业银行的所有中间业务均包括在表外业务内。

狭义的表外业务，即通常所指的表外业务，指虽然不在资产负债表内反映，但由于同银行资产负债业务密切相关，在一定条件下可能转变为资产负债业务而在银行资产负债表中得到反映的活动。对银行来说，是一种或有资产负债业务。

与中间业务相比，银行需要承担一定的风险。例如，银行对商业汇票进行承兑后，如果汇票的付款人无力付款，银行必须向汇票的持有人付款，因此，银行承兑汇票是银行的或有负债。

银行的大部分表外业务是在20世纪70年代以后发展起来的，业务形式多样，大致可以分为三类：贸易融通业务，包括银行承兑业务和商业信用证业务；金融保证业务，包括备用信用证业务、贷款承诺业务和贷款销售业务；衍生工具交易业务，包括远期交易、期货交易、期权交易和互换协议。

项目四　商业银行的管理

项目任务

1. 掌握商业银行管理的一般原则；
2. 了解商业银行的基本业务；
3. 重点掌握流动性管理、资产管理和负债管理。

一、商业银行管理的一般原则

安全性、盈利性、流动性是商业银行在业务经营过程中必须始终坚持的三条基本原则。

（一）安全性原则

安全性原则是指商业银行应当尽量避免各种不确定因素对其资产、负债、利润、信誉等方面造成损失，保证银行的稳定和发展。这是商业银行经营首先要考虑的原则。

要坚持安全性原则，一是因为商业银行的经营存在影响安全的风险因素。由于银行业务涉及各种各样的客户，信贷活动又含有时间跨度，而且银行经营受宏观环境的影响比较大，因此决定了银行经营活动的风险面大、风险种类多、风险敏感性强。二是因为银行自有资本少，风险承受力弱。银行主要依靠负债经营，相对于一般工商企业而言，银行自有资本占其资产的比重很小。在国外，一般工商企业的自由资本约占50%，而按照《巴塞尔协议》这个国际惯例，银行的核心资本只占风险加权资产的4%，这说明银行的财务杠杆比例较高，风险承受能力弱，稍有经营不利发生损失，就会使自由资本耗损殆尽，面临倒闭风险。所以，坚持安全性原则的意义就在于：有助于减少资产和资本损失，增强预期收益的可能性，最终真正增进收益；有助于银行在社会公众中树立良好的信誉；有助于避免由于金融恐慌导致金融危机，维持社会安定。

（二）盈利性原则

盈利性是指商业银行在经营中获得利润的能力。坚持盈利性原则，即要求商业银行有较强的获利能力，这是商业银行经营目标的要求，也是其不断开拓业务的内在动力。

盈利水平的高低，是商业银行经营管理状况的综合反映。较高的盈利水平对于商业银行充实资本、扩大经营、增强信誉、提高竞争力、增强防险能力等，都具有十分重要的意义。

（三）流动性原则

流动性是指银行能够随时满足客户提款和清偿要求以及各种合理的资金需求的能力。它包括资产的流动性和负债的流动性两方面。资产的流动性是指银行各类资产能随时得到偿付或在价值不受损失的条件下具有迅速变现的能力；负债的流动性是指银行能以较低的成本随时获得所需资金的能力。

流动性是一般财务活动和金融活动共同面临的问题，而作为商业银行，研究和掌握流动性要比一般工商企业显得更为重要。首先，商业银行的资产负债的稳定性较差，经常面临许多随时要求即付的存款负债和突如其来的贷款要求，而银行又不像工商企业那样客户数量少且较固定，银行面临的是大量的不确定的客户，这使银行特别易受到流动性的威胁。一旦银行流动性不足，发生支付危机，将严重损害银行的信誉，影响业务发展并增加经营成本，甚至导致破产倒闭。其次，银行作为信用中介，一方面是借者的集中，另一方面是贷者的集中，借贷活动中的此存彼提、此借彼还，处处涉及流动性问题。流动性是银行业务功能的具体体现，它在银行经营管理中是至关重要的。

二、商业银行的基本业务

银行通过“资产变换”，即出售具有一组特定的负债（流动性、风险和收益的组合），购买具有另一组特定的资产，获取利润。在资产转换过程中，银行还提供其他服务，例如支票清算、记账和信用分析等。如果银行提供的服务成本低廉、购买的资产能够获得收入，则利润丰厚；反之，则有可能亏损。

现以一具体案例加以说明。

客户王某在A银行开户：

A银行 单位：万元

资产	负债
库存现金＋100	活期存款＋100

因为库存现金也是准备金：

A银行 单位：万元

资产	负债
准备金＋100	活期存款＋100

如果王某不是用现金，而是用 B 银行的支票：

A 银行　　单位：万元

资产	负债
应收现金＋100	活期存款＋100

A 银行也可以把 B 银行的支票存入央行，央行将 B 银行的准备金转入 A 银行：

A 银行　　单位：万元

资产	负债
准备金＋100	活期存款＋100

B 银行　　单位：万元

资产	负债
准备金－100	活期存款－100

如果法定准备金比率是 10%：

A 银行　　单位：万元

资产	负债
法定准备金＋10 超额准备金＋90	活期存款＋100

因为准备金是没有利息的，而银行必须向员工支付工资、为支票清算付费等，如果王某存入的不是支票存款，而是需要支付利息的其他存款，那情况就更加糟糕了。因此，A 银行必须将新增存款贷放出去赚取利息：

A 银行　　单位：万元

资产	负债
法定准备金＋10 贷款＋90	活期存款＋100

一般来说，A 银行可以获得利润。因为如果是支票存款，银行不用支付利息，却可以获得贷款利息，在扣除向员工支付的工资和为支票清算付费等成本之后，仍可以获得利润。即使是需要支付利息的其他存款，也仍可以从"短借长贷"中获取利差。

三、流动性管理

现仍以一具体案例加以说明。

若法定存款准备金比率为 10%，A 银行有 1 000 万元的超额准备金：

A 银行　　单位：万元

资产	负债
准备金 2 000 贷款 8 000 证券 1 000	存款 10 000 资本金 1 000

若发生 1 000 万元存款的外流：

A 银行 单位：万元

资产	负债
准备金 1 000 贷款 8 000 证券 1 000	存款 9 000 资本金 1 000

银行减少了 1 000 万元的存款和准备金，但仍满足法定准备金比率的要求，因此，无须改变资产负债表的其他部分。

如果，最初 A 银行就没有持有超额准备金：

A 银行 单位：万元

资产	负债
法定准备金 1 000 贷款 9 000 证券 1 000	存款 10 000 资本金 1 000

当发生 1 000 万元存款外流时，准备金也同量减少：

A 银行 单位：万元

资产	负债
法定准备金 0 贷款 9 000 证券 1 000	存款 9 000 资本金 1 000

银行为了应对 10%的法定存款准备金比率的要求，选择之一是向其他公司或银行借入 900 万元填补准备金缺口，代价是借款利息：

A 银行 单位：万元

资产	负债
法定准备金 900	存款 9 000
贷款 9 000	资本金 1 000
证券 1 000	向银行或公司借款 900

选择之二是出售证券，代价是经纪人手续费和其他交易费用：

A 银行 单位：万元

资产	负债
法定准备金 900 贷款 9 000 证券 100	存款 9 000 资本金 1 000

选择之三是向央行借款，代价是支付利息和央行对银行的关注：

A 银行 单位：万元

资产	负债
法定准备金 900	存款 9 000
贷款 9 000	资本金 1 000
证券 1 000	央行贷款 900

选择之四是减少贷款 900 万元，将其存入央行，代价是：如果是通过不同意贷款到期客户的展期要求，收回贷款的，将引起客户的不满，带来客户流失的结果；如果是将未到期贷款转让给其他银行实现的，因其他银行不了解客户情况，只能将贷款折扣售出。

A 银行　　　　单位：万元

资产	负债
法定准备金 900 贷款 8 100 证券 1 000	存款 9 000 资本金 1 000

四、资产管理

（一）信用的评估分析

所谓信用分析，就是对债务人的信用进行评估与审查。这种分析通常是从以下两方面着手的：一是分析贷款人的过去情况，了解其过去的还款记录是否令人满意；二是对借款人将来的信用状况进行预测。商业银行对客户的信用分析主要集中在六方面，即通常所说的“6C”原则。

1. 品德

品德（Character）是指借款人是否具有到期及时偿还银行贷款的主观愿望。如果借款人是个人或代理人，对其品德的评价主要表现在道德观念、个人习惯和偏好、经营方式、业务和个人往来、在企业和社会中的地位和声望等方面。如果借款人是公司法人，其品德主要体现在管理的完善、在行业中的地位和声望、经营方针和政策的稳定等方面。对此，银行主要通过借款人以往的偿债记录加以判断。

2. 能力

能力（Capacity）是指借款人的偿还能力，不仅反映借款人的预期现金收入，而且反映建立在这些收入之上的其他需求。其他的承付款、债务或优先索赔款都有可能消耗掉预期的收入，从而削弱借款人偿还贷款的能力。对能力的评价主要从个人或企业管理者的工作经验、决策能力、业务素质等方面进行。

3. 资本

资本（Capital）是指借款人财产的货币价值，通常用借款人的资产净值（总资产一总负债）来衡量。资本反映借款人的财富积累和风险承受能力，并在某种程度上反映了借款人的成就。

4. 担保品

担保品（Collateral）是指借款人应提供一定的财物作为偿债的物质保证，以减少或分散银行贷款的风险。银行要根据担保品的状况，计算贷款与担保品实际价值的比率，确定该财产或物品是否适合充当抵押品或质押品。

5. 经营环境

经营环境（Condition）是指借款人自身的经营状况和外部经营环境。信用评估分析必须包括借款人经营所在地区或行业的经济发展状况。此外，同业竞争、劳资关系、政局变化等一些宏观因素也是需考虑的内容。

6. 事业的连续性

事业的连续性（Continuity）是指借款企业持续经营的前景。一个能适应经济形势及市场变化，有发展后劲、前景看好的企业，才能生存、发展下去，也才能使银行贷款如期收回。如果是相反的情况，银行贷出的资金就可能有收不回的风险。

（二）贷款的管理

1. 贷款政策

贷款政策，即商业银行用以指导和规范贷款业务、管理和控制贷款风险的各项方针、措施和程序的总和。

（1）贷款工作规程。

1）贷前的推销、调查及信用分析阶段；

2）银行接受贷款申请以后的评估、审查及贷款发放阶段；

3）贷款发放以后的监督检查、风险监测及贷款本息收回阶段。

（2）相关制度。

1）贷款审批制度。我国实行“审贷分离”制度。贷款调查人员负责贷前调查评估，承担调查失误和评估失准的责任；贷款审查人员负责贷款风险的审查，承担审查失误的责任；贷款检查人员负责贷款发放以后的检查和清收，承担检查失误、清收不力的责任。

2）分级审批制度。银行内部实行分级授权制，规定各级信贷部门及有关人员的贷款审批品种和最高贷款限额。

2. 贷款比率控制

（1）依据：包括自身负债资金来源情况及其稳定性状况，以及中央银行的存款准备金比率、资本金状况、银行自身流动性准备比率、银行经营环境状况、贷款需求和银行经营管理水平等因素。

（2）评判指标：

第一，贷款/存款比率。我国法规规定这一比率不得超过75%。

第二，贷款/资本比率。它反映银行资本的盈利能力和银行对贷款损失的承受能力。《巴塞尔协议》规定商业银行资本总额与加权风险资产之比不得低于8%，核心资本与加权风险资产之比不得低于4%。

第三，单个企业贷款比率。指银行给最大一家客户或最大10家客户的贷款占银行资本金的比率，反映了贷款的集中程度和风险状况。如我国规定，对最大一家客户的贷款余额不得超过银行资本金的15%，最大10家客户的贷款余额不得超过银行资本金的50%。

第四，中长期贷款比率。即1年期以上的中长期贷款余额与1年期以上的各项存款余额的比率，反映了银行贷款的总体流动性状况。如我国规定，这一比率必须低于120%。

3. 贷款程序

贷款程序及操作中的一些关键问题可见表5-2。

表 5-2 贷款程序及操作中的关键问题

贷前		贷时		贷后	
(1) 贷前调查	客户借款申请 借款申请书 内容 贷款可行性 调查	(4) 贷款审批	主管信贷人员 高级经理人员 分级审批制度	(7) 日常管理	数据资料 合同契约 担保品 信用审查 贷款检查
(2) 借贷分析	用途 行业 管理水平 信用评估 数据资料	(5) 起草文件	法律合同文本 贷款文件审查 检验担保品 自动放弃条款 其他	(8) 应变措施	早期报警信号 调整战略 管理计划 ——贷款重组 ——努力催收 ——诉诸法律
(3) 贷款谈判	还款条件 合同契约 担保条件	(6) 贷款发放	凭证有效 贷款文件得以 执行	(9) 贷款偿还	催收 本金全部偿还 利息全部收到

五、负债管理

20 世纪 60 年代以后，产生了金融证券化的趋势，直接金融与银行争夺资金来源，存款利率限制也助长了“脱媒”。银行面临资金来源不足，开始通过向外借款获得资金来源，变被动型负债为主动型负债，管理重点由资产向负债转变，开始重视负债管理，改变了银行经营的被动地位，增加了资金来源和经营活力，提高了竞争实力和扩大了经营规模。但同时也使银行资本占总资产的比重下降，经营风险增加。

(一) 存款的管理

存款是一种被动负债，稳定性存款是形成银行中长期和高盈利资产的主要资金来源。

1. 保持存款的稳定性

衡量存款稳定性的主要指标及其计算公式有：

活期存款稳定率=(活期存款最低余额/活期存款平均余额)×100%

活期存款平均占用天数=(活期存款平均余额×计算期天数)/存款支付率

这两个指标与存款稳定性之间呈正相关关系。活期存款稳定率越高，活期存款平均占用天数越多，银行存款稳定性越高；反之，存款稳定性越低。

提高存款稳定性的策略，重点是提高易变性存款的稳定性，途径有：(1) 提供优质高效的服务，吸引更多的客户；(2) 努力延长稳定性存款的平均占用天数。

2. 降低存款的成本

商业银行在组织存款的过程中，既要付出利息成本，又要承担有关费用即营业成本。降低存款成本率主要有以下几种途径：

(1) 降低利息成本率。各项存款利息成本的高低一般与存期的长短呈正相关关系，即存款期限越长，利息成本越高。要降低存款的利息成本率，应在保证商业银行流动性供给的前提下，扩大低息存款的比重，即扩大活期存款的比重。

（2）降低营业成本率。组织存款的营业成本包括相关人员工资性支出、设备运转费用及其他有关费用。当银行存款总量的增长速度超过营业成本的增加速度时，单位存款资金的营业成本才能降低。

（3）调整存款结构。不同类型的存款有着不同的成本特点：活期存款的利息成本率低，但其营业成本率较高；定期存款的利息成本率较高，但其营业成本率较低。因此，商业银行必须根据其流动性的要求进行存款结构的调整，力求降低存款成本率。

（二）其他借入资金的管理

1. 借入资金的规模

商业银行借入资金的总规模取决于信贷需求与存款之间的资金缺口。银行管理者不仅要满足客户当前的信贷要求，而且还要合理预测客户未来的信贷需求。现实中，大银行倾向于发行大额可转让定期存单等方式，小银行则更多地依赖存款、同业借款和中央银行借款。

2. 借入资金的期限

商业银行借入资金的期限可根据其具体需要来确定。当银行立即需要清算资金或可贷资金时，可向中央银行或同业借款。当商业银行经过一段时间后才需要借入资金时，可通过回购协议、发行大额可转让定期存单、发行金融债券借入资金或从国际金融市场借入资金。

3. 借入资金的相对成本

商业银行借入资金时需要付出相应的成本，既有利息，又有费用或营业成本。不同渠道的资金，其利率水平存在差异。

4. 借入资金的风险

商业银行借入资金时可能遭受利率风险和信用风险。在市场经济发达的国家，资金市场的利率基本上按市场供求关系确定，利率不断波动，借入资金的银行可能遭受利率变化与其预期不一致的风险。同时，商业银行的信用风险也总是客观存在的。

5. 借入资金的法律限制

商业银行借入资金时还应考虑相关法律法规方面的限制。在美国，联邦或国民银行法规对借入资金的数量、频率及用途均有限制。例如，规定商业票据的期限至少是7天，通过贴现借入的资金不能发放贷款。在我国，同业拆借的期限则要求不得超过4个月。

模块总结

1. 商业银行是在商品交换和市场经济的发展中，为适应商业生产扩大和市场经济发展需要形成的一种金融组织。

2. 商业银行是以追求最大利润为目标，通过多种金融负债筹集资金，以多种金融资产为经营对象，能利用负债进行信用创造，并向客户提供多功能、综合性服务的金融企业。商业银行具有信用中介、支付中介、信用创造和金融服务的职能。

3. 商业银行的业务大体上可以分为三类：负债业务、资产业务、中间业务与表外业务。

4. 负债业务是商业银行筹措资金借以形成资金来源的业务。

5. 商业银行的资产主要包括现金资产、贷款、证券投资和其他资产等。

6. 商业银行的中间业务是银行接受客户委托，为客户提供各种服务，收取佣金、手续费、管理费等费用的一种业务。

7. 表外业务是指所有不在资产负债表内直接反映的业务。广义的表外业务是指所有的中间业务，如结算、租赁、信托、代理等；狭义的表外业务是指构成银行或有负债的业务，如备用信用证、承诺业务等。

8. 商业银行为了实现利润最大化和银行市场价值最大化的最终目标，在经营管理中要贯彻安全性、流动性、盈利性“三性”原则。“三性”原则的贯彻实施，体现在商业银行经营管理的整个过程中。

综合练习

一、单项选择题

1.（　　）是历史上第一家股份制银行，也是现代银行产生的象征。

A. 德意志银行　　B. 法兰西银行　　C. 英格兰银行　　D. 日本银行

2.（　　）是中国自办的第一家银行，它的成立标志着中国现代银行事业的创始。

A. 中国通商银行　B. 中国交通银行　C. 户部银行　　D. 中国实业银行

3.（　　）不属于商业银行的现金资产。

A. 库存现金　　B. 准备金　　C. 存放同业款项　D. 应付款项

4.（　　）属于商业银行狭义的表外业务。

A. 信托业务　　B. 融资租赁业务　C. 信用卡业务　　D. 贷款承诺业务

二、简答题

1. 简述商业银行的性质。

2. 商业银行的资金来源由哪几部分构成？

3. 商业银行的资产业务主要分为哪几类？现金资产是收益率最低的资产，那么，现金资产占总资产比例越少越好吗？为什么？

4. 什么是中间业务？什么是表外业务？两者是同一个概念不同表述吗？请简要分析。

三、实践题

实地考察了解我国商业银行属于何种外部组织形式，思考为何我国商业银行均选择这种组织形式。

案例分析

日本银行不良资产的处理

近年来，不但日本国内各个方面，就连一些国际组织如世界银行、国际货币基金组织以及有关国家政府（如美国政府等），都对日本金融机构的不良资产问题迟迟得不到解决表示关切，呼吁日本加快处置不良资产的速度，加大处置不良资产的力度，尽快使经济恢复正常。

日本银行业的不良资产问题已久拖10年，不但未能得到有效解决，而且严重的通货紧缩局面（截至2002年11月，消费者物价指数已连续37个月下降）加剧了银行业的不良资产问题的恶化。据日本有关方面的报道，从20世纪90年代以来，日本金融机构一共处置了约90万亿日元的不良资产（约占同期贷款总额的1/8）。尽管如此，根据日本金融厅2002年8月2日公布的数字，截至2002年3月底，日本民间金融机构持有的不良资产仍有52.4万亿日元，比上年同期增加9.5万亿日元（一些欧美研究机构则认为该数字被低估了，如美国高盛公司估计日本金融机构持有的不良资产为236万亿日元）。以商业银行为例，截至2002年3月底，日本城市银行、长期信用银行和信托银行等大银行的不良债权与2001年同期相比增加8.377万亿日元，达到28.385万亿日元；地方银行、第二地方银行也增加了1.2万亿日元，达到14.822万亿日元。正因为如此，日本首相小泉纯一郎的顾问近日称，日本银行业新坏账的增长速度，几乎与处置坏账的速度一样快。

日本首相小泉纯一郎自2001年4月上任以来，曾多次表示要尽快解决不良资产问题，但实际上一直是“雷声大雨点小”，并未拿出有实质性内容的措施。2002年10月30日，日本政府终于公布了人们期待已久的以清理银行坏账和促进产业振兴为主要内容的“加速改革综合对策”。该方案是由日本经济财政大臣兼金融大臣竹中平藏领导的金融厅以及“金融领域紧急对策特别小组”提出的，由不良资产处理对策、产业再生、雇用对策等几方面的内容组成，但重要的是涉及银行改革、坏账处理的部分，因此日本媒体也将其简称为银行坏账处置方案。该方案提出，希望到2005年3月底将日本银行业的不良资产减少一半。

该方案尽管提出要对银行的自有资本、贷款质量等进行严格检查，但由于方案初稿在2002年10月中旬向金融界和自民党等提出后遭到几乎所有银行界人士和一些有影响力的政治家们的强烈反对，因此正式方案并没有明确提出修改将延税资产计入银行资本的会计改革的时间表等具体建议。正因为如此，包括日本媒体在内的舆论普遍认为，从内容上来讲，这是一个比方案初稿倒退的方案。

但是，从2002年9月底开始兼任金融大臣的竹中平藏及其领导的“金融领域紧急对策特别小组”提出的银行坏账处置方案初稿，以及日本政府正式公布的“加速改革综合对策”可以看出，日本在处置不良资产方面已经有了与以往不同的思路，即不是简单就消除银行坏账来谈坏账处置方法，而是提出了要将坏银行“国有化”，并追究造成不良资产的银行领导人的责任等比较尖锐的观点。这反映了在日本已经有一些人比较深刻地认识到，要从更深的层次探讨为什么日本银行业的不良资产迟迟得不到有效处置等问题。

思考：

通过本案例，思考我国处理商业银行不良资产的紧迫性。

模块六

中央银行

金融案例导入

欧洲中央银行是根据1992年《马斯特里赫特条约》的规定于1998年7月1日正式成立的跨国式中央银行，其职能是发行欧盟统一的货币欧元并维护货币的稳定，管理主导利率，管理货币的储备，以及制定统一的欧洲货币政策。由于英国、瑞典和丹麦决定暂时不加入欧元区，目前使用欧元的国家为德国、法国、意大利、荷兰、比利时、卢森堡、爱尔兰、希腊、西班牙、葡萄牙、奥地利、芬兰，这些地区也称为欧元区。目前的欧洲中央银行就由上述国的原中央银行组成。欧洲中央银行行长理事会和执行董事会是欧洲中央银行的两个主要决策机构。

项目一　中央银行的产生与发展

项目任务

1. 重点掌握中央银行的性质；
2. 掌握中央银行的职能。

一、中央银行产生和发展的过程

中央银行并不是从来就有的，也绝不是人们凭空创造的。它的产生有着深刻的经济背景和客观的经济条件。

（一）中央银行产生的必然性

中央银行的产生晚于商业银行，它是随着社会生产力的迅速发展和信用业务的迅速扩大并适应资本主义银行业发展的客观要求而产生的。在18世纪末19世纪初，随着社会生产力的迅速发展和商品流通的迅速扩大，货币、信用业务急剧扩张，与此相适应，资本主义银行业迅速发展起来。如1814年，英国有银行940家，其他国家如法国、德国等也先后成立了许多银行。此时的银行种类和数量不断增多，资本迅速扩张，而且银行之间的竞争也非常激烈，处于劣势的中小银行纷纷倒闭，给银行的信誉和金融市场造成极大的威胁，并冲击整个资本主义市场。于是政府机构和金融当局考虑到，需要建立一个集中发行货币、统一管理商业银行、保持银行业稳定发展的具有权威性的金融机构来统一管理有关的金融业务，这就是中央银行。具体来说，中央银行建立的必要性表现在以下几个方面：

第一，统一发行银行券的要求。在银行产生的初期，商业银行都有发行银行券的权力。同时，由于当时存款业务尚未得到充分发展，各商业银行不得不依赖发行银行券来增加银行的资金，以解决资金不足的问题，因而出现了市面上多种银行券并行流通的局面。这种分散发行的制度存在严重的缺陷。首先，银行券流通具有区域限制。而随着资本主义的发展，商品流通必然会冲破区域的限制，形成全国统一的市场。这种商品市场的统一性和流通区域的无限性与银行券流通的区域限制性就发生了矛盾，给生产和流通造成了许多困难，这在客观上要求银行券成为能在全国市场流通的一种信用工具；否则，将阻碍资本主义商品经济的进一步发展。其次，银行券的兑现得不到可靠的保证。银行券由许多银行分散地发行，无法保证货币流通的稳定。由于众多的小银行信用功能薄弱，信用度较差，它们所发行的银行券往往不能兑现。尤其是在经济危机时期，不能兑现的情况非常普遍，从而使货币流通陷于非常混乱的状态。因此，要保证银行券流通的稳定，客观上要求银行券集中统一发行。也就是说，客观上要求有一个资力雄厚并且有权威的银行发行一种能在全国范围内流通并保证随时兑现的银行券。

第二，票据交换及清算的要求。银行林立、银行业务不断扩大、债权债务关系错综复杂的局面，要求票据交换及清算得到及时合理的处置，否则经济的顺畅运行就会受到阻碍。而当时的情况是，随着银行业务的扩大，银行每天收受的票据数量也日益增加，各银行之间的债权债务关系越来越复杂化，由各银行自行轧差当日清算已成问题。这不仅使异地间的结算矛盾突出，即使同城结算也很麻烦，这在客观上要求建立全国统一的公正的票据交换和债权债务的清算机构。

第三，最后贷款人的要求。随着资本主义商品生产的发展和流通的不断扩大，对贷款的需求量也不断扩大。商业银行自己以吸收区域存款来发放贷款已远远不能满足经济发展的需要，且自己发行的区域银行券又受到地区和信用度的限制，特别是在金融危机时期，银行业普遍是银根吃紧，告贷无门，从而陷入了资金调度不灵的窘境，有的甚至因支付能力不足而破产。而银行缺乏稳固性，不利于经济的发展，也不利于社会的稳定，因此，客观上要求有一个金融机构以最后贷款人的身份支持资金周转困难的银行，以免银行挤兑风潮的扩大而导致整个银行业的崩溃。

第四，金融管理的要求。在自由资本主义向国家垄断资本主义的过渡、发展时期，资产阶级政府干预调节经济的作用、手段明显加强，银行的业务活动涉及国民经济的各个部门，银行在国民经济中居于十分重要的地位。银行业的稳定和发展对国民经济的稳定和发展关系重大，于是，银行业也就成为政府管理经济的重点。为了管理和控制好以营利为目的的各种金融企业，客观上要求设定一个不以营利为目的、超然于所有金融企业之上的政府金融管理机构。

中央银行正是在以上四个方面的要求下产生的。因此，中央银行的产生是资本主义经济和银行业发展的必然产物。

（二）中央银行的发展

最早发挥中央银行功能的应是英格兰银行。英格兰银行作为世界上最早的私人股份银行，成立之初就已具有与其他银行不同的特权，比如，接受政府存款并向政府提供贷款，以及在发行银行券上有优势等。但成为中央银行的决定性的第一步，即具有了基本垄断货币发行权，却是它成立多年以后的事。1884 年英国通过的《皮尔条例》，规定了英格兰银行具有独立的货币发行权，并集中其他商业银行的一部分存款准备金，从而正式确立了其中央银行的地位。从第一家中央银行产生到现在，中央银行的发展经历了三个阶段：

1. 初创时期

这一时期从 1694 年英格兰银行的成立到 19 世纪 70 年代，是中央银行发展的幼年阶段，它尚不具备完整的三大职能。例如，英格兰银行在这一时期是兼办普通银行业务的一家不完全的中央银行，这时的英格兰银行并不是唯一的货币发行银行，除它之外，还有 279 家银行可以发行银行券；此外，英格兰银行没有最后贷款者的责任，只有承购政府债券的义务，政府的收付业务，别的银行也可以办理。1800 年成立的法兰西银行统一掌握发行权的时间虽早于英格兰银行，但当时也并没有明确承担作为“银行的银行”的职能。

这一阶段成立的中央银行还有：芬兰银行（1809 年）、荷兰银行（1814 年）、俄罗斯银行（1860 年）、德国国家银行（1875 年）等。

2. 迅速发展与完善时期

这一时期从 19 世纪 80 年代到 20 世纪 30 年代。此时期中央银行的三大职能基本完备。例如，1913 年美国正式建立的中央银行——联邦储备银行系统，其主要内容之一就是统一由联邦储备银行发行货币，并把会员银行的存款准备金分别集中于 12 家联邦储备银行，规定联邦储备银行可以根据金融形势的需要发放“最后贷款”。鉴于第一次世界大战后货币制度混乱的状况，大多数国家认识到中央银行对稳定金融、推动经济发展的重要性，特别是 1920 年在比利时召开的布鲁塞尔国际经济会议上，会议号召凡未设立中央银行的国家应尽快建立，以共同维持经济和货币制度的稳定。

这一时期建立的中央银行有：日本银行（1882 年）、意大利银行（1893 年）、苏联国家银行（1918 年）、澳大利亚联邦银行（1924 年）、中国国民政府的中央银行（1931 年）、墨西哥中央银行（1932 年）、新西兰储备银行（1935 年）、加拿大银行（1935 年）、印度储备银行（1935 年），这是中央银行成立的第二个高潮。

3. 调控经济的作用进一步加强时期

这一时期从 20 世纪 40 年代至今。这个阶段中央银行从仅仅维持金融业的稳定发展成为对一国经济进行宏观调控的一个重要机构。这一转变的直接原因是 20 世纪 20 年代大危机的发生，其理论依据是凯恩斯的经济理论。为了充分发挥金融对经济的调控作用，发达国家纷纷对中央银行进行国有化管理；第二次世界大战后独立的国家纷纷成立中央银行，这时的中央银行不仅具备完善的三大功能，而且负责制定和执行货币政策，监督整个金融系统的业务活动，成为国家调控经济的两大手段之一。

这一时期成立的中央银行有：多米尼加中央银行（1947 年）、巴基斯坦中央银行

（1948 年）、菲律宾中央银行（1948 年）、伊拉克国民银行（1949 年）、印尼联邦发行银行（1952 年）等。

二、中央银行的性质

中央银行是一国金融体系的核心，处于一国金融业的领导地位。因此，中央银行在性质上是一个代表国家管理全国金融的金融机构。具体来说，中央银行一方面是国家的金融行政管理机构；另一方面又是一个经营金融业务的金融机构。

（一）中央银行是金融管理机构

1. 中央银行具有国家机关的性质

从早期中央银行的产生看，多是适应政府需要。在中央银行产生之前，一个国家的金融行政管理无疑是政府的机关职能。而一旦产生了中央银行，管理金融的这种机关职能则由中央银行来承担，中央银行成为国家政府的一个不可缺少的职能部门，具有明显的国家机关的性质。

从隶属关系看，中央银行大都隶属于政府和国家权力机关。如日本银行直属于大藏省，美国的联邦储备银行直接向国会负责。各国中央银行的领导人一般都由国家任命。

2. 中央银行与一般国家机关的区别

中央银行具有国家机关的性质，但它与一般的国家政府机关又有所区别。

中央银行在办理金融机构业务时可以获得一定的经营收益，这与完全依靠国家财政拨付经费的政府机关显然是不同的。

中央银行主要是依靠经济手段进行金融管理，这与主要依靠行政手段进行管理的一般政府机关也明显不同。

一般政府机关的最高领导人由国家最高行政负责人任命并对其负责，而中央银行最高领导人的任命都要经国会批准，直接对国会负责。如美联储主席由美国总统提名，报国会批准。《中华人民共和国中国人民银行法》第 10 条规定，中国人民银行行长人选，根据国务院总理的提名，由全国人民代表大会决定。

（二）中央银行是金融机构

1. 中央银行具有一般金融机构的性质

中央银行具有一般金融机构的性质，是一国金融体系的重要组成部分。首先，中央银行是金融业发展到一定阶段的产物，从事货币信用活动是中央银行固有的性质；其次，中央银行从普通银行中分离出来后，仍然从事着货币信用等金融活动；最后，中央银行的资产负债表与普通银行一样，负债方有存款，资产方有放款和投资。

2. 中央银行是一个特殊的金融机构

中央银行是一个金融机构，但与普通商业银行相比，又有自己的特点。

中央银行受政府或国家最高权力机关控制，而商业银行不受政府或国家最高权力机关控制。

为了有效地执行宏观金融政策，实现宏观经济目标，中央银行不以营利为目标，而商业银行的经营以营利为目标。

中央银行以政府和金融机构为经营对象，商业银行以工商企业和个人为经营对象。

中央银行负有调节全国金融的职责，其资产必须有极强的流动性，一般不能进行长期贷款和长期投资业务，而商业银行可以进行长期信用业务。

中央银行处于一种超然地位，不参与银行业的竞争。

中央银行不能在国外设立分行，只能设立代表处、代理处，普通商业银行可以在国外设立分行、代表处等各种分支机构。

三、中央银行的职能

中央银行的性质决定着中央银行的职能，中央银行的职能又是中央银行性质的具体体现。中央银行的职能可以从不同的角度进行不同的划分，一般将其划分为发行的银行、银行的银行、政府的银行。

（一）中央银行是发行的银行

所谓发行的银行是指有货币发行权的银行，这是中央银行首要和基本的职能。在现代经济中，独占货币发行权是中央银行的一个重要标志。

货币必须由中央银行垄断发行的理论依据是：一个国家在一定时期发行多少货币，必须根据经济发展的需要来确定，否则就会造成货币流通的混乱，给经济带来不良影响。中央银行垄断发行货币的意义在于：一是统一票面，方便商品交易；二是防止发钞银行倒闭，引起金融动荡和解决混乱；三是有利于货币流通的正常和稳定；四是有利于加强中央银行的金融宏观调控能力和国家货币政策的贯彻、执行。

（二）中央银行是银行的银行

中央银行作为银行的银行，是指其与商业银行和其他金融机构的特殊业务关系。这种特殊业务关系主要体现在以下三个方面。

1. 现金准备中心

商业银行吸收的存款不能全部用于投资和放款，必须保留一部分现金作为准备，以备存款人随时提取。起初，商业银行一般将存款准备金存入一些有权威的实力雄厚的大银行，这是存款准备金的萌芽状态。后来，国家用法律形式规定，商业银行必须按法定准备率提取一定的存款准备金交中央银行统一保管，这就是现代的集中准备制度。

2. 票据清算中心

与集中准备制度相联系，中央银行成为全国清算中心。因为中央银行接受商业银行及其他金融机构的存款，就可以通过中央银行开立的活期存款账户进行清算。票据清算这一职能也始于英国。1854 年，英格兰银行就采取了对各种银行之间日清算的差额进行结算的做法，成为伦敦各银行票据清算的总结算银行。

3. 最后贷款人

中央银行作为最后贷款人，是指对商业银行和其他金融机构融通资金。特别是当发生金融危机时，其他银行无力或不愿意对一些银行贷款时，中央银行能够而且愿意提供这些资金。融通资金的方式主要有再贴现和再贷款。从历史发展看，首先出现的是再贴现，后来才出现再贷款。

（三）中央银行是政府的银行

政府的银行是指中央银行作为国家的职能部门，必须为政府服务，这是早期中央银行的一个主要职能。现代中央银行作为政府的银行，其主要职责有以下五个方面：

1. 代理国库

各国中央银行都负责经办政府的财政收支。政府各项财政收支都存入中央银行的活期账户，需要支付时，就在中央银行账户上支取。所以，中央银行是国库支付结算中心。

2. 对政府融通资金

中央银行作为政府的银行，负有为政府融通资金、解决政府临时资金需要的义务。资金融通的方法有：

（1）对政府提供贷款。中央银行一般只对政府临时资金需要提供短期贷款，这些贷款在财政年度内就能偿还，所以不会引起货币流通的混乱。短期贷款的方法主要是国库券的贴现或以国家有价证券作为抵押的短期放款。

（2）购买政府债券。购买方式有直接购买和间接购买。直接购买是指中央银行在一级市场（即证券发行市场）上直接购买政府债券，直接向政府提供信贷。很多国家都禁止中央银行直接购买政府债券。间接购买是指中央银行在二级市场（证券交易市场）上购买政府债券。

（3）透支。透支是指财政在中央银行开立透支户，当财政出现赤字时，直接向中央银行透支。透支相当于中央银行对财政直接放款，但比直接放款有更大的随意性，因而更容易引起高度通货膨胀。这种情况一般出现在发展中国家。

3. 代理政府金融事务

中央银行一般都代办政府债券的发行和还本付息，代理政府保管黄金、外汇储备或办理买卖黄金、外汇储备业务。

4. 代表政府处理国际金融事务

代表政府加入国际金融组织，参加国际金融活动，处理有关国际金融事务。

5. 充当政府金融顾问

在政府金融决策中，中央银行是以金融顾问的姿态出现的。因为中央银行在国内有众多的分支机构，与国外金融机构也有广泛的联系，对货币市场、证券市场和外汇市场方面的情况非常熟悉，可以为政府进行经济决策时提供信息和咨询。

四、中央银行的类型

中央银行的类型是指中央银行以什么形式存在、按什么制度规范运转的组织状态。由于世界各国的社会制度、政治制度、经济体制、商品经济发展水平、金融业发展程度各不相同，因而各国中央银行的组织制度也有差异。当前世界各国中央银行的组织制度主要有以下几种基本类型：

（一）单一中央银行制度

单一中央银行制度是指国家建立单独的中央银行机构，使之全面行使中央银行职能的中央银行制度。这种类型又分为两种情况：

1. 一元中央银行制

这指一国仅设立一家中央银行，中央银行除发行货币、代理国库外，只同金融机构有存贷往来业务关系，不直接对工商企业和个人办理存放款业务。这种形式的中央银行一般都具有权力集中、职能齐全、分支机构较多等特点。世界上大多数国家都采取一元中央银行制，如英国、法国、日本等。我国在 1984 年以后也实行这种中央银行制度。

2. 二元中央银行制

采用二元中央银行制的国家，政府在中央和地方两级分别设立中央银行，分别行使金融管理权，地方一级的中央银行具有相对独立性，但是接受中央级中央银行的监督和指导，比如在货币制度方面必须与中央级中央银行保持一致。采用这种中央银行制度的国家一般都实行联邦政治体制，如美国、德国等。

（二）复合式中央银行制度

复合式中央银行制度是指国家不单独设立专门行使中央银行职能的中央银行机构，而是由一家集中央银行与商业银行职能于一身的国家大银行兼行中央银行职能的中央银行制度。这种制度往往与中央银行初级发展阶段和国家实行计划经济体制相对应。苏联和 1984 年前的中国都实行这种制度。

（三）准中央银行制度

准中央银行制度也是指国家不设立通常完整意义上的中央银行，而设立类似中央银行的金融管理机构执行部分的中央银行职能，并授权若干商业银行也执行部分中央银行职能的中央银行制度。采取这种中央银行组织制度的国家有新加坡、马尔代夫等。

（四）跨国中央银行制度

跨国中央银行制度是指由若干国家联合组建一家中央银行，由这家中央银行在其成员国范围内行使全部或部分中央银行职能的中央银行制度。这种跨国的中央银行为成员国发行共同使用的货币并制定统一的货币金融政策，监督各成员国的金融机构及金融市场，对成员国的政府进行融资，办理成员国共同商定并授权的金融事项等。实行跨国中央银行制度一般与区域性各国经济的相对一致性和货币联盟体制相对应。采取这种体制的主要有西非货币联盟所设的中央银行、中非货币联盟所设的中非国家银行、东加勒比海货币管理局以及 1998 年 7 月 1 日正式成立的欧洲中央银行。

知识链接

欧洲中央银行

欧洲中央银行（European Central Bank，ECB），简称欧洲央行或欧银，总部位于德国金融中心法兰克福，成立于 1998 年 6 月 1 日，其负责欧盟欧元区的金融及货币政策。它是一个典型的跨国中央银行，是欧洲一体化进程逐步深入的产物。

欧洲中央银行是根据 1992 年《马斯特里赫特条约》的规定于 1998 年 7 月 1 日正式成立的，其前身是设在法兰克福的欧洲货币局。欧洲中央银行的职能是“维护货币的稳定”，管理主导利率、货币的储备和发行以及制定欧洲货币政策；其职责和结构以德国联邦银行为模式，独立于欧盟机构和各国政府之外。

欧洲中央银行是世界上第一个管理超国家货币的中央银行。独立性是它的一个显著特点，它不接受欧盟领导机构的指令，不受各国政府的监督。它是唯一有资格允许在欧盟内部发行欧元的机构。1999 年 1 月 1 日欧元正式启动后，11 个欧元国政府失去制定货币政策的权力，而必须实行欧洲中央银行制定的货币政策。

欧洲中央银行的组织机构主要包括执行董事会、欧洲中央银行委员会和扩大委员会。执行董事会由行长、副行长和4名董事组成，负责欧洲中央银行的日常工作；由执行董事会和12个欧元国的央行行长共同组成的欧洲中央银行委员会，是负责确定货币政策和保持欧元区内货币稳定的决策性机构；欧洲中央银行扩大委员会由央行行长、副行长及欧盟所有15国的央行行长组成，其任务是保持欧盟中欧元国家与非欧元国家接触。

欧洲中央银行委员会的决策采取简单多数表决制，每个委员只有一票。货币政策的权力虽然集中了，但是具体执行仍由各欧元国央行负责。各欧元国央行仍保留自己的外汇储备。欧洲中央银行只拥有500亿欧元的储备金，由各成员国央行根据本国在欧元区内的人口比例和国内生产总值的比例来提供。

首任欧洲中央银行行长为维姆·德伊森贝赫，荷兰人，曾任荷兰央行行长，曾在阿姆斯特丹大学教授“宏观经济学”。其继任人为让克洛德·特里谢，法国人，曾任法国央行法兰西银行行长，于2003年11月接任。现任欧洲中央银行行长为马里奥·德拉吉，意大利人，曾任意大利央行行长，于2011年11月接任，任期8年。德拉吉曾在世界银行和高盛集团担任要职，2006年年初，他开始担任意大利央行行长。2008年国际金融危机爆发以后，德拉吉一直负责协调二十国集团国际金融改革事务，并任金融稳定委员会主席。

五、中央银行的机构设置

（一）中央银行的内部机构设置

尽管各国中央银行的内部组织机构会因各国的法律、习惯、经济结构、管理需要等而各有差异，但大致归纳起来，一般都设有行政办公机构、业务机构、经济金融机构。

（二）中央银行的分支机构设置

中央银行的分支机构设置其实就是指中央银行的外部组织机构设置。中央银行的分支机构可以说都是总行的派出机构，即便是在联邦制下的中央银行，其州一级的中央银行机构事实上也相当于联邦级中央银行的派出机构。因为各国中央银行的分支机构都要执行总行制定的各项政策规定。虽然它们也往往具有法人资格，但不能擅自在所辖区域内制定和推行与总行不同的政策制度。比如：中央银行分支机构的任务，虽因各国对其赋予的权力范围或级别不同而不完全一样，但不管怎么样，有一点是相同的，即任何分支机构都要贯彻中央银行的货币政策，并且其执行要受到中央银行的监督。

项目二 中央银行的主要业务

项目任务

1. 掌握中央银行的资产负债表；
2. 重点掌握中央银行的负债业务和资产业务。

中央银行的主要业务反映在它的资产负债表上，为了更好地理解中央银行的业务，有必要先介绍一下中央银行的资产负债表。

一、中央银行的资产负债表

表 6－1 是中央银行资产负债表的一般格式。

表 6－1 中央银行资产负债表一般格式

资产	负债
黄金外汇储备 放款 各种证券 其他资产	流通中的现金 各种存款 其他负债 资本项目
资产合计	负债合计

（一）负债方

（1）流通中的现金：指中央银行发行的由社会公众持有的以及各金融机构库存的纸币和辅币，其比重是负债项目中最大的。

（2）各项存款：包括国内商业银行存款、政府部门存款、外国存款等，其中商业银行的存款比重最大。

（3）其他负债：指以上负债项目中未列入的负债，如邮政储蓄存款等。

（4）资本项目：指中央银行的自有资本，一般包括股本、盈余结存以及财政拨款。

（二）资产方

（1）黄金外汇储备。包括黄金、外汇一级特别提款权等。管理黄金外汇储备是中央银行应负的责任。储备黄金和外汇要占用中央银行的资金，因而是构成中央银行资金运用项目的一部分。

（2）放款。在资产项目中，放款所占比重最大。放款既包括中央银行对商业银行的再贴现和再贷款，也包括对财政以及国内外其他金融机构的放款，但主要是对商业银行的放款。

（3）各种证券。主要是中央银行持有的政府债券，这些政府债券一部分是中央银行在公开市场上买进的，另一部分是商业银行要求放款时的抵押。除本国政府债券外，此项目还包括企业债券以及外国政府债券。

（4）其他资产。指以上三项未收入的资产，如土地、房屋、设备以及待收款等。其中待收款是指中央银行办理清算业务时形成的应收未收款。

由于各国信用制度和信用方式存在一定的差别，各国中央银行的资产负债表的具体内容和项目也不尽相同。表6－2是2017年11月中国人民银行资产负债表。

表6－2　中国人民银行资产负债表（2017年11月）　单位：亿元人民币

资产		负债	
国外资产	221 984.56	储备货币	307 064.54
外汇	215 151.52	货币发行	74 851.16
货币黄金	2 541.50	其他存款性公司存款	231 218.49
其他国外资产	4 291.54	非金融机构存款	994.90
对政府债权	15 274.09	不计入储备货币的金融性公司存款	5 420.93
其中：中央政府	15 274.09	发行债券	
对其他存款性公司债权	101 125.50	国外负债	1 243.26
对其他金融性公司债权	6 321.41	政府存款	41 410.36
对非金融性部门债权	88.41	自有资金	219.75
其他资产	17 679.90	其他负债	7 115.04
总资产	362 473.88	总负债	362 473.88

注：1. 自2017年起，对国际金融组织相关本币账户以净头寸反映。
2. “非金融机构存款”为支付机构交存人民银行的客户备付金存款。
资料来源：中国人民银行官方网站.

二、中央银行的负债业务

中央银行的负债是指中央银行以负债形式所形成的资金来源，负债业务是形成中央银行资产业务的基础，主要有货币发行业务、存款业务等。

（一）货币发行业务

货币发行业务是中央银行最主要的负债业务，这是中央银行与一般商业银行的重要区别之一。

1. 货币发行的原则

中央银行对货币发行的约束来自对货币政策目标的追求。稳定物价或通货是中央银行的主要目标，而要实现稳定通货的目标，就必须对货币发行量进行严格的控制。货币发行必须遵循两条基本原则：

第一，货币发行必须有可靠的信用保证。中央银行发行纸币不能只靠国家信用，而必须建立某种准备金制度。当今各国中央银行发行货币的准备大致有两类：一是现金准备；二是证券准备。

第二，货币发行量要有高度的伸缩性和灵活性。中央银行要根据经济情况，不断向市场注入或抽回货币，使市场的货币供应随国民经济情况的变化而伸缩，具有一定的弹性。

2. 货币发行的程序

以人民币现金发行程序为例：人民币的具体发行是由中国人民银行设置的发行基金保管库（简称发行库）来办理的。所谓发行基金，是中国人民银行保管的已印好而尚未进入流通的人民币票券。发行库在人民银行总行设总库，下设分库、支库。

货币发行的具体操作程序是：当商业银行基层行的现金不足以支付时，可到当地中国人民银行在其存款账户余额内提取现金。于是人民币从发行库转移到商业银行基层行的业务库，这意味着这部分人民币进入流通领域，成为货币发行。当商业银行基层行收入的现金超过其业务库库存限额时，超过的部分应送交中国人民银行，这部分人民币进入发行库，意味着退出流通领域，称为货币回笼。

货币发行的具体过程如图 6－1 所示。

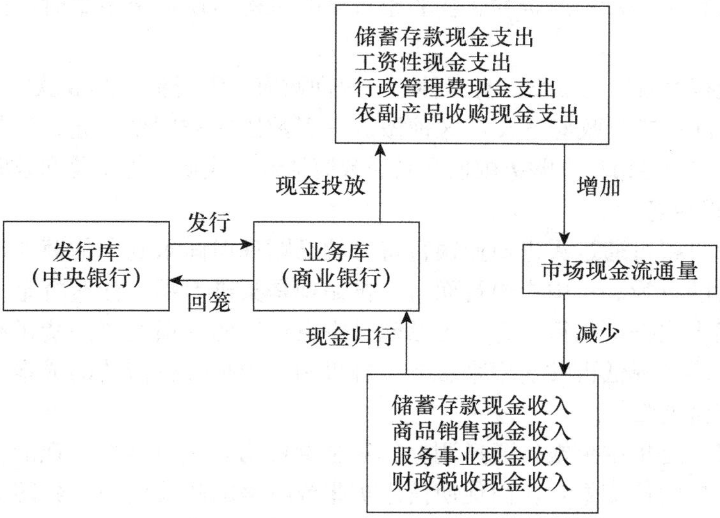

图 6－1　货币发行的具体过程示意图

（二）存款业务

存款业务是中央银行的主要负债业务之一，仅次于货币发行业务。

（1）商业银行存款。商业银行存款是指商业银行缴纳的存款准备金。存款准备金可分为两部分：一部分是法定准备金；另一部分是超额准备金或自由准备金。

法定准备金和超额准备金都是商业银行在中央银行的存款，所不同的是，对法定准备金商业银行不能自由运用，而超额准备金属于自由准备，商业银行有权动用；中央银行对法定准备金往往不支付利息，对超额准备金却要支付利息。

（2）财政性存款。包括财政存款和政府、公共部门在中央银行的存款，其数额仅次于商业银行的存款。

（3）外国存款。指外国中央银行或外国政府的存款。外国中央银行或外国政府持有这些存款构成本国的外汇，随时可用于贸易结算和清算业务。

（4）其他存款。凡是未列入上面三类存款项目的中央银行的存款都归入这个项目，其内容因各国情况不同而差异较大。

三、中央银行的资产业务

中央银行的资产业务是指其资金运用的业务。中央银行的资产业务主要包括贷款业务、再贴现业务、证券买卖业务等。

（一）贷款业务

贷款业务是中央银行的主要资产业务之一。贷款业务的主要对象是商业银行、非银行金融机构和政府。该业务充分体现了中央银行是“最后贷款人”的性质。中央银行贷款主要有以下几类：

（1）对商业银行的贷款。这种贷款通常是短期的，而且商业银行要以政府债券或商业票据作为担保。

（2）对非银行金融机构的贷款。在非银行金融机构出现资金困难时，向它们提供资金支持。

（3）中央银行对政府的贷款。有三种：一是向政府正常贷款，其放款办法与向商业银行放款办法大致相同；二是政府透支，这种做法在多数国家被明令禁止；三是证券投资性贷款，即中央银行在证券市场上购买国债和其他政府债券，实质上等于是向政府发放了贷款。

（二）再贴现业务

再贴现是中央银行通过买进商业银行持有的已贴现但尚未到期的商业汇票，向商业银行提供融资支持的行为。对中央银行而言，再贴现是买进票据，让渡资金；对商业银行而言，再贴现是卖出票据，获得资金。再贴现是中央银行的一项主要的货币政策工具。中央银行可以通过提高或降低再贴现率来影响金融机构向中央银行借款的成本，从而影响货币供应量和其他经济变量。

再贴现政策，是指中央银行通过调整其对金融机构办理票据再贴现的再贴现率，来扩大或缩小金融机构的信贷量，从而促使信用扩张或收缩的政策措施。各国关于再贴现业务的规定主要包括：规定再贴现票据的种类、规定再贴现业务的对象、规定再贴现率的制定与调整等。

我国开办再贴现业务始于 1986 年 4 月 16 日中国人民银行发布《票据再贴现试行办法》，其在当时的适用范围较小。1994 年 7 月发布的《再贴现办法》、1997 年 3 月 5 日发布的《中国人民银行对国有独资商业银行总行开办再贴现业务暂行办法》、1997 年 5 月 22 日发布的《商业汇票承兑、贴现与再贴现管理暂行办法》对票据再贴现的种类、再贴现对象和期限等做了更具体的规定。

（三）证券买卖业务

中央银行买卖证券是为了调节和控制货币供应量，实现货币政策目标，而不是为了盈利。

在证券市场比较发达的国家，证券买卖业务是中央银行主要的资产业务之一。中央银行买卖证券一般都是通过公开市场进行的。买卖的证券主要有国库券、公债券以及一些信誉很高的商业票据、公司债券等，其中主要是国库券。

买卖证券一般有两种形式。一种是一次性买卖，当中央银行认为需要增加或压缩商业银行的超额准备金时，就会一次性购买或出售某种证券，直到购足或售足为止。另一种是附有回购协议的买卖，即在购买时就定下协议，卖者必须在指定的日期按商定价格再购回所卖的证券；反之，在出售时，中央银行就在指定的时间按商定价格购回那些出售的证券。

四、中央银行的其他业务

（一）资金清算业务

主持全国的资金清算是中央银行的职责之一。中央银行的资金清算业务大体有三类：一是集中票据交换。一般是由中央银行组织票据交换所，各商业银行将本行应付票据参加交换。有些国家（如英国）设有专门独立的票据交换所，但形成的差额还是要通过中央银行转账。二是集中清算交换的差额。各商业银行之间清算的差额，可以通过在中央银行的账户结算。三是组织异地之间资金转移。全国各地区不同商业银行之间的资金转移，需通过中央银行的电子资金划拨系统办理。

（二）国库业务

世界各国的国库体制主要有两类：一类是独立金库制；另一类是委托金库制，即国家委托中央银行代理国库业务。目前世界上绝大多数国家采取的是委托金库制。

中央银行的国库业务主要经营和办理国家预算收支的保管和出纳工作，如国家预算收入的入库、国家预算支出的拨付行为等。由中央银行代理国库业务有利于增强中央银行制度，有利于政府融通资金，也有利于国库资金的及时调拨。

模块总结

1. 中央银行的性质是管理金融事业的国家机关和特殊的金融机构。

2. 中央银行的职能有发行的银行、银行的银行、政府的银行。

3. 中央银行在现代经济中的作用是中央银行是现代经济发展的推动机，中央银行是国家调节宏观经济的工具，中央银行是社会经济和金融运行的稳定器，中央银行是提高经济、金融运转效率的推进器。

4. 中央银行的主要业务（主要包括负债业务和资产业务）。

综合练习

一、单项选择题

1. 我国目前实行的中央银行体制属于（　　）。

A. 单一中央银行制度　　B. 复合式中央银行制度

C. 跨国中央银行制度　　D. 准中央银行制度

2. 下列属于中央银行资产项目的有（　　）。

A. 流通中的货币　　B. 政府和公共机构存款

C. 政府债券　　D. 商业银行等金融机构存款

3. 在中国人民银行的资产负债表中，最主要的资产项目为（　　）。

A. 政府存款　　B. 国外资产

C. 对存款货币银行债权　　D. 对政府债权

4. 中央银行握有证券并进行买卖的目的不是（　　）。

A. 盈利　　B. 投放基础货币

C. 回笼基础货币　　D. 对货币供求进行调节

5. 垄断货币发行权，是央行作为（　　）的职能的体现。

A. 银行的银行　　B. 国家的银行　　C. 监管的银行　　D. 发行的银行

二、简答题

1. 中央银行的产生有哪些必然性?

2. 中央银行与商业银行有哪些业务关系?

3. 简述中央银行的基本职能。

4. 什么是中央银行的资产业务? 中央银行的资产业务包括哪些内容?

三、实践题

登录中国人民银行网站(http://www.pbc.gov.cn/)，了解中国人民银行目前的主要业务动态以及历年资产负债状况。

案例分析

美联储

20 世纪以前美国政治的一个主要特征是对中央集权的恐惧。这不仅仅体现在宪法的制约与平衡上，也体现在对各州权力的保护上。对中央集权的恐惧，是造成美国人对建立中央银行抱有敌意态度的原因之一。除此之外，传统的美国人对于金融业一向持怀疑态度，而中央银行又正好是金融业的最突出代表，美国公众对中央银行的公开敌视，使得早先旨在建立一个中央银行以管辖银行体系的尝试，先后两次归于失败：1811 年，美国第一银行被解散；1832 年，美国第二银行延长经营许可证期限的要求遭到否决。随后，因其许可证期满在 1836 年停业。

1836 年美国第二银行停业后，由于不存在能够向银行体系提供准备金并使之避免银行业恐慌的最后贷款人，这便给美国金融市场带来了麻烦。19 世纪和 20 世纪早期，全国性的银行恐慌已成为有规律的事情。1837 年、1857 年、1873 年、1884 年、1893 年和 1907 年，美国都曾爆发过银行恐慌。1907 年银行恐慌造成的如此广泛的银行倒闭和存款人的大量损失，终于使美国公众相信需要有一个中央银行来防止将来再度发生银行恐慌了。

不过，美国公众基于对银行和中央银行的敌视态度，对建立类似英格兰银行的单一制中央银行还是大力反对的。他们一方面担心华尔街的金融业（包括最大的公司和银行）可能操纵这样一个机构从而对整个经济加以控制；另一方面，也担心联邦政府利用中央银行过多干预私人银行的事务。所以，在中央银行应该是一家私人银行还是一个政府机构的银行问题上，存在严重的分歧。由于争论激烈，国会只能妥协。依据美国传统，国会便把一整套精心设计的带有制约和平衡特点的制度，写入了 1913 年的联邦储备法，从而创立了拥有 12 家地区联邦储备银行的联邦储备体系。

当初建立联邦储备系统，首先是为了防止银行恐慌并促进商业繁荣；其次才是充当政府的银行。但是第一次世界大战结束后，美国取代英国成为金融世界的中心，联邦储备系统已成为一个能够影响世界货币结构的独立的巨大力量。20 世纪 20 年代是联邦储备系统取得重大战功的时代。当经济出现徘徊的迹象时，就提高货币的增长率；当经济开始以较快的速度扩张时，就降低货币的增长率。它并没有使经济免予波动，但的确缓和了这种波动。不仅如此，它是不偏不倚的，因而避免了通货膨胀。货币增长率和经济形势的稳定，使美国经济获得了迅速发展。

思考：

美联储产生的过程说明了什么？

模块七

保险与证券

金融案例导入

1. 2004年11月21日8时21分，由内蒙古自治区包头市飞往上海市的MU5210航班，在起飞后不久坠入机场附近南海公园的湖里。包括47名乘客、6名机组人员在内的机上53人全部罹难，同时遇难的还有一名南海公园的工作人员。据统计，2006年全球空难156起，死亡人数1 292人。天有不测风云，人有旦夕祸福。风险无处不在，如何避免风险、预防风险乃至转嫁风险，是我们要探讨的问题。

2. 当散户大厅人山人海，进出极不方便的时候；当你周围的人都争相谈论已经挣了大钱的时候；当散户大厅全都是新面孔的时候；当证券交易所门口自行车极多，没有地方停的时候；当买证券类报纸、杂志买不到的时候；当一个股市新手都敢给你推荐股票，并说这是庄股、目标位要拉到多高多高的时候；当卖冰棍的老太太都来买股票的时候；当大型股评报告会人满为患的时候；当证券交易所工作人员服务态度极端不好的时候；当开户资金大幅提高了再提高的时候，通常表明市场已在顶部或是顶部区域，投资者应开始减磅离场。如何在证券市场运筹帷幄，逢低买入，逢高抛出，是一门学问。

项目一　保险理论的职能与原则

项目任务

1. 了解保险的概念并重点掌握保险的各项职能；
2. 能运用保险基本原理分析简单的保险案例，理解保险业务的种类。

一、保险的概念

保险是以契约形式确立双方经济关系，以缴纳保险费建立保险基金，对保险合同规定范围内的灾害事故所造成的损失进行经济补偿或给付的一种经济形式。

从本质上讲，保险体现的是一种经济关系，表现在：(1) 保险人与被保险人的商品交换关系；(2) 保险人与被保险人之间的收入再分配关系。从经济角度看，保险是一种损失分摊方法，以多数单位和个人缴纳保费建立保险基金，使少数成员的损失由全体被保险人分担。从法律意义上说，保险是一种合同行为，即通过签订保险合同，明确双方当事人的权利和义务，被保险人以缴纳保费获取保险合同规定范围内的赔偿，保险人则有收受保费的权利和提供赔偿的义务。

可见，保险乃是经济关系与法律关系的统一。因此，保险的定义可概括为：保险是以契约形式确立双方经济关系，以多数单位和个人缴纳保险费所建立起来的保险基金，对保险合同规定范围内的灾害事故所造成的损失，进行经济补偿和给付的一种经济形式。

二、保险的基本职能

保险的基本职能是经济补偿。保险补偿包括风险转移、损失分散和实施补偿等内容。

(一) 风险转移

参加保险的唯一目的就是转移风险。风险是不可避免的，对某一个体其发生又是偶然的。人们对风险防不胜防，经济生活受到了严重威胁。因此，他们强烈要求将自己事先不可预测和无力承担的灾害事故通过保险转移出去。保险人接受风险转移是因为风险还是有规律可循的。实际风险的随机现象是有其内在规律的。保险人集中大量风险后，可以运用概率论的大数法则等数学方法，预测风险概率和保险损失概率。通过研究风险的偶然性去寻找其必然性。保险人在研究风险、经营保险业的同时，也为众多有风险顾虑的人提供了保险保障。可以说，风险转移是保险组织经济补偿的首要环节和内容。

(二) 损失分散

风险转移，并非灾害事故真正离开了被保险人，而是保险人借助众人的财力，给遭受损失的被保险人补偿经济损失。保险人以收取保费和支付赔款的形式，将少数人的巨额损失分散给众多的被保险人，这是由保险特殊的经济关系决定的。保险的经济关系，有保险人与被保险人之间的经济关系，还有以保险人为纽带的被保险人与被保险人间接的经济关系。保险人就是利用这种经济关系分散少数被保险人的灾害事故损失的。

(三) 实施补偿

保险补偿是在保险事故出现、被保险人遭受损失之后实施的。其补偿的范围主要有以下几个方面：(1) 被保险人因灾害事故所遭受的财产损失；(2) 被保险人因灾害事故使自己身体遭受的伤亡和保险期满应给付的保险金；(3) 被保险人因灾害事故依法对他人应负的经济赔偿；(4) 被保险人因另一方当事人不履行合同所遭受的经济损失。此外，还有灾害事故发生后，被保险人因施救保险标的所发生的一切费用。

参考案例

一场工业意外事故造成死103人、伤数百人的惨剧。其中两人生前购买了某保险公司的“分期支付储蓄终身寿险”和“综合个人意外保险”，其家属分别得到了人民币24万元和13万元的保险赔偿和给付。而其他不幸者因为没买过任何保险，只能得到有关部门有限的抚恤金。

启示：任何人在其一生中都有可能遇到意外事故甚至灾难，其后果可能是轻微的，也可能是严重的。严重时，不但引起伤害，也可能丧失生命，并使依靠其生活的家人失去生活来源。这种经济上的不稳定性需要得到保障。保险就是一种有效的保障方式。保险虽然不能事先化解风险，但是能在较大程度上减轻或消除风险事故的损害。

三、保险的基本原则

保险在经营中要坚持最大诚信原则、可保利益原则、近因原则和补偿原则。

（一）最大诚信原则

1. 最大诚信原则的概念

最大诚信作为保险的一项基本原则指的是保险双方当事人在实施保险行为的过程中要诚实守信，不得隐瞒有关保险活动的任何重要事实。双方都不得以欺骗手段诱使对方与自己签订保险合同，否则所签合同无效。特别要求被保险人必须主动向保险人陈述有关保险标的危险的重要事实。重要事实是指任何影响保险人判断投保标的危险大小、决定是否承保和费率高低以及合同条件的各种情况。

2. 最大诚信原则确定的根据与目的

最大诚信原则是根据保险的保障性和保险双方当事人所处的法律地位的不同而确定的，目的是避免危险活动中发生欺诈行为，维护保险人的正当权益，保证保险活动正常进行。然而保险双方当事人在保险中的法律地位是不同的，主要表现在他们对保险标的的了解程度上。保险标的一般为被保险人所有，由托运人承运、保管，所以被保险人对保险标的了如指掌，他具有事先审议保单内容，决定是否投保的优越条件，故他处于主动地位。相比之下，保险人对保险标的的了解就不如被保险人深刻。如海洋货物运输保险，保险人对保险标的了解甚少，是否承保、怎样拟定保险措辞、如何确定保险费率等只能根据被保险人的陈述。如果被保险人陈述不实或者刻意隐瞒，保险人是难以发现的。所以，保险人在从业过程中基本处于被动地位。为了减少这种不合理情况的发生概率，杜绝或减少保险业务活动中发生的欺诈行为，维护保险人应有的权益，确定了最大诚信原则为保险的基本原则之一。

3. 最大诚信原则的基本要求

诚信是双方彼此的要求，但就保险业来说主要是对被保险人的要求。

（1）诚信对保险人的要求。保险人不得向被保险人隐匿信息，导致双方签订对自己不利的合同；保险人所签订的保险责任和赔款处理的条文须明示，不故弄玄虚，不得欺骗对方。

（2）诚信对被保险人的要求。其主要包括：

1）告知。在业务洽谈过程中，如果保险人询问某些尚不清楚的情况，被保险人要如实告知，不得隐瞒，否则就是违背诚信原则。如果被保险人以欺骗手段诱使保险人签订保险合同，保险人有权解除合同和要求被保险人赔偿由此造成的损失。在保险合同的有效期内，要及时通知保险人所发生的与保险标的有关的各种情况。在保险标的出险时，应向保险人如实告知出险原因和受损情况。索赔时，必须提供真实证明，不得伪造事实或提供假证明；否则，保险人拒绝赔偿。

2）保证。即被保险人遵守的保证事项，或者说是被保险人对保险人所尽义务的承诺。保证是保险合同赖以存在的基础，被保险人不遵守保证事项，保险人可以废止合同。如在汽车保险单中列有“被保险人或其雇佣的司机对被保险人的汽车要妥善维护，以便使其经常处于适宜驾驶的状态，防止发生事故”的条款。

参考案例

某人投保重大疾病终身险。保险代理人未对其身体状况进行询问就填写了保单，事后也未要求投保人做身体检查。保险期内投保人不幸病逝，其受益人要求保险公司理赔。保险公司以投保人未如实告知在投保前因“帕金森综合征”住院治疗的事实为由，拒绝理赔。受益人递上诉法院，要求给付保险金 24 万元。

分析：本案焦点在于投保人是否履行了“如实告知”义务。根据《保险法》第 16 条的规定，投保人故意不履行如实告知义务的，或因重大过失未履行如实告知义务，足以影响保险人决定是否同意承保或提高保险费率的，保险人有权解除合同。投保人故意不履行如实告知义务的，保险人对于保险合同解除前发生的保险事故，不承担赔偿或给付保险金的责任，并不退还保险费。按照这一规定，投保人未履行如实告知义务将承担法律后果。但在此案中，难以确认投保人未履行最大诚信原则。因为保险公司的业务员未对投保人进行任何询问，就填写了保单中有关病史内容，事后也未要求投保人做身体检查，故不能认定投保人故意隐瞒事实、不履行如实告知义务。所以保险公司应予以赔付。

启示：最大诚信原则是保险的基本原则之一，这一原则要求投保人应把自己知道或者应该知道的有关保险标的的重要事实尽量告知保险人，即履行如实告知义务。如果投保人违背最大诚信原则，保险人就可以宣告保险合同无效或不予承担赔付责任。因此，作为投保人，在投保时应严格遵守最大诚信原则，履行如实告知的义务，否则就将面临保险合同无效和发生事故得不到赔偿的风险。

这样看来，投保人承担了较大的责任。但这并不能免除保险人的责任。因为，一般投保人并不知道需要向保险人申报哪些事实。保险公司应该在操作规程上对投保人的如实告知做适当的规定，如规定业务员必须完成必要的询问事项，如果因业务员过失使投保人未尽如实告知义务而令公司蒙受损失，则应该由有关业务员负责。

（二）可保利益原则

1. 可保利益原则的概念

可保利益就是当保险标的被灾害事故破坏后，被保险人所遭受的损失或丧失的权益。

可保利益与被保险人的利益关系是：保险标的安全存在，被保险人的利益存在；保险标的遭遇灾害事故，被保险人遭受伤害或出现损失。

保险标的及其可保利益共同构成保险合同总体。被保险人对保险标的具有可保利益，保险人才能接受承保；被保险人与投保标的没有利害关系，保险人不能接受承保。已经签订的保险合同，如果没有可保利益，合同无效。

2. 可保利益原则确定的依据与意义

可保利益原则是根据危险的破坏性和为被保险人转移危险、分散损失的目的确定的。换言之，可保利益原则产生于被保险人与保险标的之间的经济联系。保险强调可保利益具有重要意义：

（1）避免发生道德危险。保险人接受没有可保利益的人投保，会助长邪恶，诱发道德危险。财产保险如果允许没有可保利益的人参加保险，会导致为图谋利益，而破坏财产。人身保险如果接受没有可保利益的人投保，可能诱发谋杀犯罪。这必然严重威胁人们生命财产的安全，危害社会公共利益。为了制止不法行为，许多国家的保险法明文规定，不具备可保利益的保险合同无效。

（2）限定赔偿金额。保险人对被保险人的保障，不是保障保险标的本身不致受灾，而是保证保险标的遭受损失后，补偿被保险人所失去的经济利益，所以补偿的金额最高不能超过可保利益。

3. 可保利益的基本要求

可保利益必须具备下列条件：

（1）可保利益必须是确定的。比如，财产保险的可保利益必须是具有财产和同财产相关联的利益，通常有以下几种情况：因所有权、占有权和使用权而产生的可保利益；因有效合同产生的可保利益；因可能产生的赔偿责任而产生的可保利益。人身保险的可保利益必须是人的身体和生命，通常有以下几种情况：投保人对本人、配偶、父母、子女有可保利益；投保人对与投保人有抚养、赡养、扶养关系的人有可保利益；被保险人同意保险的；债权人对债务人有可保利益等。责任保险的可保利益必须是不幸事故发生后所丧失的权益。

（2）可保利益必须能计价。只有可保利益能够用货币计量其价值，保险人才能对被保险人的损失进行补偿或给付；否则，无法实施保险职能。因此，对一些不能计价的物品，如账册、图表等，尽管它们与被保险人有利害关系，也不能作为可保利益。

（3）可保利益必须是合法的。与国家的法律法规和方针政策相抵触的利益不能称为可保利益。比如，盗窃来的物资、违禁物品都是非法的东西，不允许构成可保利益。

参考案例

小李与小张相爱多年，2013 年 2 月按家乡的习俗订婚（未领结婚证）。小李的生日就要到了，小张悄悄为其买了一份意外伤害保险，准备作为生日礼物送给他。但天有不测风云，生日前夕小李因车祸身亡。小张悲痛之余想起自己为小李投保的保险单，于是向保险公司请求给付保险金。保险公司核保时发现该保险单是小张在被保险人不知情的情况下购买的，于是以小张没有保险利益为由拒绝支付保险金。小张不服，将保险公司告上法院。请问：在本案中，小张对小李是否具有可保利益？

（三）近因原则

1. 近因原则的概念

保险所讲的近因是指在保险标的发生损失中起能动性或决定性作用的因素，而非损失发生的时间早晚或空间远近的概念。近因是一种活跃而有效的动因，它直接促使某种时间产生后果，是诱发事件的主要原因或是在诸因素中起支配作用的因素。

2. 近因原则确定的根据与目的

保险人对被保险人的保险标的所遭受的损失是否给予赔偿，要根据引起损失的风险所属而定。属于保险人承保的风险造成的损失，保险人承担赔偿责任；非承保风险引起的损失，保险人不予赔偿。假若不问何种风险所致，有损就赔，不仅不利于保险业的正常经营，也影响保险在社会经济生活中发挥积极作用，甚至会助长灾害事故的发生，扩大损失，不利于保障人们生命财产的安全。因此，当保险标的发生损失时，要全力找出保险标的受损的近因，以正确确定保险责任。

参考案例

2013 年 5 月，王某为自己所经营的零售店铺及店内货物向当地保险公司投保了财产保险，店铺保险金额为 15 万元，店内货物保险金额为 3 万元，保险期限一年。2013 年 10 月，店铺突然起火，王某在无法扑灭大火的情况下将店内的主要货物（价值 20 000 元）搬出放置街边。由于王某的货物属于生活用品，街上旁观的人又比较多，在王某毫无防备的情况下发生了群众哄抢货物的事件，放置在街边的货物被哄抢一空，店铺也被全部烧毁。事故发生后王某向保险公司索赔。保险公司认为店铺的 15 万元损失和被烧毁的 1 万元货物的损失应该赔偿，而对被哄抢的价值 2 万元的货物的损失，保险公司认为无须赔偿，王某不服，提起诉讼。法院该如何判决？

（四）补偿原则

1. 补偿原则的概念

补偿也称赔偿，补偿原则是指保险标的发生保险责任范围内的损失时，保险人给予被保险人的补偿，只能使被保险人在经济上恢复到受损前的状态，而不允许被保险人通过索赔损失获得额外利益。赔偿的基本要求是：赔偿数额既不能超过保险合同中的保险金额，也不能高于被保险人的实际损失。

补偿原则主要用于各种非寿险服务，人寿保险中的医疗、伤害性保险，由于能够用货币计算也可以进行补偿。

2. 补偿原则确定的根据和目的

补偿原则是根据保险职能确定的，目的是正确确定损失补偿数额，防止保险中出现投机行为，避免被保险人取得额外利益。保险人对被保险人的补偿仅限于保险风险所造成的损失，既不能超过保险金额，也不能超过保险标的的受损价值，否则就背离了补偿原则。

参考案例

2013 年 3 月，宋某将自己的一幢两层木质结构的房屋向保险公司投保了火灾保险，保险金额 5 万元，期限一年。保险单规定：“由被保险人根据保险财产实际价值自行确定保险金额，保险方不负核实责任。保险财产遭受责任范围内损失时，本公司根据保险财产实际损失，并按照当天实际价值计算赔款，但最高不超过保险金额。”宋某接受了上述条款，与保险公司订立了合同。同年9月5日，宋某家发生火灾，房屋全部被毁，保险公司根据当地同类房屋造价、折旧价、市场交易等综合分析，确定赔偿宋某3.5万元。宋某认为自己投保了5万元，应赔偿5万元。双方争执不下，诉诸法院。法院该如何判决？

项目二　保险业务种类

项目任务

1. 了解保险基本分为财产保险和人身保险；
2. 能分清各种保险的归属，并能在实际生活中加以运用。

从整体上看，保险的标的无非是两种：一是经济生活的主体，即人身；二是经济生活的客体，即财产。所以，不论是在理论上还是在实践中，保险业务通常区分为财产保险与人身保险。这种传统的保险业务分类模式持续经营了几个世纪，随着社会关系不断变化和保险经营技术的不断改进，责任保险与再保险日益受到重视，并逐渐从传统保险业务中分离出来，成为独立的保险业务种类。于是，现代保险业务的框架便由财产保险、人身保险、责任保险、再保险四大部分构成。

一、财产保险

财产保险是指以财产及其相关利益为保险标的、因保险事故的发生导致财产的损失，以金钱或实物进行补偿的一种保险。财产保险有广义与狭义之分。广义的财产保险包括财产损失保险、责任保险、保证保险等；狭义的财产保险是以有形的物质财富及相关利益为保险标的的一种保险。这里所要分析的是狭义的财产保险，其内容包括以下几点：

（一）火灾保险

火灾保险简称火险，是指保险人对于保险标的因火灾所导致的损失负责补偿的一种财产保险。火灾是财产面临的最基本和最主要的风险，早期的财产保险主要针对火灾对于各种财产所造成的破坏。随着保险经营技术的改进，保险人开始将火灾保险单承保的责任范围扩展到各种自然灾害和意外事故对于财产所造成的损失。

我国的火灾保险曾经采用西方国家通用的火灾保险条款。1951年中国人民保险公司制定了新的火灾保险条款。由于保险责任在火灾保险责任基础上有所扩大，以火灾保险单的名义承保显得名不副实，所以改为财产保险。财产保险包括企业财产保险、家庭财产保险和涉外财产保险等。

（二）海上保险

海上保险简称水险，是指保险人对于保险标的物因海上危险所导致的损失或赔偿责任，提供经济保障的一种保险。在所有保险中，海上保险的历史最为悠久，其保险标的随着保险经营技术的发展而不断变化。早期的海上保险，经营范围仅限于海上，其保险标的为船舶、货物和运费三种。承保的风险也仅为海上固有的风险。19 世纪末，随着商品贸易的发展和运输方式的变革，海上保险的范围开始扩大，承保的保险标的种类逐步增加。如果说在此之前海上保险的保险范围是以航海为限，实行的是“海上风险”的承保原则，那么此时的海上保险开始突破传统界限，凡是与航海有关的财产、利益或责任，均可成为海上保险的标的，在范围上包括了与航海有关的内河或陆上的损失等。20 世纪，特别是近几十年来，海上保险的内容与形式进一步发生变化。其标的已由原来的与海上运输有关的财产、利益和责任，扩展至一些与海上运输没有直接关系的海上作业、海上资源开发等工程项目，如海上石油开发保险、海上养殖保险等。与此同时，海上保险的保障范围也从原来的海上运输风险与责任，发展至陆上运输、航空运输，以及国际多式联运的风险与责任。

（三）汽车保险

汽车保险的内容包括汽车损失保险和汽车责任保险。前者主要承保汽车车身的损失，有时也承保医疗费用风险。此种医疗费用风险，是指被保险汽车在使用过程中发生意外事故，致使被保险人或同车乘客直接受到身体伤害时，由其支付医疗费用的风险。后者承保被保险人因汽车对第三者所负的赔偿责任，故称为第三者意外责任保险。被保险人对于汽车损失保险与汽车责任保险，可以合并投保，也可以分开投保。汽车保险在保险市场上的地位日益突出，当今世界非寿险保费收入的 60%以上为汽车险的保费。汽车保险在我国被称为机动车辆保险。

此外，财产保险还有航空保险、工程保险、利润损失保险和农业保险等。

参考案例

2014 年 1 月 7 日，某公司投保的一辆奔驰轿车在行驶过程中起火烧毁，该公司向保险公司索赔 120 万元人民币。保险公司调查发现事故是因轿车自燃引起的，而自燃是机动车辆保险基本险的责任免除事项，被保险人又未投保附加自燃险，故拒绝赔偿。被保险人认为当初投保时保险公司业务员并未告知因车辆自燃导致的损失不赔，也未提醒其加保自燃险，保险单背面的免责条款对其不生效，双方争执不下，诉诸法院。法院将如何判决？

二、人身保险

人身保险是以人的身体或生命为保险标的的一种保险。根据保障范围的不同，人身保险可以区分为人寿保险、意外伤害保险和健康保险。

（一）人寿保险

人寿保险是以人的寿命为保险标的，当发生保险事故时，保险人对被保险人履行给付保险金责任的一种保险。人寿保险包括死亡保险、生存保险、生死合险。

（1）死亡保险。死亡保险是在保险有效期内被保险人死亡，保险人给付保险金的一种保险。死亡保险又分为定期死亡保险和终身死亡保险。定期死亡保险是一种以被保险人在规定期限内发生死亡事故而由保险人给付保险金的保险。终身死亡保险，是一种被保险人按约定定期交付保费，保险人在被保险人死亡时给付保险金的保险。

（2）生存保险。生存保险是以被保险人在规定期限内生存作为给付保险金的条件的一种保险。有年金保险和定期生存保险之分。年金保险也称为养老金保险，该保险的被保险人按约定定期支付保险费后，保险人对被保险人生存期间承担自约定期开始按期给付同一金额的年金的责任，直至被保险人死亡为止。如果被保险人在保险期内死亡，保险合同即告终止。定期生存保险是以某一特定期间为限，并以被保险人在此期间生存作为给付年金条件的一种生存保险。定期生存保险的年金给付受到两个条件限制：一是被保险人在保险约定期内死亡，保险责任即告终止；二是被保险人生存到保险期满，年金停止给付。

（3）生死合险。又称为两全保险，它是生存保险和死亡保险的混合险种。生死合险的保险责任范围包括了生存保险与死亡保险两者的责任范围，即无论被保险人在保险有效期内是生存还是死亡，保险人均应承担给付保险金的责任。

（二）意外伤害保险

意外伤害保险是指被保险人在保险有效期内因遭遇非本意的、外来的、突然的意外事故，致使其身体蒙受伤害因而残废或死亡时，保险人按照合同约定给付保险金的一种人身保险。意外伤害保险可以单独办理，也可以附加于其他人身险合同内作为一种附加保险。该险种主要有两大类，即普通意外伤害保险和特种意外伤害保险。前者作为一种独立的险种，专门为被保险人因各种意外事故导致身体伤害而提供保险保障的一种保险。后者保障范围仅限于特种原因或特种地点所造成的伤害，例如电梯乘客意外伤害保险、旅游伤害保险等。

参考案例

2013 年 9 月 29 日，某公司为全体职工投保了团体人身意外伤害险，保险公司收取了保险费并当即签发了保险单，保险单上列明保险期间自 2013 年 10 月 1 日起至 2014 年 9 月 30 日止。2013 年 9 月 30 日，该公司职工高某外出登山不慎坠崖身亡，事故发生后其亲属向保险公司提出索赔申请，保险公司拒绝赔偿，其亲属诉诸法院。法院将如何判决？

（三）健康保险

健康保险是指被保险人因疾病、分娩而造成的经济损失由保险人提供经济保障的一种保险。

参考案例

2013 年 5 月丁某因胃痛入院治疗，医院确诊为胃癌，家属担心他知道病情后情绪波动，就没有将实情告诉他。丁某出院后回单位正常上班。7 月 10 日在代理人的鼓动下，丁某投保了重大疾病险和住院医疗保险，在填写保险单时没有告知曾经因病住院的事实。2014 年 1 月，丁某旧病复发，医治无效死亡。其妻子以受益人身份请求保险公司给付保险金。保险公司审查后发现丁某在投保前就已患胃癌并动过手术，于是拒绝给付保险金。其妻以丁某投保时不知自己患癌症、没有违反如实告知义务为由要求保险公司支付保险金。双方争执不下，其妻将保险公司告上法庭。法庭该如何做出判决？

知识链接

保单的签名问题

保单代签名的情况是国内寿险市场的怪现象之一。代签名的表现形式有两种：一种是保险代理人代投保人和被保险人签名；另一种是投保人代被保险人签名或其亲属、朋友代投保人和被保险人签名。

代签名的情况有两种：一种情况是投保人或被保险人不知道也不同意保险；另一种情况是代签名符合被保险人和投保人的真实意图。理赔时客户都主张代签名的保单有效，可是退保时，许多人又会利用代签名的瑕疵要求保单无效。

在我国，以死亡为给付条件的人身保险合同必须经被保险人亲笔签名。有一个例外，就是父母可以为未成年子女投保以死亡为给付条件的人身保险，并且可以不经被保险人同意。

项目三　证券投资市场

项目任务

1. 理解有价证券的含义；
2. 掌握证券发行的方式、目的和条件；
3. 重点掌握证券交易的程序并能在实践中灵活运用，同时了解股票价格指数的相关内容。

一、有价证券概述

有价证券是指持有者凭之具有请求财产权或收益权的证书。有价证券是一种金融工具，也是一种特殊的商品和特殊的资本形式。通常将其按照证券发行主体分为公司证券、金融证券和政府证券。

公司证券是指公司、企业等经济法人为筹集投资资金而发行的证券，主要包括公司股票、公司债券等。金融证券是指银行、保险公司、信用社、投资公司等金融机构为筹集经营资金而发行的证券，主要包括金融股票、金融债券、定期存款单、可转让的大额存款单等。政府证券是指政府财政部门或其他代理机构，为筹集资金，而以政府名义发行的证券。从总体上来讲，政府证券主要包括国库券和公债券两大类。图 7－1 为早期的纸质股票。

二、证券发行市场

证券发行市场，也称为初级市场或一级市场，是办理第一次进入市场的新证券发行业务的市场。初级市场是场外无形市场，所有的交易都通过证券公司或投资银行利用各种通

图 7-1 上海飞乐音响公司股票

信设施来完成。投资银行或证券公司是专营证券业务的金融机构，它们在初级市场上的地位非常重要，一是向发行者提供咨询，如发行什么类型的证券、定价为多少、何时发行比较合适等；二是帮助甚至代替发行者准备各种发行材料和办理申报、审批手续；三是利用自己的销售渠道，运用一定的销售方式将证券推销给最终投资者。通过这种活动，投资银行或证券公司引导投资者将资金投向新发行的证券，保证了发行市场的运行。

（一）证券发行的方式

1. 直接发行和间接发行

在发行市场上，根据是否通过媒介发行证券，可以将证券发行划分为直接发行和间接发行。

直接发行就是由发行者将证券直接推销给投资者，如公司内部发行证券、股息再投资。直接发行有利于节约各种手续费，降低发行成本。但对企业来说，融资数量有限，发行风险大，直接发行的证券在发行市场上仅占极小部分。

间接发行就是通过证券发行中介机构进行承购推销。根据证券发行中介机构承购证券的方式，可以将间接发行再划分为：(1) 代销。证券的发行者与发行中介机构签订委托代销合同，并缴纳一定委托手续费，由中介机构代销证券。发行风险全部由发行者自己承担。(2) 包销。证券发行者与发行中介机构签订的是购买合同，由中介机构把发行者需发行的证券全额买下，然后根据市场行情再逐渐卖出。在这种发行方式中，中介机构承担所有的发行风险，赚取的则是买卖的差价。对发行者来说，选择哪种方式发行，应考虑本身在金融市场上的知名度和信誉度、使用资金的时间性、信息成本以及中介机构的技术能力和资金实力等因素。

2. 公募与私募

根据证券发行的对象是不特定的公众投资者还是特定的少数投资者，还可以将证券发行划分为公募和私募。公募又称公开发行，面向整个社会。这种发行方式速度快，融资数量大，所发行的证券容易形成二级市场。私募以特定的少数投资者作为发行对象。私募可以免于登记和信用评定，其筹资成本低、手续简便，但具有知名度低、证券缺乏市场流动性、发行者与投资银行缺乏联系等缺陷。

（二）证券发行的目的

股份有限公司发行股票的目的主要有以下四个方面：

第一，筹集资本设立公司。通过发行股票筹集的资本属于权益资本，它是公司实力的主要标志，也是公司经营活动的基础。

第二，追加资本扩大经营。公司在设立后，要增加自有资本，扩大公司规模，往往通过增资发行股票来达到目的。

第三，通过公积金转增股本。公司将经营中积累的资本公积金和盈余公积金转为资本，扩大股份规模，并向原股东派送股票，属于无偿增资发行股票。

第四，派送股票红利。公司在年度分红派息时候，如果不是派送现金红利，而是将现金转为资本，就需要发行等值的股票，也就是派送红股。

（三）股票的发行条件

我国股票发行分初次发行和增资发行两种，这里主要介绍初次发行的条件。所谓初次发行就是以募集方式设立股份有限公司时公开募集股份或已设立公司首次公开发行股票。发行人初次发行股票应具备以下条件：（1）生产经营活动符合国家产业政策；（2）其发行的普通股限于一种，同股同权；（3）发起人认购的股本数额不少于公司拟发行的股本总额的 35%；（4）在公司拟发行的股本总额中，发起人认购的部分不少于人民币 3 000 万元，但是国家另有规定的除外；（5）向社会公众发行的部分不少于公司拟发行的股本总额的 25%，其中公司职工认购的股本数额不得超过拟向社会公众发行的股本总额的 10%；（6）公司拟发行的股本总额超过人民币 4 亿元的，证监会按照规定可以酌情降低向社会公众发行的部分的比例，但是最低不少于公司拟发行的股本总额的 10%；（7）发起人在近三年内没有重大违法行为；（8）近三年连续盈利。

三、证券流通市场

证券流通市场也称为证券交易市场，就是已经发行的证券在投资者之间再次乃至多次转让的市场。由于是已经发行证券的转让，所以又叫二级市场、次级市场。在证券交易市场的演变过程中，逐渐形成了以证券交易所市场为核心、以场外市场为补充的两个层次的市场构成体系。

（一）证券交易所

证券交易所是有组织、有固定地点的集中办理各类证券交易的场所。它是高度组织化的有形市场，是证券市场的核心。证券交易所的数量和规模是一个国家或地区经济发达程度的标志。

知识链接

证券交易所的产生

证券交易所是证券交易市场的最早形态。早在 300 多年前，一些股票经纪人就在伦敦主要进行商品交易的交易所内从事证券交易。据说，由于后来股票经纪人如此之多，声音如此嘈杂，以致使伦敦交易所的商人们劝他们另找地方。于是证券经纪人离开了伦敦交易所，于 1773 年成立了第一家股票交易所。在美国，相传举世闻名的纽约证券交易所源于 24 个商人和证券投机者每日在华尔街一株大树下的交易。它的正式成立是在 19 世纪初。现在，所有经济发达的国家均拥有多家规模庞大的证券交易所。美国有 12

家，其中纽约证券交易所最大；英国有 7 家，最大的为伦敦股票交易所；日本有 8 家，东京证券交易所的业务量占全国的 85%；等等。

我国在 1880 年前后开始证券交易，这是由于清政府洋务派创办近代工业企业引致的。当时有这样的记载："1876 年，招商局面值为 100 两的股票市价 40 两～50 两，到 1882 年涨到 200 两以上。"《申报》则曾这样描述："现在沪上股份风气大开，每一新公司起，千百人争购之，以得股为幸。"同时，出现一些专营股票买卖的股票公司。清末开始，政府发行公债及铁路债券数量增多，证券交易日盛，于 1913 年秋成立上海股票商业公会。1918 年后，上海和北京分别成立证券交易所。1918—1949 年，中国的证券交易所历经了兴衰的交替。中华人民共和国成立后，证券交易所一度停止活动。1990 年至 1991 年，上海和深圳相继设立了证券交易所。

证券交易所的特点主要有：第一，拥有固定的交易场所和交易时间，这是与场外市场最大的区别，也是保证场内证券交易有序进行的基本条件。第二，证券交易采取经纪制，即直接在交易所内进行交易的人首先必须成为交易所的会员，一般投资者不能直接进入交易所买卖证券，只能委托会员作为经纪人进行交易。第三，证券交易对象是符合上市条件的证券，证券发行人必须申请其证券在交易所上市，并且符合交易所上市标准。第四，证券交易所是高度组织化的市场，它集中了证券的供求双方，实行"公开、公平、公正"的原则，并对证券交易加以严格管理。

（二）证券交易所的证券上市制度

证券上市是指公开证券的发行，即证券经过证券交易所批准在交易所里作为交易对象，取得挂牌买卖资格的过程。证券上市是公司自愿的行为，不具有强制性。但一般公司都积极成为上市公司使自己的证券能够上市，因为证券上市对上市公司来说，在提高公司社会地位和经济地位、扩大资金来源渠道、提高公司证券的市场变现力、增强公司资产流动性等方面具有重要意义。

我国证券交易所股票上市的条件为：（1）股票已经公开发行；（2）发行后的股本总额不少于 5 000 万元；（3）持有 1 000 元以上的个人股东不少于 1 000 人，个人持有的股票面值总额不少于 1 000 万元；（4）社会公众股不少于总股本的 25%；（5）发起人持有的股份不少于股份总额的 35%，在公司拟发行的股本总额中，发起人认购部分不少于 3 000 万元；（6）内部职工股不超过社会公众股的 10%；（7）股票发行后公司净资产在总资产中的比例不低于 30%；（8）公司最近三年财务报告无虚假记载，最近三年无重大违法行为；（9）公司最近连续三年盈利。

（三）场外交易市场

场外交易市场是指在证券交易所以外进行证券交易的市场。场外交易市场的特点是：（1）无集中交易场所，交易通过通信网络进行；（2）以买卖未在交易所登记上市的证券为主；（3）证券交易可以通过交易商或经纪人，也可以由客户直接进行；（4）证券交易由双方协商议定价格，不同于交易所采用的竞价制度。

由于场外交易的相当部分是在证券商的柜台上进行的，所以也有"柜台交易"或"店头交易”的称谓。

场外交易市场由于具有可以不必公开财务状况、可以直接交易、有利于降低交易成本等特点，因此，自创办以来发展较快。尤其是计算机技术应用于证券交易后，更使场外交易市场繁荣。在美国，由全国交易商协会所建立的由计算机联网形成的自动报价系统，将全国分散的场外交易市场连成一体。参加该系统的证券商可以十分方便地利用它了解行情并进行交易。场外交易市场对证券交易所起补充的作用，但它的迅速发展，无疑也形成对交易所的威胁，二者成为强有力的竞争对手。

（四）证券投资交易的一般程序

投资者在证券交易所里买卖证券，无论是买卖A股、B股还是债券，其一般程序有选择经纪商、开设账户、买卖委托、竞价成交、清算与交割、证券的过户、领取股息或利息等。

1. 选择经纪商

由于目前世界上的证券交易都实行经纪制度，普通投资者不能直接进入证券交易所买卖证券，必须通过作为证券交易所会员的证券经纪商代为买卖，因此，投资者在二级市场进行证券投资时，必须首先选择一家从事证券经纪业务的证券经营机构作为自己的代理人。一般要考虑经纪商的规模大小、信誉高低、设备水平、服务质量以及研究咨询能力等因素，好的经纪商不仅能提高投资活动的安全性，而且还可以提供高质量的服务。

2. 开设账户

在实行无纸化交易的情况下，投资者进入证券市场必须先开设账户。证券账户一般由证券中央登记结算机构及其代理机构来办理，投资者通过证券账户取得证券交易资格；资金账户一般由投资者确定的证券公司或商业银行开立，通过开设资金账户确定投资者与证券商之间的委托代理关系。

3. 买卖委托

买卖委托就是投资者向证券商发出买入或卖出某种证券指令的行为，具体包括证券的委托方式、委托价格等内容。

委托方式随着现代通信技术的发展也在不断发展，就我国目前来说，委托方式有当面填单委托、电话委托、远程委托和网上委托等几种方式。

委托价格就是投资者愿意买进或卖出证券的价格。委托价格主要有限价委托、市价委托和浮动价格委托等。（1）限价委托就是投资者要求券商按限定的价格买进或卖出证券。（2）市价委托也叫随行就市委托，指投资者只提出委托数量而不指定价格，以委托指令到达交易大厅时最优价格为成交价格。市价委托多用于卖出委托。（3）浮动价格委托就是投资者在规定证券买卖价格的同时，还规定了以此价格为中心上下浮动的幅度，经纪商可以根据中心价格及浮动幅度来买卖证券。

4. 竞价成交

早期的竞价成交方式是券商接受投资者委托后迅速将委托指令传给本公司驻交易所的场内交易员，各会员单位的场内交易员通过双边拍卖的方式申报竞价。目前已采用电脑申报竞价，即利用电子计算机网络进行报价和竞价，通过计算机主机自动撮合成交。

5. 清算与交割

清算是证券形成交易后，买卖双方核算应支付的价款或收取证券的行为。从广义上讲，清算包括券商之间的清算和券商与投资者之间的清算。证券的清算通常与交割交织在一起。证券的交割是卖方向买方交付证券而买方向卖方支付价款的行为。

6. 证券的过户

证券是以发行者的名册记载为依据的。股票过户变更了股东姓名，股票持有者才能成为公司的新股东，享有各种合法权益。债券过户后，债券持有人成为发行者的新债权人，才能享有相应的权益。在电子计算机广泛用于证券交易的条件下，有的证券过户手续由证券交易所采用的电脑统一办理，与清算、交割同时完成。

7. 领取股息或利息

投资者如果作为长期投资者，其投资交易的最后一个程序是投资收益的分派和领取。过去，往往都是投资者亲自到证券发行者或代理机构那里领取，而在现代交易技术和交易手段的条件下，都是由证券交易所在证券交易后直接分派到投资者的账户上。

四、股票交易价格指数

股票交易价格指数是由金融服务机构编制的，通过对股票市场上一些有代表性的公司发行的股票交易价格进行平均计算和动态对比后得出的数值，是股市动态的反映。

我国常用的股票交易价格指数有上证综合指数、上证 30 指数、深证综合指数、深证成分指数等。

上证综合指数是以 1990 年 12 月 19 日为基础日，以上海证券交易所挂牌上市的全部股票（包括 A 股和 B 股）为计算范围，以发行量为权数的加权综合股价指数。

上证 30 指数于 1996 年 7 月 1 日推出，其特点是：选取 30 只股票为样本，以样本股票的流通股本为权数，以 1996 年 1 月至 3 月的平均流通市值为基期，基期指数定位 1 000 点。

深证综合指数是深圳证券交易所编制的，以深圳证券交易所挂牌上市的全部股票（包括 A 股、B 股）为计算范围，以发行量为权数的加权综合股价指数。深证综合指数以 1991 年 4 月 3 日为基数，于 1991 年 4 月 4 日开始发布。其特点是：以发行股数为权数，以全部上市股票为样本，基期指数为 100。

深证成分指数是深圳证券交易所编制的一种成分股指数，是从上市的所有股票中抽取具有市场代表性的 40 家上市公司的股票（含 A 股、B 股）作为计算对象，并以流通股权数计算得出的加权股价指数，综合反映深交所上市的 A、B 股的股价走势。它从 1995 年 1 月 3 日开始编制，2 月 20 日对外发布，以 1994 年 7 月 20 日为基期，其特点是：以选取的 40 家有代表性的股票为样本，以样本股的流通股数为权数，基期指数为 1 000。

海外的主要股价指数有美国的道·琼斯股价指数（Dow Jones Index）、英国的《金融时报》指数、日本的日经 225 股价指数以及香港的恒生指数等。

项目四　证券投资的基本分析

项目任务

1. 理解证券投资的宏观经济分析、产业周期分析和财务分析等基本分析方法的基本运作程序并能加以运用；

2. 重点掌握证券投资的宏观经济分析方法，并能结合实际加以分析和运用。

一、证券投资的宏观经济分析

同任何商品的价格一样，证券价格不是固定不变的。仅根据证券价格决定模型得出的证券价格只是证券的理论价格，它是在高度简化和严格假设条件下的结果。而实际的证券市场受多重因素的影响和作用，这些因素也常常处于变动之中，因此，证券价格不可能按照纯粹的理论价格变动。通常，影响证券市场价格的因素主要有以下几个方面。

（一）宏观经济分析

宏观经济分析包括对证券市场价格可能产生影响的社会、政治、经济、文化等方面。

（1）宏观经济因素。即宏观经济环境状况及其变动对证券市场价格的影响，包括宏观经济运行的周期性波动等规律性因素和政府实施的经济政策等政策性因素。证券市场是整个市场体系的重要组成部分，上市公司是宏观经济运行微观基础中的重要主体，因此，证券市场价格会随宏观经济运行状况的变动而变动，会因宏观经济政策的调整而调整。例如，股票价格随国民生产总值的升降而涨落；证券市场行情随着宏观经济政策的扩张与紧缩及由此导致的市场资金量的增减而涨跌。

（2）政治因素。一国政局是否稳定对证券市场有着直接的影响。一般而言，政局稳定则证券市场稳定运行；相反，政局不稳则常常引起证券市场价格下跌。此外，国家首脑更换、罢工、主要产油国动乱等也对证券市场有重大影响。

（3）法律因素。即一国的法律特别是证券市场的法律规范状况。法律不健全的证券市场更具投机性，震荡剧烈，涨跌无序，人为操纵成分大，不正当交易较多；反之，法律法规体系比较完善，制度和监管机制比较健全的证券市场，证券从业人员营私舞弊的机会较少，证券价格受人为操纵的情况也比较少，因而表现得相对稳定和正常。总体上说，新兴的证券市场往往不够规范，而成熟的证券市场法律法规体系则比较健全。

（4）军事因素。主要指军事冲突。军事冲突是一国国内或国与国之间、国际利益集团之间的矛盾发展到无法采用政治手段来解决的程度的结果。军事冲突小则造成一个国家内部或一个地区的社会经济生活的动荡，大则打破正常的国际秩序。它使证券市场的正常交易遭到破坏，因而必然导致相关的证券市场的剧烈动荡。例如，海湾战争之初，世界主要股市均呈下跌之势，而且随着战局的不断变化，股市大幅震荡。

（5）文化、自然因素。就文化因素而言，一国的文化传统往往在很大程度上决定着人们的储蓄和投资心理，从而影响证券市场资金流入流出的格局，进而影响证券市场价格。在自然方面，如发生自然灾害，生产经营就会受到影响，从而导致有关证券价格下跌；反之，如进入恢复重建阶段，由于投入大量增加，对相关物品的需求也大量增加，从而导致相关证券价格的扬升。

（二）宏观经济政策

在当代市场经济条件下，政府对经济的干预主要是通过货币政策和财政政策来实现的。根据宏观经济运行状况的不同，政府可采取扩张的或紧缩的货币政策和财政政策，以促进经济快速增长，保持价格总水平的稳定，实现充分就业。政策的实施及政策目标的实现均会反映在作为国民经济“晴雨表”的证券市场上。不同性质、不同类型的政策手段对证券市场价格变动有着不同的影响。另外，政府为了改善国际贸易状况，促进国际收支平衡而调整汇率政策，也将影响证券市场的格局。

(1) 货币政策的调整会直接、迅速地影响证券市场。中央银行贯彻货币政策、调节信贷与货币供应量的手段主要有三个：调整法定存款准备金率、再贴现政策和公开市场业务。

中央银行实施的货币政策对证券市场的影响，主要是通过以下几个方面产生的：1）当增加货币供应量时，一方面证券市场的资金增多，另一方面通货膨胀也使人们为了保值而购买证券，从而推动证券市场价格上扬；反之，当减少货币供应量时，证券市场的资金减少，价格的回落又使得人们对购买证券的欲望降低，从而使证券市场价格呈回落趋势。2）利率的调整通过决定证券投资的机会成本和影响上市公司的业绩来影响证券市场价格。当提高利率时，证券投资的机会成本提高，同时，上市公司的营运成本提高，业绩下降，从而证券市场价格下跌；反之，证券市场的价格上涨。3）中央银行在公开市场上买进证券时，对证券的有效需求增加，促进证券价格上涨；中央银行卖出证券时，证券的供给增加，引起证券价格下跌。

由于货币政策以货币市场为媒介，通过利率等手段来调节货币需求，因此它对证券市场的影响直接而迅速。例如，中央银行在公开市场上买进或卖出证券就直接影响证券市场价格的变动，而利率的调整则瞬间改变了证券投资的机会成本和上市公司未来的营运成本，等等。

(2) 财政政策的调整对证券市场具有持久的但较为缓慢的影响。财政政策是通过财政收入和财政支出的变动来影响宏观经济活动水平的经济政策。财政政策的主要手段有三个：一是改变政府购买水平；二是改变政府转移支付水平；三是改变税率。

国家实行财政政策对证券市场产生影响，主要通过以下几个途径实现：1）实行扩张性财政政策，增加财政支出，减少财政收入，可增加总需求，使公司业绩上升，经营风险下降，居民收入增加，从而使证券市场价格上涨；反之，实行紧缩性财政政策，减少财政支出，增加财政收入，可减少社会总需求，使过热的经济受到抑制，从而使公司业绩下滑，居民收入减少，这样，证券市场价格就会下跌。2）政府购买是社会总需求的一个重要组成部分。提高政府购买水平，增加政府在道路、桥梁、港口等非竞争性领域的投资，可直接增加对相关产业如水泥、钢铁、建材、机械等产业的产品需求；这些产业的发展又形成对其他产业的需求，以乘数的方式促进经济发展。这样公司的利润增加，居民收入水平也得到提高，从而可促使证券价格上扬。降低政府购买水平的效应正好与此相反。3）改变政府转移支付水平主要从结构上改变社会购买力状况，从而影响总需求。提高政府转移支付水平，如增加社会福利费用、增加为维持农产品价格而对农民的补贴等，会使一部分人的收入水平得到提高，也间接地促进了公司利润的增长，因此有助于证券价格的上扬；反之，降低政府转移支付水平将使证券价格下跌。4）公司税的调整将在其他条件不变的情况下直接影响公司的净利润，并进一步影响公司扩大生产规模的能力和积极性，从而影响公司未来成长的潜力。因此，公司税的调整对其证券的影响不言而喻。一般来说，税率的提高将抑制证券价格的上扬，而税率的降低或免税将有助于证券价格的上扬。

从传导机制上讲，财政政策是以实体经济为媒介，通过控制财政收入和支出，经过企业的投入与产出来影响总需求的，与货币政策有着明显的区别。因此，财政政策无论是扩张性的还是紧缩性的，从理论上讲其传导过程都比较长。例如，1998 年我国中央支付开始实施扩张的财政政策，大规模扩大政府投资，但当时证券市场并没有给予多大的响应，到 1999 年却演绎出创历史新高的大行情。当然，也有例外，如证券交易税、印花税的调整也能对证券市场产生迅速的影响。

知识链接

2007—2008 年我国证券交易印花税的数次调整对股市的影响

(1) 5・30 行情：2007 年 5 月 30 日起调整证券（股票）交易印花税税率，由千分之一升高至千分之三。当天，深沪两市放出 4 300 亿历史天量大跌，800 多个股跌停。

(2) 4・24 行情：2008 年 4 月 24 起，调整证券（股票）交易印花税税率，由千分之三降至千分之一。当天沪市暴涨 9.29%。

(3) 9・19 行情：2008 年 9 月 19 日起调整证券（股票）交易印花税征收方式，将现行的对买卖、继承、赠予所书立的 A 股、B 股股权转让书据按 1‰的税率对双方当事人征收证券（股票）交易印花税，调整为单边征税。当天沪市暴涨 9.45%。

二、证券投资的产业周期分析

（一）处在不同周期阶段的产业在证券市场有不同的表现

每个产业都会经历一个由成长到衰退的发展过程，这个过程称为产业生命周期。产业的生命周期通常分为四个阶段，即初创期、成长期、稳定期、衰退期。处于不同发展阶段的产业在经营状况及发展前景方面有较大差异，这必然会反映在证券价格上。蒸蒸日上的产业证券价格呈上升趋势，日渐衰落的产业证券价格则逐渐下落。产业生命周期各阶段的特征见表 7-1。

表 7-1　产业生命周期各阶段的特征

生命周期阶段	特征
初创期	产品的市场接受度值得怀疑，商业战略的实施并不清晰，存在高风险和许多破产事件
成长期	产品已被接受，业务拓展开始，销售额和盈利加速增长，商业战略的正确实施仍是一个问题
稳定期	行业趋势与总体经济趋势相同，参与者在稳定的行业中争夺市场份额
衰退期	消费偏好的改变和新技术的出现使产品的需求逐步减少

由于产业生命周期各阶段的风险和收益状况不同，而证券投资的目的就在于在尽可能

小的风险条件下获取最大的收益，因此，处于产业生命周期不同阶段的产业在证券市场的表现就会有较大的差异。

处于初创期的产业，如电脑网络业、生物制药业等，由于产业创立不久，厂商较少，收益较少甚至亏损，因而在传统的证券市场上是不符合上市条件的。为了满足这些产业发展对资本的需求，推进经济结构的调整和升级，除风险投资基金外，许多国家和地区近年来纷纷创立上市条件有别于传统证券市场的、便于新兴产业上市融资的新型证券市场，如美国的纳斯达克市场、香港的创业板市场（此类市场也称为二板市场）。二板市场最重要的上市条件之一就是企业未来发展的前景看好，尽管目前的状况可能不佳。正是基于对未来高成长的预期，一些处于初创期产业的证券表现得常常极为出色。典型的例子是美国的雅虎（YAHOO）公司，其股价曾以每笔交易上扬几十美元的速度上涨，最高股价达200多美元，但此时其业绩尚处于亏损状态。由于这种价格的大幅上扬是没有业绩支撑的，而初创期产业的风险较大，因而必然是投机性的。证券价格的大幅波动不可避免，如雅虎曾经在一个交易日内下跌数十美元。

处于成长期的产业由于利润快速增长，因而其证券价格也呈快速上扬趋势。由于证券价格的上涨有业绩为基础，所以这种证券价格的上扬是明确的，并且具有长期性质。证券价格也会因对未来成长的过度预期和对这种过度预期的纠正而出现中短期波动。另外，由于在产业快速成长的同时产业内部会出现厂商之间的分化，相应地，证券价格也表现为在某一成长型产业的证券价格快速上涨的同时，个别证券却表现不佳。例如，伴随着我国信息产业的发展，我国证券市场上出现了深科技、长城电脑等长期走牛的股票，但也出现了华东电脑、深华源等表现平平的股票。

处于稳定期的产业是蓝筹股的集中地。由于处于稳定期的产业垄断已经形成，产业发展的空间已经不大，所以产业快速成长的可能性已经很小，但一般能保持适度成长，而且垄断利润丰厚。所以，其证券价格一般呈稳步攀升之势，大涨和大跌的可能性都不大，具有长期持有的价值。

处于衰退期的产业由于已经丧失发展空间，所以在证券市场上优势全无，是绩平股、垃圾股的摇篮。一般情况下，这类产业股票通常是低价股，不引人关注，只具有证券市场的结构性功能。但在我国目前的现实情况下，由于上市资格控制较严，而且向国有企业倾斜，因此，衰退型产业的上市证券虽然也常常为低价股、绩差股、绩平股，但因买壳借壳或资产重组而出现飙升行情。

（二）产业特性与证券投资的选择

根据以上叙述，对产业投资的选择应遵循以下原则。

（1）顺应产业结构演进的趋势，选择具有潜力的产业进行投资。产业结构是指国民经济体系中众多产业之间形成的相互联系和比例关系。产业结构包含许多内容，如三大产业之间的关系、重工业和轻工业之间的关系、传统产业和新兴产业之间的关系、资本密集型和技术密集型及劳动密集型产业之间的关系等。产业结构的演进所引起的产业升级是难得的投资机会。如同工业革命一样，产业结构演进的趋势也会在证券市场中反映出来。例如，表7-2是美国证券市场各年的主流行情。

表 7-2　美国证券市场的主流行情

年份	主流行情
1953—1954	太空、铝业、建筑、造纸、钢铁
1958	保龄球、电子、出版
1959	自动购物机
1960	食品、储蓄银行、烟草
1963	航空
1965	太空、彩电、半导体
1967	电脑、集团公司、饭店
1968	可移动式住房
1970	建筑、煤业、石油服务、餐饮、零售业
1971	可移动式住房
1973	金矿、银业
1974	煤业
1975	零售业、石油
1976	医院、污染防治、安养院、石油
1978	电子、石油、小型电脑
1979	石油、石油服务、小型电脑
1980	小型电脑
1982	服装、汽车、建筑、折扣超市、军用电子、服装零售、玩具
1984—1987	生化制品、食品、糖果糕饼、超市、有线电视、电脑软件
1988—1990	鞋业、糖业、有线电视、电脑软件、珠宝零售、通信、医疗保健
1990—1994	医疗产品、生化科技、电脑软件、餐饮、电子游戏、银行、油气采探、半导体、通信、有线电视
1995—2000	电子商务、生化科技、网络运营

由表 7-2 可以看出，美国 1990—2000 年的主流行情集中在电子商务、电脑软件、有线电视、通信、生化科技上，其中电脑也在 20 世纪 70 年代末、80 年代成为行情的主流，电脑软件和有线电视从 80 年代中期至今是美国证券市场的主流热点，通信业自 80 年代末开始为市场所追捧，生化产业在 80 年代中期和 90 年代也非常活跃，这与产业结构演进方向极为一致。我国的情形也大体相同，从 1997 年以来，我国证券市场上科技股开始崭露头角，至 1999 年形成一波极为壮观的科技股、网络股行情。因此，了解产业结构演进的总趋势，就能够有效地把握证券市场的主流。

(2) 正确理解国家的产业政策，把握投资机会。国家对某一产业的扶持或限制，常常意味着这一产业有更多更快的发展机会，或者被限制了发展空间，而且国家的产业政策往往是在对产业结构发展的方向和各产业发展规律的深刻认识的基础上制定的，因此具有显著的导向作用。

我国的产业政策几经变更。20 世纪 80 年代借鉴日本经济起飞的经验，重点向重化工产业倾斜，由此化工业得到了快速的发展。因此我国的证券市场上跑出了几匹化工产业的“大黑马”。90 年代我国又向汽车产业倾斜，但由于汽车产业资本和技术高度密集，而我国的汽车产业底子本来就非常薄弱，因此政策效果并不明显。1995 年开始我国贯彻“科教兴国”的方针，向科技产业重点倾斜，科技股行情一度也很高涨。进入 21 世纪，我国实行西部大开发战略，带动了西部经济的发展，并在股市上造就了一个新的概念——西部概念。

从证券市场的角度看，一段主流行情的形成，除了产业自身的潜质外，常常需要一些事件来触发，这种事件常常是产业内某一个或一些公司的高速成长、国家政策的重点扶持等。因此，正确理解和把握国家的产业政策是掌握证券市场主流行情的关键。

三、公司的财务分析

财务分析的目的是从财务数据角度评估上市公司在何种程度上执行了既定的战略，是否达到了既定的目标。公司财务分析的基本工具是比率分析，其重点在于评价公司财务报表中各会计科目之间的相互关系。

（一）反映偿债能力的比率

（1）流动比率是流动资产除以流动负债的比值。其计算公式为：

流动比率=(流动资产/流动负债)×100%

流动比率可以反映短期偿债能力。流动资产越多，短期债务越少，则偿债能力越强。如果用流动资产偿还全部流动负债，企业剩余的是营运资金（流动资产－流动负债=营运资金），营运资金越多，说明不能偿还的风险越小，因此，营运资金的多少可以反映偿还短期债务的能力。

一般认为，生产企业合理的最低流动比率为 2，这是因为处在流动资产中变现能力最差的存货金额，约占流动资产总额的一半，剩下的流动性较大的流动资产至少要等于流动负债，企业的短期偿债能力才会有保证。人们长期以来的这种认识，还不能成为一个统一标准，因而也未能从理论上证明。

（2）速动比率是从流动资产中扣除存货部分，再除以流动负债的比值。其计算公式为：

速动比率=[(流动资产总额－存货)/流动负债]×100%

为什么在计算速动比率时要把存货从流动资产中剔除呢？主要是因为：在流动资产中存货的变现速度最慢；由于某些原因，部分存货可能已经能够进行报废但还未做处理；部分存货已抵押给某债权人；存货估价还存在成本与合理市价相差悬殊的问题。

通常认为正常的速动比率为 1，低于 1 的速动比率被认为是短期偿债能力偏低。但是不同的行业速动比率会有较大的差别。例如，采用大量现金销售的商店，几乎没有应收账款，大大低于 1 的速动比率则很正常；相反，一些应收账款较多的企业，速动比率可能要大于 1。影响速动比率可信性的重要因素是应收账款的变现能力。

（二）反映资本结构的比率

（1）股东权益比率是股东权益与资产总额的比率。其计算公式为：

股东权益比率=(股东权益总额/资产总额)×100%

该项指标反映所有者提供的资本在总资产的比重，反映企业基本财务结构是否稳定。

一般来说，股东权益比率大比较好，因为所有者出资不存在像负债一样到期还本的压力，不至于陷入债务危机。从股东来看，在通货膨胀加剧时期，企业多借债可以把损失和风险转嫁给债权人；在经济繁荣时，多借债可以获得额外的利润；在经济萎缩时期，较高的股东权益比率可以减少利息负担和财务风险。股东权益比率高是低风险、低报酬的财务结构；股东权益比率低是高风险、高报酬的财务结构。

（2）资产负债率是负债总额除以资产总额的百分比。它反映了在总资产中有多大比例是通过借债来筹资的，也可以衡量企业在清算时保护债权人利益的程度。计算公式为：

资产负债率=(负债总额/资产总额)×100%

在该公式中，负债总额不仅包括长期负债，还包括短期负债。这是因为，短期负债作为一个整体，企业总是长期性占用着，可以视同长期性资本来源的一部分。例如，一个应付账款明细科目可能是短期性的，但企业总是长期性地保持一个相对稳定的应付账款总额。这部分应付账款可以成为企业长期性资本来源的一部分。本着稳健原则，将短期债务包括在内计算资产负债率的负债总额是合适的。公式中的资产总额是扣除累计折旧后的净额。

（三）反映经营效率的比率

（1）在流动资产中，存货所占比重较大。存货的流动性，将直接影响企业的流动比率，因此，必须特别重视对存货的分析。存货的流动性，一般用存货的周转速度指标来反映，即存货周转率或存货周转天数。

存货周转率是衡量和评价企业购入存货、投入生产、销售收回等各环节管理状况的综合性指标。它是销售成本除以平均存货得到的比率。用时间表示存货周转率就是存货周转天数。其计算公式为：

存货周转率=销售成本/平均存货

存货周转天数=360/存货周转率

一般来讲，存货周转速度越快，存货的占用水平越低，流动性越强，存货转换为现金或应收账款的速度越快。提高存货周转率可以提高企业的变现能力，存货周转速度越慢则变现能力越差。存货周转率指标的好坏反映存货管理水平，它影响企业的短期偿债能力，因此是整个企业管理的重要内容。

（2）固定资产周转率是销售收入与全部固定资产平均余额的比值。其计算公式为：

固定资产周转率=销售收入/平均固定资产

式中，平均固定资产=（年初固定资产+年末固定资产）/2。

该比率是衡量企业运用固定资产效率的指标，比率越高，表明固定资产运用效率越高，利用固定资产效果越好。

（四）反映盈利能力的比率

（1）销售毛利率表示毛利占销售收入的百分比，其中毛利是销售收入与销售成本的差，也称为毛利率。其计算公式为：

销售毛利率=[(销售收入-销售成本)/销售收入]×100%

销售毛利率表示每一元销售收入扣除销售产品或商品成本后，有多少钱可以用于各项期间费用和形成盈利。

（2）销售净利率是指净利与销售收入的百分比。其计算公式为：

销售净利率=(净利/销售收入)×100%

“净利”一词，在我国会计制度中是指税后利润。

项目五 证券投资技术分析的主要理论

项目任务

理解道氏理论、K线理论和波浪理论并能加以运用。

一、道氏理论

道氏理论是技术分析的鼻祖，其创始人是美国人查尔斯·道，为了反映市场总体趋势，创立了著名的道·琼斯平均指数。他在《华尔街日报》上发表的有关股票市场的文章，经过后人整理，便是我们今天看到的道氏理论。

道氏理论的原理最主要的有以下几点：

第一，市场平均价格指数可以解释和反映市场的行为。这是道氏理论对证券市场的重大贡献，世界上所有的证券交易所都有自己的价格指数。计算方法大同小异，目的都是反映整体的情况。

第二，市场的三种波动趋势。道氏理论认为，虽然价格的形态各异，但是最终可以将其分为三种趋势：主要趋势、次要趋势和短暂趋势。三种趋势的划分为今后出现的波浪理论打下了基础。

第三，成交量在确定趋势中起很重要的作用。趋势的反转点是进行投资的关键，成交量所提供的信息有助于我们做出正确的判断。

第四，收盘价是最重要的价格。道氏理论认为，所有的价格中，收盘价最重要，甚至认为可以只用收盘价，不用其他价格。

但是，道氏理论更多的是理论上的叙述，可操作性比较差，原因在于道氏理论的结论都落后于市场，信号太滞后。道氏理论对随时随地都在发生的小波动无能为力，它只能对大的形势的判断有较大作用。此外，道氏理论提出已达百年，对于今天而言，内容已经过时。在道氏理论之后又出现了许多新的技术分析方法，在一定程度上弥补了道氏理论的不足。

二、K线理论

（一）K线的画法和基本形状

K线又称为日本线，在欧美称为蜡烛线。K线理论起源于200多年前日本的米市，最初的K线理论被日本人总结为Sakata法。经过长时间的运用和变更，内容上略有变化。

这里介绍其较为常用的内容。K 线是一条柱状的线条，由影线和实体组成。影线在实体上方的部分叫上影线，下方的部分叫下影线。实体分阴线和阳线，又称为红（阳）线和黑（阴）线。两种常见的 K 线形状见图 7－2。

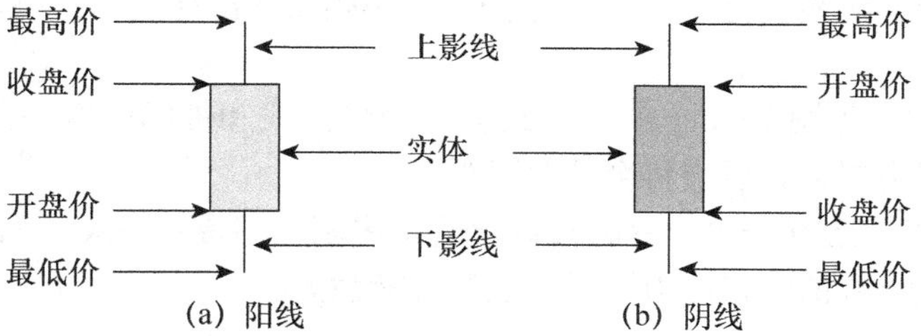

图 7－2　两种常见的 K 线形状

价格的变动主要体现在四个价格上，即开盘价、最高价、最低价、收盘价。

开盘价是指每个交易日第一笔成交的价格，这是传统的开盘价的定义。由于存在个别人利用自身的优势，故意人为制造不合理的开盘价，目前我国股票市场采用集合竞价的方式产生开盘价，克服了传统意义上的开盘价的缺陷。

最高价和最低价是每个交易日成交的股票中成交最高和最低的价格，它们反映当时股票价格上下波动的幅度大小。两个价格如果相差悬殊，说明当时股票交易市场活跃，买卖双方争夺激烈。但是，同传统的开盘价一样，最高价和最低价也容易被故意做市而脱离实际。

收盘价是多空双方经过一天的争斗最终达成的共识，是供需双方最后的暂时平衡点，具有指明目前价格的重要功能。

（二）单根 K 线的含义

单根 K 线通常可以分为 10 种有意义的基本形状，看懂单根 K 线是 K 线分析的基本功。

（1）大阳线与大阴线。见图 7－3。大阳线指收盘价明显高于开盘价，表明大市在短期内趋于上升；大阴线指收盘价明显低于开盘价，表明在短期内后市趋于下降。

（2）光头光脚 K 线。见图 7－4。光头光脚阳线表示以最低价开盘，以最高价收盘，上升趋势比较强劲；而光头光脚阴线表示以最高价开盘，以最低价收盘，下降趋势比较强劲。

（3）长下影 K 线。见图 7－5。长下影 K 线分为长下影阳线和长下影阴线。无论是哪种长下影线，都说明低位承接力量强，后市趋于上升的可能性极高。

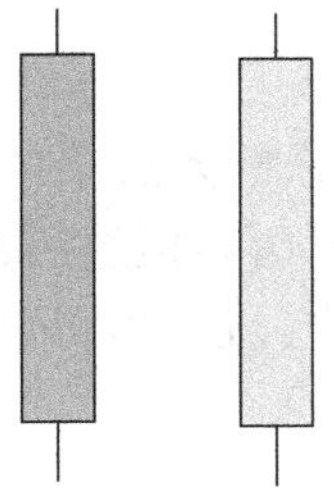

图 7－3　大阳线和大阴线

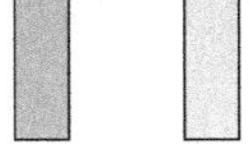

图 7－4　光头光脚 K 线

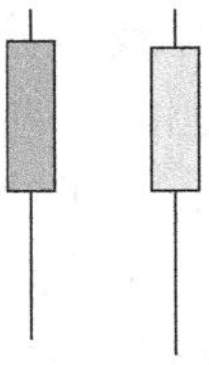

图 7－5　长下影 K 线

(4) 长上影K线。见图7-6。长上影K线分为长上影阳线和长上影阴线。无论是哪种长上影线，都说明市场上升的趋势已经减弱，在高价位受到阻力，后市可能趋于下跌。

(5) 小阳线与小阴线。见图7-7。小阳线与小阴线的出现表示大市呈牛皮市场，暂无明显方向。

(6) 带帽K线。见图7-8。带帽K线分为带帽阳线和带帽阴线。无论是哪种带帽K线，都表明上升阻力很大，后市将会转向下跌。

(7) 带尾K线。见图7-9。带尾K线分为带尾阳线和带尾阴线。无论哪种带尾K线，都表明股市具有相当好的承接能力，后市上升可能性大。

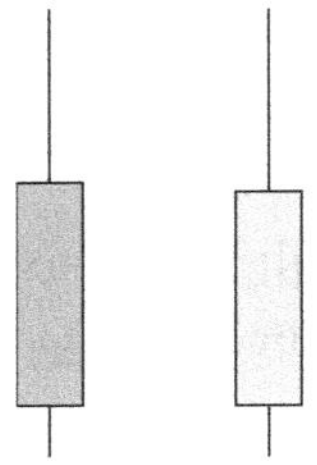

图7-6　长上影K线

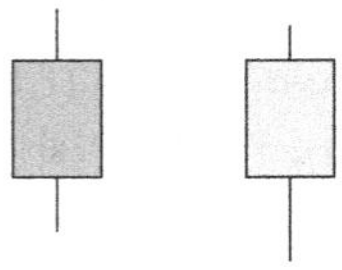

图7-7　小阳线与小阴线

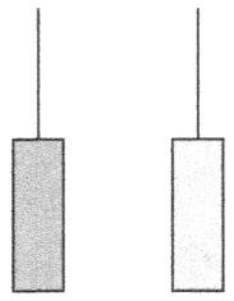

图7-8　带帽K线

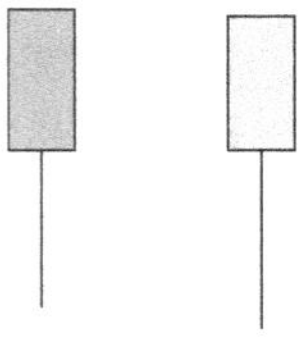

图7-9　带尾K线

(8) T形线。见图7-10。T形线分为正T形线，也称为蜻蜓线和倒T形线，或称为墓碑线。这两种K线通常出现在市场的转折点。蜻蜓线在低位出现时表示上升的转折点已经出现，墓碑线在高位出现时表示下跌的转折点已经出现。

(9) 十字星。见图7-11。十字星表示多空双方力量暂时平衡，但随时又能改变方向。股价处于十字路口，可能上升，也可能下降。

(10) 一字线。见图7-12。一字线表示当天开盘价、最高价、最低价和收盘价都相同，通常是开盘后直接达到涨跌停板时会出现这种K线，是非常极端的一种情况。

图7-10　T形线

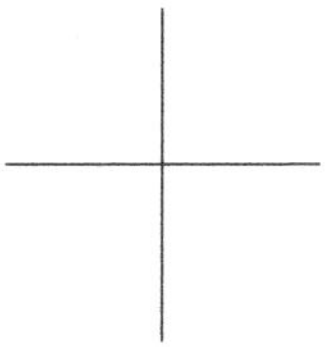

图7-11　十字星

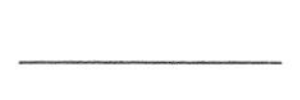

图7-12　一字线

三、波浪理论

波浪理论是技术分析方法的重要组成部分，它是所有技术分析方法中最神奇的理论。用波浪理论得出的一些结论和预测，在开始的时候可能被认为荒唐，但过后却不可思议地被事实所证实。由于波浪理论的神奇性，使得它的流行范围很广。这里，只介绍目前已经被认可的简单的波浪理论成果。

(一) 波浪理论的形成过程

波浪理论的形成经历了一个较为复杂的过程。该理论最初由艾略特发现并应用于证券市场，但是他没有形成完整的体系；直到20世纪70年代，柯林斯总结完善了艾略特及其后人的研究成果，出版了《波浪理论》，才使该理论“走红”。

艾略特受到价格上涨下跌不重复的现象启发，力图找出其上升和下降的周期性。波浪理论中的周期，时间长短可以不同。一个大周期之中存在小周期，而小的周期又可以再细分为更小的周期。每个周期都以8浪结构的模式进行。这8个过程完结后，周期结束，进入另一个周期，新的周期依然遵循上述模式循环。这就是艾略特波浪理论的核心内容，是艾略特作为波浪理论的奠基人所做出的贡献。

(二) 波浪理论的基本形态结构

艾略特发现每个完整的价格波动过程周期（无论是上升还是下降）都要经过8个过程，或者说是8浪。这8个过程一完成，本次周期就结束了，紧接着的是另一个周期。无论所研究的趋势是何种规模，8浪的基本形态结构是不会变化的。图7-13是一个上升过程周期的8浪结构图。

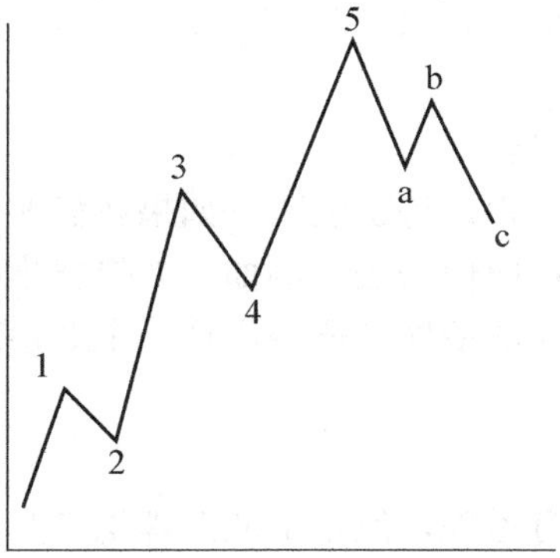

图7-13　8浪结构图

前面是5浪结构，后面是3浪结构。这8浪分为主浪和调整浪，主浪是波动的主体，调整浪是对主浪的补充。主浪和调整浪的地位是相对的，需要考虑所考察的范围。

如果某个浪的趋势方向与比它高一层次的浪的趋势方向相同，那么这一浪就成为主浪。主浪起着推动趋势发展的作用，图7-13中的1浪、3浪、5浪就是主浪。

调整浪的运行方向同它上一层次的波浪方向不同，是对主浪的调整和补充。例如，8浪结构中的2浪、4浪是调整浪，由a、b、c三浪组成的大浪是对由1浪到5浪组成的大浪的调整浪。

(三) 浪的合并和浪的细分——波浪的层次

因为波浪理论考虑价格形态的时间和空间跨度是不受限制的，波浪必然会遇到将大浪分成很多小浪和将很多小浪合并成大浪的问题。

处于层次较低的几个浪可以合并成一个层次较高的大浪，而处于层次较高的一个浪又可以细分为几个层次较低的小浪，层次的高低和浪的大小是相对的。相对于高层次浪，就是小浪，相对低层次浪，就是大浪。下面以上升为例，说明波浪细分和合并的原则。图7-14是细分和合并的图形表示。

最高层次是从L1到H的第一大浪和从H到L2的第二大浪，共2浪。第一和第二大

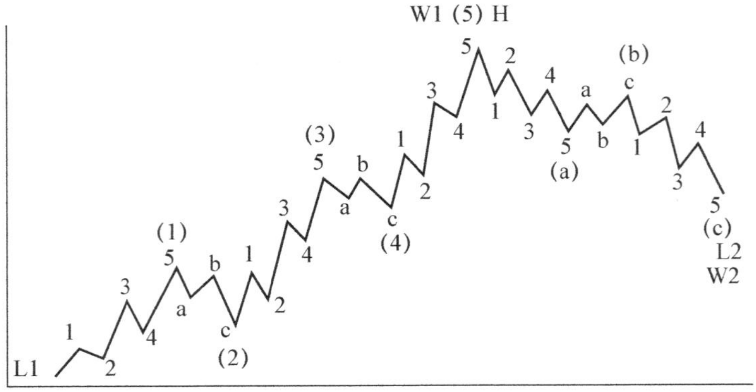

图 7-14　波浪的细分和合并

浪可以分成（1）、（2）、（3）、（4）、（5）、（a）、（b）、（c）共 8 浪，这是第二层次的浪。第二层次的大浪又可以细分为图中的 1、2、3、4、5、a、b、c 的第三层次的小浪，共 34 个。

（四）应用波浪理论预测价格

波浪理论将价格波动的全过程进行了说明，如果我们明确了价格当前所处位置是 8 浪结构中的何种浪，就知道价格将向何处去。例如，如果发现了一个 5 浪结构，而且目前处在这个 5 浪结构的末尾，我们就清楚地知道将出现一个 3 浪结构的调整浪，应该立即采取行动。

（五）波浪理论的不足

从表面上看，波浪理论很有道理，但是从波浪理论自身的构造中会发现很多不足。如果过分机械教条地应用波浪理论，肯定会招致失败。

虽然 8 浪结构形成一个完整的过程，但是，主浪和调整浪的变形会产生更复杂多变的形态，波浪所处的层次又会产生大浪套小浪、浪中有浪的多层次形态，这些都会给应用者在具体数浪时提供发生偏差的可能。浪的层次的确定和浪的起点终点的确认是最大的难点。用波浪理论解释历史，效果比较好。当事情过去了以后，回过头来看已经走过的图形，用波浪理论的方法可以完美地将其划分出来。但是在形态形成的途中，对其进行浪的划分是一件很困难的事情。

波浪理论只考虑了价格形态上的因素，而忽视了成交量方面的影响，这给人为制造形状提供了机会。正如形态学中的假突破一样，波浪理论也可能造成一些形态让人上当。当然，这个不足是很多技术分析方法都有的。

模块总结

1. 保险既是一种经济制度，也是一种法律关系。保险具有风险转移、损失分散和实施补偿等职能。

2. 保险分类的目的在于探讨保险关系的表现及其具体内容，增进社会公众对保险的了解。按不同的标准，保险可分为不同的类型。保险在经营中要坚持最大诚信原则、可保利益原则、近因原则和补偿原则。

3. 有价证券是指持有者凭之具有请求财产权或收益权的证书。有价证券是一种金融工具，也是一种特殊的商品和特殊的资本形式。通常将其按照证券发行主体分为公司证券、金融证券和政府证券。

4. 同任何商品的价格一样，证券价格不是固定不变的。仅根据证券价格决定模型得出的证券价格只是证券的理论价格，它是在高度简化和严格假设条件下得到的结果。而实际的证券市场受多重因素的影响和作用，这些因素也常常处于变动之中，证券投资的基本分析包括证券投资的宏观经济分析、产业周期分析和财务分析。

5. 证券投资的技术分析方法有很多，最基本的是道氏理论、K 线理论和波浪理论。

综合练习

一、填空题

1. 保险的基本职能有__________、__________、__________。
2. 保险的基本原则有__________、__________、__________、__________。
3. 证券投资的技术分析理论主要有__________、__________、__________。
4. 资产负债率的计算公式为__________。
5. 证券的一级市场又称为__________，证券的二级市场又称为__________。

二、多项选择题

1. 我国主要的股票价格指数有（　　）。

A. 上证综合指数　　B. 恒生指数
C. 深证成分股指数　　D. 道·琼斯指数

2. （　　）将使过热的经济受到控制，证券市场将走弱。

A. 紧缩性财政政策　　B. 扩张性财政政策
C. 紧缩性货币政策　　D. 中性货币政策

三、简答题

1. 可保利益原则的含义是什么？在实际保险业务中，如何确定可保利益？
2. 人身保险的种类有哪些？
3. 证券发行方式有哪些？各有什么优缺点？
4. 简述我国股票在交易所上市的条件。
5. 简述道氏理论的基本原理。
6. 简述波浪理论的优缺点。

四、画图题

本题数据选自万通地产 2017 年 11 月 15 日到 11 月 21 日连续五个交易日的股票数据，据此画出万通地产的 K 线图。

价格	15日	16日	17日	20日	21日
最高价	4.20	4.13	4.10	3.92	3.96
开盘价	4.20	4.09	4.08	3.89	3.89
收盘价	4.11	4.09	3.91	3.90	3.95
最低价	4.08	4.06	3.89	3.83	3.87

五、实践题

选择一家证券公司，登录其官方网站注册一个账号，模拟炒股。

案例分析

中国船舶从300元跌到70元——“A股第一高楼”的坍塌

楼建得越高，地基需要打得越牢。显然，第一高价股中国船舶的“地基”并不牢靠。

中国船舶从2007年10月11日创下中国上市公司股票最高价300元，而到2008年6月18日最低跌到了70元，每股230元的缩水幅度同样创造了A股之最。中国船舶这一“A股第一高楼”的坍塌，只不过是整个A股市场估值从疯狂到崩溃的一个缩影。

高价股的覆灭

中国船舶的前身是沪东重机，2007年1月29日公司宣布实施定向增发方案，中船集团的民用造船和修船资产主体公司注入上市公司。从此，股价也就坐上了直升电梯，7个交易日就从公告前的37.72元涨至76.00元，书写了一周翻倍的神话。

此后，中国船舶股价一路高歌猛进，2007年5月28日突破100元，8月6日冲上200元。9月20日，中国船舶正式完成了定向增发的股权登记工作，股价也再次开始快速上升，这一次是用9个交易日完成了从227元到300元的冲刺。如果以2005年6月2日当日最低价7.75元计算，本轮牛市之中，这只第一高价股上涨了38倍！

此时，机构给中国船舶定出的目标价不断攀升，400元、450元，甚至是1 000元！

不过，2007年10月11日盘中冲高至300元大关，成为有史以来A股市场最贵股票之后，中国船舶改变了“航线”，首先走出“V”字形的行情，2008年1月8日盘中创出296.98元的高点后，便一路掉头向下，2月22日跌破200元，4月17日摔下100元，6月18日创出新低70.90元。不过，当天在大盘高达5%涨幅的带动下，中国船舶强烈反弹，以涨停报收，收于80.7元。中国船舶的总市值也由最高时的2 000亿元，急剧缩水至533亿元，缩水幅度接近75%。

根据WIND资讯的统计，截至6月18日，中国船舶的月跌幅为27.29%，2008年以来的跌幅更是达到70.33%。如果以最高价300元计算，跌幅为73.33%。

2008年以来，无论是与同行业公司相比，还是与大盘相比，曾经被称为“没有最高，只有更高”的中国船舶都是输家。

WIND资讯统计显示，截至6月18日，上证指数近6个月的跌幅为39.69%，重型机械行业6个月来的跌幅为43.82%，而中国船舶的跌幅达到64.93%。中国船舶跑输行业21个百分点，跑输大盘25个百分点。

百元股俱乐部解体

从曾经的“鸡犬升天”，到现在的“高台跳水”，仅仅半年，中国船舶经历了冰火两重天。不仅是中国船舶，2008年以来，绝大多数高价股从“高处不胜寒”坠落至“人间”。统计显示，2007年A股市场的百元股，最多时达到11只，但目前能站在百元之上的股票，只有贵州茅台一只。

中国股市百元俱乐部解体。中国平安股价由最高时的144.99元跌至周三的51.09元，跌幅达64.67%。两市第一黄金股中金黄金由151.23元跌至45.91元，跌幅达70.20%。驰宏锌锗由最高的118.66元跌到复权后的30.40元，跌幅高达74.58%！另外，中信证券、吉恩镍业、东华科技、天马股份等曾经的百元股，在复权之后，也远远低于100元。

“中国船舶是中国股市的一个缩影。”银河证券分析师鞠厚林对记者说。当A股个股出现70%以上跌幅的股票不在少数，2元股重现江湖的时候，中国船舶从300元跌到70元，也并不奇怪。

可以说，2008年以来，基金不断出货，是中国船舶股价大跌的主要原因。

WIND资讯统计显示，2007年年末，持有中国船舶的机构达到108家，持股总数高达9 178万股，占流通股比例的77%。但到2008年3月末，持有中国船舶的机构仅有17家，持股总数为3 622万股，占流通股总数的26.39%，其中有14家是基金，另外三家机构包括中国人寿股份和中国人寿集团，以及QFII瑞银，占流通股比例分别为3.13%、2.03%和2.03%。

与此同时，公司股东数量由2007年年底的12 633人猛增至35 916人，平均每户持股数由5万余股缩水为1.8万股，筹码分散度高。

中国船舶下跌的过程，就是机构出货和套牢散户的过程。同样，据TOPVIEW数据显示，在本轮下跌中，所有的百元股在“破百”历程中均遭遇了基金的“丢弃”，基金正是百元股纷纷落马的“真凶”。而当初将中国船舶股价推向100元、200元、300元的，正是基金。

基金趋势的追捧者

从2007年以来，梳理大盘蓝筹的走势，可以明显判断出来，追涨杀跌，是基金操作者们的普遍策略。号称价值投资的基金经理们，实际上更多选择趋势投资。在著名基金分析师江赛春看来，这正是整个基金行业的浮躁和不成熟的鲜明表现。

TOPVIEW数据显示，截止到2008年6月16日，机构资金5日内净流出为7 872万元，20日内流出高达8.06亿元。近20天，机构净卖前10名，有9个是基金席位，而净买前10名，除了1个T字头席位和1个基金席位，其余全是营业部席位。最大的卖家是G16088。一周内，机构持股数减少了1个百分点。

基金的出货并不代表中国船舶的业绩已经开始下滑。“公司收入和利润在2010年才会达到高点。”去中国船舶公司实地调研的兴业证券分析师陈剑辉说。

2007年公司承接订单总额为301.6亿元，其中造船182.9亿元、造机67.6亿元、修船29.6亿元。新签订单量超过完工量70%左右。分析师们告诉记者，由于2007年的订单基本上要在2009年以后完成，因此可以判断，公司未来两年的较高增长是有订单保障的。

不过，在这轮惨烈的大调整中，机构们显然不愿意将手中的中国船舶留到2010年。

作为一个周期行业，造船业目前正面临着产能过剩和成本增加的压力。

行业周期轮回

仅仅数年前，整个造船市场还很不景气，中国船舶的前身沪东重机，一度还戴上了ST的帽子。但2003年之后，整个造船行业呈爆发式增长。

据统计，2007年全国造船完工量同比增长30%；新承接船舶订单增长132%；手持船舶订单增长131%。这三大指标，分别占世界船舶市场份额的23%、42%和33%。

但是，随后两年大量资本涌入造船市场，全国各地争先恐后地上造船项目，纷纷制定了规模宏大的造船发展规划，船舶产能急剧扩张，导致行业产能扩充厉害，特别是浙江船厂大幅扩能，产能已经明显过剩。

思考：

运用本章所学证券投资知识，分析中国船舶的股价从300元跌到70元的原因所在。

模块八

金融市场

金融案例导入

一度富得流油的阿联酋迪拜最近陷入债务危机，迪拜政府2009年11月25日宣布将重组其最大的企业实体迪拜世界，这是一家业务横跨房地产和港口的企业集团。迪拜还宣布，将把迪拜世界的债务偿还期延迟6个月。受此消息影响，11月26日欧洲股市中作为迪拜债权人的各大银行股纷纷重挫。欧洲三大指数下跌均超过3%，美国股市因为周四正逢感恩节休市一天。目前，迪拜的信用评级已被大幅下调，许多人担心迪拜将成为冰岛第二，而这次债务危机很可能对全球脆弱的复苏带来冲击，再掀全球金融风暴。

1. 迪拜投资公司危机拖累欧洲三大股市急挫超3%

中东阿联酋迪拜出现债务危机，迪拜政府宣布重组旗下的主权投资公司迪拜世界，并寻求延迟6个月偿还债款。消息拖累欧洲三大股市急挫超过3%收市，迪拜世界其中一个债权人汇控，在伦敦的股价跌近半成。

据香港媒体报道，迪拜世界一旦无力还债，将成为自2001年阿根廷违约以来，全球最大主权基金违约事件。外界担心可能触发新一轮金融风暴。

迪拜财政部前日宣布通过发债，从阿布扎比政府持有的两家银行筹集50亿美元，但负债590亿美元的迪拜世界未有受惠，财政部要求其债权人允许“暂停”偿还债务，至少延长到2010年5月30日。

迪拜世界最大债权人是阿布扎比商业银行和阿联酋NBD PJSC，其他贷款人包括汇丰控股、巴克莱银行、莱斯银行、苏格兰皇家银行和瑞信集团等。分析指汇丰等银行可能要为此撇账。

2. 亚太股市遭遇“黑色星期五”，亚太指数创8周来最大跌幅

日本股市大幅下跌，日经平均指数全日收报9 081.52点，跌301.72点或3.22%。

澳大利亚股市27日收跌2.9%，创下五个月来最大单日跌幅。

韩国股市27日收跌4.7%，创下四个月最低收位1 524.5点。

我国台湾地区股市周五大幅下跌，台湾加权指数全日收市报7 490.91点，跌248.25点或3.21%。

3. 大宗商品、国际金价、油价暴跌，迪拜债务危机席卷全球

25日爆出迪拜债务危机之后，全球股市应声大跌。欧洲各大股指均大跌3%以上。国内沪深A股26日跌2%以上，香港恒生指数下午跌幅扩大，收盘跌4.84%报21 134点。

在连续多日的上涨之后，2009年11月27日下午（北京时间）国际黄金（1 140.50，—28.30，—2.42%）市场风云突变。国际黄金现货狂跌4.66%或55.50美元，运行于1 139.70美元/盎司附近。迪拜爆出债务危机后投资者纷纷购买美元进行避险，在连创新低之后美元出现大涨。美元指数开盘于74.62附近，随后该指数受避险买盘带动持续温和反弹，但升至日内新高75.01略有回落。国际油价大跌6.36%现报73美元/桶，其他商品期货都出现不同程度的跌幅。

项目一　金融市场的构成、分类与功能

项目任务

1. 了解金融市场的概念及构成要素；
2. 掌握金融市场的分类，知道金融市场的分类标准及各自的联系与区别；
3. 重点掌握金融市场的功能，并能利用此原理分析实际案例。

一、金融市场的概念

金融市场是资金供求双方借助金融工具进行各种货币资金交易活动的市场。

金融市场有广义和狭义之分，广义的金融市场泛指全部的金融性交易活动，包括金融机构与客户之间、各金融机构之间，以及以货币资金为交易对象的金融活动，如存款、贷款、票据抵押与贴现、信托、租赁、保险、有价证券买卖、黄金和外汇交易等。狭义的金融市场则一般限定在以票据和有价证券为金融工具的交易活动、金融机构间的同业拆借、黄金和外汇的交易活动等范围内。通常所说的金融市场主要是指狭义的金融市场，它不包含商业银行的存贷款业务。金融市场的形态有两种：一种是有形市场，即交易者集中在有固定地点、有交易设施的场所内进行交易的市场，证券交易所就是典型的有形市场；另一种是无形市场，即交易者分散在不同地点或采用通信手段进行交易的市场，如场外交易市场和全球外汇市场就属于无形市场。

二、金融市场的构成要素

（一）金融市场的交易主体

（1）资金供给者。即金融市场上的投资者，或是金融工具的购买者。企业和个人由于各种原因，会有一定的剩余货币；政府部门在获得税金、利润收入和财政拨款后，会形成一部分结余资金；金融机构同样也存在暂时闲置的资金。它们将这些货币资金以购买金融工具的形式提供给资金需求者。

（2）资金需求者。即金融市场上的筹资者，也就是金融工具的发行者或出售者。企业进行扩大再生产需要的投资，个人对金融资产的需求，政府财政赤字的弥补，金融机构出于盈利的目的，都需要借助金融工具在市场上筹集资金。

（3）中介者。即在资金供给者和需求者之间的资金融通过程中起媒介作用的机构和个人。中介者是金融市场上非常重要的要素，大多数资金融通都是通过它们的桥梁作用才得以实现的。

（4）管理者。主要是指一国的金融管理当局。

（二）金融市场的交易对象

金融市场的交易对象是货币资金。无论是银行之间的资金拆借还是证券市场上的交易行为，最终要达到的目的都是货币资金的转移。它与商品市场的买卖不同之点在于：商品交易表现为商品所有权和使用权的转移，而金融交易大多仅表现为货币资金使用权的转移。

（三）金融市场的交易工具

金融市场中的资金融通是通过金融工具的买卖来实现的。金融交易作为一种有偿转让资金的活动，可以采用口头协定、账面信用和书面凭证三种方式进行。前两种方式虽然简单，但由于协议条件没有正式凭证，不能可靠地确立债权债务关系，容易发生纠纷，并且无法在市场上流通转让，不能适应信用关系日益发展和复杂交错的情况。书面凭证则具体载明支付或偿还条件等事宜。可凭此确立信用关系和流通转让，因而成为金融交易的必要工具。金融工具一般包括债权债务凭证和所有权凭证。金融工具种类繁多，各具特色，能够分别满足资金供求双方的不同需要。

三、金融市场的分类

金融市场内部结构复杂、种类繁多，按不同的标准可划分为以下几种不同的类型：

（1）按金融交易的期限不同可分为短期资金市场和长期资金市场。短期资金市场和长期资金市场又可称为货币市场和资本市场。货币市场是指交易期限在 1 年以下（含 1 年）的短期金融交易市场，其功能在于满足交易者的资金流动性需求。交易对象有国库券、商业票据、银行大额定期存单、银行同业拆借、短期存贷等。资本市场是交易期限在 1 年以上的长期金融交易市场，主要满足企业的中长期投资需求和政府弥补财政赤字的资金需要。交易对象有长期存贷、债券、股票等。

（2）按金融工具的不同可分为不同名称的金融市场，包括股票市场、债券市场、票据贴现市场、大额存单市场、外汇市场、期货市场、期权市场等。

（3）按照金融交易的交割期限划分为现货市场、期货市场和期权市场。现货市场指买卖双方签订协议即成交后，当天或 3 天内完成交割，采用现钱现货方式买卖金融资产。期货市场是指交易双方在集中性的市场以公开竞价的方式所进行的期货合约交易的市场。期权市场是指先用合约的形式确定其持约者的权利，在一定期限内以买卖双方协议价格买进或卖出某种金融资产，期权交易可能按合同规定条件执行，也可能不执行。

（4）按金融交易的地理区域可分为国内金融市场、国际金融市场。国内金融市场一般只限于本国居民之间的交易，交易货币为本国市场货币，受本国金融法规的严格管制。国际金融市场可分为到岸金融市场与离岸金融市场。到岸金融市场上，资金供需双方必须一方是本国居民，另一方为非本国居民，货币可自由兑换，较少受所在国的金融政策、法令的控制。离岸金融市场又称为境外货币市场，以欧洲美元市场的出现为标志。交易双方都为市场所在国的非居民，用世界货币作为交易货币，基本不受市场所在国的限制。新型的国际金融市场一般都是包括此两类业务的市场。

（5）按金融市场的功能可分为一级市场和二级市场。一级市场又称为初级市场或证券发行市场。在这里，发行人出售新创造的金融市场交易工具给初始投资人。二级市场又称为高级市场或证券流通市场，在这里，初始投资人把证券转让或卖给新的投资人。

（6）按交易场所的不同可分为有形市场和无形市场。有形市场是指交易在有组织的特定的交易所进行，如黄金市场、证券市场、可转让大额存单市场等。无形市场是指利用先进的通信设施相互联系，进行买卖货币和信贷业务，如拆借市场、外汇市场、贴现市场等。

四、金融市场的功能

健全、完善的金融市场有三个主要功能，即聚集资金功能、优化资源配置功能、调节经济功能。

（一）聚集资金功能

一个国家经济增长速度的快慢完全取决于资本投入的多少，或者说取决于储蓄率的高低。储蓄率的高低，决定于人们的收入和储蓄愿望。储蓄愿望的大小在很大程度上取决于金融制度是否发达，而金融市场则是刺激储蓄形成的重要因素。

金融市场之所以能够刺激储蓄形成，是因为金融市场本身创造了众多可供人们选择的金融资产，为人们进行多种形式的储蓄和金融投资创造了有利条件。从居民储蓄的形成来看，居民储蓄的动机多种多样，而多数储蓄者都是为了获得一定的收益。金融市场上多种多样的金融资产的存在，就会满足人们的储蓄愿望的多种要求，刺激储蓄的形成。

金融市场是金融资产创造和流通的场所，一个完善的金融市场可以创造资金供应者与资金需求者直接见面的机会。这样资金需求者就可以根据资金供应者的多种要求，发行多种多样的金融资产，以吸引资金的供应。在西方国家，居民个人能够成为金融市场上最重要的投资力量，并且在很大程度上左右金融市场上的资金供给状况，影响和决定金融市场的兴衰，其原因就在于西方国家金融市场上金融资产种类繁多，人们有着广阔的选择余地。

金融市场又是一个自由交易的场所。资金的交易是公平交易，是平等竞争，资金的价格——利率完全由资金的供求来决定。当人们的储蓄愿望降低、资金供给减少时，就会出现资金供不应求，这时受供求关系的影响，资金价格就会自动上升，从而刺激资金供给的增加。所以，金融市场利率可以自动调节资金供应和需求。

（二）优化资源配置功能

一国经济的发展除了取决于资金投入的多少外，还取决于这些资金能否被有效地利用，而资金的运用反映了一个国家资源的利用状况。金融市场上资金的有规则运动可以发挥合理分配资金的作用，并达到资源的有效利用。

金融市场实际上起着社会资源运动的导向作用，当某种股票价格上涨，说明这个行业生产供不应求，需要增加生产，于是人们大量购买这个行业的股票，资金源源不断地向这个行业流动，从而带动生产资料和劳动力向这个行业流动。在正常情况下，如果某种股票价格下跌，常常说明这一行业社会需求减少和经营状况不佳，于是人们纷纷转移资金，自愿向其他行业流动。股市的下跌，有可能加速这一行业经营状况恶化，最终导致企业破产。企业的破产是资源再分配的一种形式。因此金融市场发挥着分配资源的作用。

金融市场还可促进企业有效地利用资源。对企业来说，从金融市场上取得资金要支付利息。为了保证在支付利息后仍有利可图，企业会在利率的压力下，节约使用资金，加速资金周转，保证资源的充分利用。

（三）调节经济功能

一个国家的经济能否健康发展，关键在于有一个运用自如的宏观经济调节体系，而金融市场则是宏观经济调节体系的组成部分。金融市场的调节功能首先表现在：金融市场可以提供一种信息，来反映整个宏观经济的平衡状况。这种信息包括两个变量：一是货币存量；二是利率和证券价格。

金融市场是连接微观经济与宏观经济的枢纽。从微观角度看，金融市场是聚集和分配资金的场所，企业、居民、政府的资金都通过金融市场来进行，所以金融市场的每一变化都会对它们产生影响。从宏观角度上看，金融市场集中反映了社会总供给与总需求的变化状况，同时也是国家实施宏观经济政策的中间环节，国家通过调节金融市场上的有关变量，可以对整个宏观经济产生巨大影响。

金融市场的调节功能还表现在：金融市场是国家实施宏观政策的中间环节。各国政府往往都不对企业进行直接控制，而是由中央银行通过金融市场进行间接控制。首先通过经济变量如利率、货币供给量调节金融市场上的资金供求状况，然后再通过金融市场的传导作用，把宏观调节的指令传到国民经济各部门中，对总体经济产生影响。

知识链接

美国次级债危机

2007年4月美国第二大次级抵押贷款公司新世纪金融公司的破产，揭开了次级抵押贷款风暴的序幕。

所谓次级房贷，指的是银行针对信用记录较差的客户发放的住房贷款。在房市火爆的时候，银行可以借此获得高额利息收入而不必担心风险，但如果房市低迷，利率上升，就可能出现一些客户违约而不再支付贷款，造成坏账。早在2007年二三月，美国次级房贷市场危机就初现端倪。如美国第二大次级抵押贷款企业——新世纪金融公司，因现金流断裂，正式向美国联邦破产法院提出破产保护申请。

过去几个月内，次级房贷市场更加恶化，一些购买了次级债的对冲基金遭到巨大损失，如美国第五大投行贝尔斯登公司，近两个月来旗下两只投资次级抵押贷款证券化产品的基金宣布倒闭，投资人总共损失逾15亿美元。

截至目前，美国已有30余家次级抵押贷款公司停业，次级债危机也波及那些持有次级抵押贷款的资产公司，甚至有人认为，这场信贷危机最高损失可达5 000亿美元。

不过，次级抵押贷款危机的蔓延受到了全球各央行的阻击。上周，以美联储、欧洲央行、日本央行为代表的监管机构终于按捺不住，紧急向金融市场投放资金，以阻止次级抵押贷款危机进一步向金融市场蔓延。

8月9日，欧洲央行罕见地宣布向市场紧急投放资金，维护市场运转秩序。同日，美联储也向金融市场注入240亿美元资金，8月10日美联储再次向金融市场注入共380亿美元资金。同时，日本、澳大利亚、加拿大、挪威、瑞典央行也分别向银行系统注入资金。截至上周五，全球各大央行总共投放了约1 360亿美元的货币。

这场声势浩大的战役孰胜孰败，关系次级抵押贷款风暴会不会继续恶化，关系着全球经济和金融市场的命运。

次级抵押贷款危机的原因在于：资金的充裕和金融创新产品的运用降低了次级贷款业务的门槛并使得放贷机构为抢占市场份额采取了许多违规行为。

2001年以来，美国次级抵押贷款市场进入了蓬勃发展期，资金的充裕和金融创新产品的运用降低了次级贷款业务的门槛，并使得放贷机构为抢占市场份额采取了许多违规行为。这些违规行为将抵押贷款的借款人、放贷者、金融中介，以及二级市场上的次级债券投资人都暴露在2006年以来房地产价格下跌、违约率上升的系统风险之中。而受制于不干预市场的传统，美联储没有及时规范金融机构的行为，错失了矫正危机的好时机。

2006年后美国住宅价格增速减缓，许多2004年到2005年间发放的次级抵押贷款也结束了初始利率优惠期，许多借贷人得应对突然提高的利率，而此时的市场利率也在美联储持续加息作用下水涨船高，早已不是两年前他们签下合同时的水平。住宅市场的低迷、利率的重置和美联储持续的加息使次级抵押贷款危机爆发。

从风险传染看，次级债风波造成如此巨大冲击的原因在于，美国房地产市场、信贷市场、债券市场、股票市场以及美国经济本身在“透支式”增长模式下都堆积了大量潜在风险，次级债风波让这些风险在相互传染中有了集体释放的机会。

近来美国房地产市场出现了拐点。这恰好发生在许多次级抵押贷款的借款人无法偿还每月高昂的贷款时，其结果是一些房产再次投向市场。当无法卖出满意的价格时，借款人就简单地宣称破产，留给贷款人的是远低于贷款金额的房产。贷款人只能承受贷款的损失，这就是次级抵押贷款的高风险所在。

为了对冲风险，一些贷款人通过证券的形式将次级抵押贷款卖给各种基金。毫无疑问，那些购买了次级抵押贷款支持证券的基金现在麻烦不断。

受次级债风波影响，美国房地产市场在市场恐慌之中会加速泡沫破灭，信贷市场、债券市场和股票市场作为间接融资和直接融资的主渠道，将在流动性收缩中邂逅扩张桎梏，而作为美国经济主心骨的中小企业也会因此受到较强资本约束，丧失持续创新的金融助力。

与此同时，次级债风波可能引发的企业债共振，也会给美国乃至全球并购浪潮的持续带来抑制性作用。投资银行活跃度下降，美国企业全球化发展阻力加大，美国国内市场的重要性相对增强。

在就业市场近日业已出现回冷的背景下，美国经济增长预期受风险释放影响也将同步下调。而金融资本在避险动机下增持美国国债，将在抬高长期国债价格的同时降低其投资收益率，"收益率倒挂"出现的潜在可能性放大，也同时暗示着经济衰退发生概率的提升。但次级债不会拖冷美国经济，因为次级债本身的能量有限，现在的较大影响力来自综合风险的一并释放，释放后美国经济长期会趋向健康。

项目二 货币市场

项目任务

1. 掌握什么是货币市场、货币市场有哪些分类；
2. 重点掌握票据市场及同业拆借市场的相关内容。

货币市场，是以融资期限不超过一年的短期信用工具为交易对象的金融市场。在货币市场上，主要进行票据的承兑与贴现、货币的借贷（存款与放款）、短期证券（国库券、公司债券、可转让大额定期存单等）的买卖和金融机构间的相互拆借等交易。因此，货币市场又可进一步分为票据市场、同业拆借市场、短期证券市场、回购市场等。

一、票据市场

鉴于票据经承兑之后即等于向贴现市场提供了符合贴现要求的信用工具，在这里可将票据的承兑市场和贴现市场合称为票据市场。票据承兑是付款人或其银行表示承认到期兑付的行为。因为票据上的付款人是由出票人单方面指定的，因此，在付款人未认可之前，在法律上还没有成为票据的债务人。只有经过付款人承兑，承兑人才在法律上构成票据的主债务人。承兑人，可以是付款人，也可以是付款人的开户银行。

银行承兑票据一般由商业银行办理，也可由其他专门机构来办理，如英国设有专门办理承兑业务的承兑所。承兑人是以自己的信用来保证票据到期兑付的，所以，银行在办理承兑时要收取一定的手续费作为酬金。经承兑的票据从法律上确定了票据关系人之间的权利与义务，因而易于转让或贴现。

贴现是银行的传统业务之一，在国外有专门办理贴现业务的贴现公司。贴现业务具体分为贴现和再贴现两种。前者指工商企业为了取得现金，以未到期票据向银行融通资金；后者指商业银行以贴现收下的票据向中央银行再行贴现，以筹措资金。在贴现时，银行要按规定利率（贴现率）从票据金额中扣除自贴现日起至到期日止的利息。具体计算公式为：

贴现利息＝票据金额×贴现率×贴现日至到期日时间

贴现金额＝票据金额－贴现利息

计算时，贴现率与贴现日至到期日时间的口径要一致：时间按年计算，贴现率要用年利率；时间按月计算，贴现率要用月利率；时间按日计算，贴现率则要用日利率。

假设票面金额为10 000元的商业票据，6个月后到期，年贴现率为8%，持票人如果向银行贴现，则银行需扣除贴现利息400元（＝10 000×8%×6/12），付给持票人现金9 600元（＝10 000－400）。票据贴现从形式上看，是银行买进未到期的票据，但实际上已产生债权的转移，可视为商业银行的一种放款业务。商业票据以实际的商品和劳务交易为基础，是一种自偿性票据，即到期后，票据会自动得到清偿，对办理贴现的银行来说，这是一项比较安全、可靠的业务。只要是资信良好的票据，贷款收回是完全有保证的。接受办理贴现的银行或贴现公司如遇周转不灵，还可向中央银行随时办理再贴现。所以，西方国家贴现业务占短期放款的比重很大，在货币市场上，贴现市场居于主导地位。

发展票据市场，是构造货币市场的一个必不可少的组成部分。众多的企业运用合法的票据即可在票据市场中获得所需要的资金。在我国，发展票据市场有许多工作要做：一是重点发展具有贸易背景的交易性票据，发展银行承兑汇票和商业承兑汇票，为票据营造一个可流通转让的环境和场所；二是把票据业务专业化、规模化，使票据流通和转让有严密的组织体系，在上海开业的中国工商银行票据营业部，开了发展票据专营机构的先河；三是扩大票据承兑贴现业务，包括中央银行的再贴现业务，为票据融资敞开大门，提高票据融资占社会融资总量的比重；四是贯彻实施《票据法》，规范票据行为，整顿票据流通秩序，防范票据风险。

知识链接

上海票据交易所

为加强票据市场制度建设，完善市场基础设施，更好地防范票据业务风险，推动票据市场规范健康发展，根据国务院有关要求，中国人民银行推动建设全国统一票据交易平台，组建上海票据交易所。2016年12月8日，全国统一票据交易系统上线运行，上海票据交易所正式成立。截至2016年年末，共计43家会员、527家系统参与者接入上海票据交易所票据交易系统，17个交易日累计达成交易113笔，金额4.86亿元；托管票据136张，金额5.48亿元；纸质承兑信息登记44 551张，金额210.22亿元；纸票贴现信息登记176张，金额7 034亿元。

全国统一票据交易系统上线运行，改变了中国票据市场二十多年来纸质流转、线下交易、信息不透明的状态，实现了纸质票据电子化交易、无纸化托收、券款对付（DVP）清算等多种功能，使票据流转公开透明，杜绝“一票多卖”“表外交易”等违规交易。

上海票据交易所作为提供登记托管、交易清算、信息服务多功能的全国统一票据交易平台，其成立将大幅度提高票据市场透明度和交易效率，更好地防范票据业务风险；将发挥贴近市场、服务市场优势，推动票据产品和交易方式创新，丰富和增强票据市场功能，提升票据市场专业化水平；将有助于完善中央银行金融调控，优化货币政策传导，增强金融服务实体经济的能力。

二、同业拆借市场

同业拆借市场是指银行同业之间短期资金的拆借市场。各银行在日常经营活动中会经常发生头寸不足或盈余的情况，银行同业间为了互相支持对方业务的正常开展，并使多余资金产生短期收益，就会自然产生银行同业之间的资金拆借交易。这种交易活动一般没有固定场所，主要通过通信手段成交。拆借期限按日计算，有 1 日、2 日、5 日、7 日不等，一般不超过 1 个月，更长期限的交易大多采用其他金融工具进行，期限最短的甚至只有半日。拆借的利息叫“拆息”，其利率由交易双方自定，通常低于中央银行的再贴现率而高于银行的资金成本。同业拆借利息率变动频繁，灵敏地反映了资金供求情况。同业拆借每笔交易的数额较大，以适应银行经营活动的需要。短期限的日拆一般无抵押品，单凭银行间的信誉。期限较长的拆借常以信用度较高的金融工具为抵押品。

知识链接

我国同业拆借市场的发展历程

我国的同业拆借始于1984年。1984年以前，我国实行的是高度集中统一的信贷资金管理体制。银行间的资金余缺只能通过行政手段纵向调剂，而不能自由地横向融通。1984年10月，我国针对中国人民银行专门行使中央银行职能，二级银行体制已经形成新的金融组织格局，对信贷资金管理体制也实行了重大改革，推出了统一计划。划分资金，实贷实存，相互融通的新的信贷资金管理体制，允许各专业银行互相拆借资金。新的信贷资金管理体制实施后不久，各专业银行之间，同一专业银行各分支机构之间即开办了同业拆借业务。不过，由于当时实行严厉的紧缩性货币政策，同业拆借并没有真正广泛地开展起来。1986年1月，国家体改委、中国人民银行在广州召开金融体制改革工作会议，会上正式提出开放和发展同业拆借市场。同年1月国务院颁布的《中华人民共和国银行管理暂行条例》，也对专业银行之间的资金拆借做出了具体规定。此后，同业拆借在全国各地迅速开展起来。1986年5月，武汉市率先建立了只有城市信用社参加的资金拆借小市场，武汉市工商银行、农业银行和人民银行的拆借市场随之相继建立。不久，上海、沈阳、南昌、开封等大中城市都形成了辐射本地区或本经济区的同业拆借市场。到1987年6月底，除西藏外，全国各省、市、自治区都建立了不同形式的拆借市场，初步形成了一个以大中城市为依托的、多层次的、纵横交错的同业拆借网络。

1988年9月，面对社会总供求关系严重失调，储蓄存款严重滑坡，物价涨幅过猛的严峻的宏观经济和金融形势，国家实行了严厉的“双紧”政策，同业拆借市场的融资规模大幅度下降，某些地区的拆借市场甚至关门歇业。到1992年，宏观经济、金融形势趋于好转，全国各地掀起一轮新的投资热潮。同业拆借市场的交易活动也随之活跃起来，交易数额节节攀升。1993年7月，针对拆借市场违章拆借行为频生，严重扰乱金融秩序的情况，国家开始对拆借市场进行清理，要求各地抓紧收回违章拆借资金，于是，市场交易数额再度萎缩。1995年，为了巩固整顿同业拆借市场的成果，中国人民银行进一步强化了对同业拆借市场的管理，要求跨地区、跨系统的同业拆借必须经过人民银行融资中心办理，不允许非金融机构和个人进入同业拆借市场，从而使同业拆借市场得到了进一步规范和发展。1995年11月中国人民银行发出通知，要求商业银行在1996年4月1日前撤销其所办的拆借市场。这一措施为建立全国统一的同业拆借市场奠定了坚实的基础。1996年1月3日，经过中国人民银行长时间的筹备，全国统一的银行间同业拆借市场正式建立。

至2004年3月底，全国共有近900家中外金融机构参加全国统一的银行间同业拆借市场的交易，3月23日拆借量达90亿元。

三、短期证券市场

短期证券市场交易的主要对象是国库券（1年以内的）、短期公司债券和可转让大额定期存单。这类证券的共同点就是具有较强的安全性和流动性，且收益比较稳定。

（一）国库券

国库券是一国财政部发行的，借以应付临时性、季节性财政需要的短期债券。国库券市场是国库券的发行、推销、贴现的市场。在美国，国库券是货币市场上最重要的交易品种之一，为期91天、182天的国库券每周都有发行，270天或360天的国库券每月都有发行。国库券是信誉最高的一种债券，可以随时在市场上买卖或向银行贴现，往往被看作具有利息收益的活期存款，而且中央银行易于通过公开市场对其进行管理。它的发行量和交易量，在西方国家一般均居于各种短期债券之首。我国过去发行的国库券实际上是中期公债券和长期公债券，而非典型意义上的国库券。自1994年起，逐渐增加了一部分短期国库券品种，国库券期限结构单一的情形正在改变。

（二）短期公司债券

这是在西方国家流行的类似于商业票据的一种短期债券。其主要特点：一是对发行者资信的考核相当严格，只有经金融当局审批合格的具有较高资信的公司和企业才能发行；二是期限较短，一般是3～6个月，最长不超过9个月；三是利率不得高于银行相同期限的优惠贷款利率。在我国，一些信誉高、效益好、还款有来源的企业发行的债券，就是这种性质的短期债券。

（三）可转让大额定期存单

它是银行为吸收大额存款而发行的定期存款凭证，是20世纪60年代初由美国纽约花旗银行创立的一种金融工具。

可转让大额定期存单实际上是定期存款的一种，但又与普通的定期存款不同，其不同点有：（1）面额大，如在美国，存单面额通常为10万美元，最小面额为2.5万美元；（2）存期灵活，最少2周，最多1年，多数为3～6个月；（3）利率比较高，比同期的普通存款利率高，也比同期的国库券利率高；（4）不记名，可以自由转让。存单持有者若需现款，可以随时在市场上出售，交易价格以票面金额加上自发行日至出卖日为止的这段时间的利息为基础加以确定。可转让大额定期存单的出现，解决了活期存款无收益、定期存款又不能随时提取的难题，集收益、变现、安全诸优点于一身，吸引了大批客户，成为货币市场上最活跃的一个创新品种。

可转让大额定期存单的发行方式有两种：一种是批发式，即发行银行把发行总额、利率、发行日期、期限、面额等预先公布，供投资者认购；另一种是零售式，即按投资者的需要随时发行，利率、期限等均可以协商。

在我国，可转让大额定期存单在 1986 年才开始面世。在部分大城市发行过这种大额定期存单：固定面额、固定期限、到期还本付息，不得提前支取，但可以作抵押品或转让流通。后来，由于多种原因，于 1996 年年底被取消。不管怎样，可转让大额定期存单作为国际上通行的一种金融工具，在我国货币市场上迟早会得到发展，并占有它的一席之地。

四、回购市场

回购市场，一般地说，是指根据回购协议，卖出一种证券并约定于未来某一时间以约定的价格再购回该证券的交易市场。但通常说的回购市场，实际上是指国债的回购市场。因为无论是在西方国家还是在我国，回购交易的标的物主要是国债，尤其是短期国库券。所谓国债回购，是指国债的卖方按照协议在卖出的同时，承诺于日后再按约定的价格将该笔国债如数买回的交易。这一过程，对卖方而言，是售出国债取得资金的过程；对买方而言，是买入国债借出资金的过程。国债回购，实际上是一种以国债作为抵押品融通短期资金的交易，也是一种即期和远期相结合的国债交易。

国债回购交易的期限，有一个营业日的，即今日卖出证券，明日又买回，相当于日拆借，有 30 天的，最长可达 3 个月、6 个月的。由于回购交易有国债作抵押，所以利率一般低于同业拆借利率。国债回购交易的期限短、成本低、风险小，因而是一种很受投资者和筹资者欢迎的短期融资工具。

国债回购市场的参与者比较广泛，包括商业银行、中央银行、非银行金融机构（如保险公司、证券公司、基金管理公司、财务公司等）以及众多的非金融机构（主要是企业）。其重要的经济作用表现为：（1）帮助广大金融机构和非金融机构调剂资金头寸的余缺；（2）有助于提高国债的流动性，活跃国债市场；（3）为中央银行公开市场业务的开展提供了可操作的空间，有利于中央银行货币政策的贯彻；（4）为投资者实现套期保值或套利投机提供了便利。

我国的国债回购业务始于 1991 年。多年来，该市场交易主体逐步扩大，由单一商业银行发展到几乎涵盖我国金融体系中的全部金融机构，国债回购品种也在不断增加，各金融机构对国债回购的运用显得日趋成熟。证券公司、基金管理公司和保险公司的加入，使国债回购市场在一定程度上成为沟通资本市场和货币市场的渠道。

项目三　资本市场

项目任务

1. 掌握资本市场的含义及功能；

2. 重点掌握证券发行的主要方式及交易的主要程序。

一、资本市场及其功能

（一）资本市场的概念

资本市场也称长期资金市场，是提供长期性资金的场所。广义的资本市场，一般指1年以上资金融通而形成的信用关系的总和，由经营1年期以上借贷业务的金融机构所组成。狭义的资本市场，一般由债券市场、股票市场和不动产抵押贷款市场构成，所以它是一个结构市场。通过证券市场和股票市场，政府和企业可以得到长期融资。通过抵押贷款市场可以为住宅购买者和商业性建筑业融通资金。

（二）资本市场的功能

资本市场的功能就是促进资本形成制度。所谓资本形成制度，就是在达到合理的资本形成率的同时，一方面使资本的供给者有较高的收益率、安全性和流动性，另一方面使资本的需求者有较理想的成本、期限和供应。

资本的形成与短期资金的融通有着本质的区别。资本的形成分为不变资本的形成和可变资本的形成。前者决定后者，但又同时表现为社会生产能力的扩大。

资本的形成，尤其是固定资本的形成，对发达国家至关重要，对有一定程度自我发展能力的国家，尤为重要。这是因为，面对人口的增长和日新月异的消费结构及其消费水平，如果社会缺乏资本形成机制，那么资本的增长显然跟不上消费的增长，从而整个经济将分崩离析，退回到自给自足的传统经济中去。

值得注意的是，首先，资本市场有助于适量资本的形成；其次，虽然有适量的资本形成，但如外资所占比重过多，会产生对外资的依赖性；再次，银行的长期信用放款过多，整个信用的导向能力下降，这对形成一个经济社会的领头行业极为有害，从而影响经济起飞的速度；最后，财政投资所占比重过大，财政收支又不能平衡，极可能出现通货膨胀。

资本市场功能要得以实现，资本形成制度须这样安排：

第一，要有一个发达的储蓄机构系统。当储蓄倾向（储蓄占收入的比例）为一定时，储蓄机构便是吸纳的重要因素。为配合公民储蓄在数量、目的、期限要求和存取习惯等方面的差异，须成立各种储蓄机构，以满足不同需要，避免资金流向歧途。各国常见的储蓄机构有储蓄银行、投资公司、保险公司、信托公司及各种基金会。这是资金供应的重要一环。

第二，要有健全的证券承销机构（或投资银行）。它的存在主要是为资金需求者提供各种服务。这些服务包括：（1）帮助企业拟订证券集资的财务计划，以确定证券的种类；（2）代理企业拟订集资条款（或称集资章程）；（3）代理企业向金融管理当局有关部门办理发证手续；（4）承销和推销证券。当然，承销机构还必须有各类专家，对发行证券的各个环节认真研究，以便做出合理的安排。

第三，要有一个健全的证券市场。从资金供给方来说，证券市场是它的理想出路；对资金需求方来说，证券市场是它的理想来源。健全的证券市场，不仅要有一级市场，还应有二级市场。一级证券市场往往是一个无形市场，二级市场则除了具有集中交易场所的证券交易所外，许多国家还有店头交易市场。不管是哪种市场，多数国家还少不了要有证券经销商和自营商。

第四，政府必须建立相应的管理机构，对储蓄业务、证券发行和证券交易实行有效的管理。

二、证券发行市场

资本市场通常称为证券市场。证券也称有价证券，它是具有一定票面金额，代表财产所有权或债权，并借以取得一定收入的证书。有价证券是资本市场的交易工具，主要包括股票和债券两大类。证券市场由证券发行市场和证券流通市场组成。

（一）证券发行市场的含义

证券发行市场是新证券发行的市场，又称“一级市场”或“初级市场”，是资本市场的第一环节。证券发行市场由发行者、发行的中介机构、投资者组成。发行者主要有政府、公司、企业、金融机构；中介机构一般由投资银行、信托投资公司、证券公司等金融机构担任；投资者可以是购买有价证券的自然人和法人。证券的发行者借助于中介机构发行新证券的目的，是集聚资金投入生产流通，以经营活动促进社会经济的发展。因此，发行市场起着桥梁作用。一方面为资金的需要者筹集中长期资金，扩大生产流通规模；另一方面为资金供给者提供投资和获取收益的机会。

（二）证券发行的主要方式

证券发行方式就是发行者采用什么方法发行证券。通过何种渠道或途径将证券投入市场，并为广大投资者所接受。从不同的角度划分，证券发行方式主要有以下几种：

（1）公募发行与私募发行。公募发行是指公开向社会非特定的投资者广泛募集资金的证券发行方式。为了保护广大投资者的利益，各国对公募发行都有严格的要求，如发行人要有较高的信用，并符合证券主管部门规定的各项发行条件，经批准后方可发行。采用公募方式发行证券的有利之处在于：1）公募以众多的投资者为发行对象，筹集资金潜力大，适合于证券发行数量较多、筹资额较大的发行人。2）公募发行投资者范围广，可避免囤积证券或被少数人操纵。3）只有公开发行的证券方可申请在交易所上市，因此这种发行方式可增强证券的流动性，有利于提高发行人的社会信誉。然而，公募方式也存在某些缺点，如发行过程比较复杂，登记核准所需时间较长，发行费用也较高。私募发行又称不公开发行或内部发行，是指面向少数特定的投资人发行证券的方式。私募发行的对象大致有两类：一类是个人投资者，如公司老股东或发行机构自己的员工；另一类是机构投资者，如大的金融机构或与发行人有密切往来关系的企业等。私募发行有确定的投资人，发行手续简单，可以节省发行时间和费用。私募发行的不足之处是投资者数量有限、流通性较差，而且也不利于提高发行人的社会信誉。公募发行和私募发行各有优劣，一般来说，公募是证券发行中最基本、最常用的方式。

（2）公开发行与内部发行。公开发行是指公司经批准向社会公开招募，筹集资金，其证券经批准后可在证券交易所公开挂牌交易，同公募发行含义类似。内部发行是专指经批准后在公司内部职工中进行股票的发行，发行后不能公开上市交易。

（3）直接发行与间接发行。直接发行是指不委托其他机构，而是证券发行者自己组织销售的证券发行方式。直接发行可以节省发行费用。间接发行是指委托其他机构代理出售的证券投资方式。

（4）平价发行、溢价发行与折价发行。这主要是对股票发行而言的。股票有许多不同的价值表现形式，票面面额和发行价格是其中最主要的两种。票面面额表示每一单位股份所代表的资本额；发行价格则是公司发行股票时向投资者确定的价格。由于多种原因，股票的发行价格与票面面额通常是不相等的。根据发行价格和票面面额的关系，可以将股票发行分为平价发行、溢价发行和折价发行。平价发行也称等额发行或面额发行，是指发行人以票面金额作为发行价格。溢价发行是指发行人以高于面额的价格发行股票，因此可使公司用较少的股份筹集到较多的资金，同时还可降低筹资成本。溢价发行通常采用市价发行的方式，即以同种或同类股票的流通价格为基准来确定股票发行价格。折价发行是指以低于面额的价格发行股票，即以面额打一定折扣后发行股票，折扣的大小主要取决于发行公司的业绩和承销机构的能力。

三、证券流通市场

（一）证券流通市场的含义

证券流通市场是已发行的证券的转让、买卖和流通的场所，又称“二级市场”。证券流通市场的基本构成主要有：证券持有人（卖方），投资者（买方），以及为证券买卖提供流通、转让便利条件的信用中介机构，如证券公司和证券交易所等。证券流通市场不增加社会投资金额，但可以使证券具有流动性和变现能力。

证券发行市场是证券流通市场的基础，而证券流通市场又直接影响到发行市场的成效，推动新证券的发行，两者相辅相成，缺一不可。

证券发行市场没有固定的交易场所，也没有确定的发行时间，是根据需要而发行的，实际上是一个无形市场。证券流通市场有两种基本形式：一是场外交易市场，也是没有固定集中的场所；二是场内交易市场，这是流通市场的主要形式，即以证券交易所确定固定的场所和交易时间，因在证券交易所里进行各种证券的买卖、成交、结算和交割，故称为“有组织的市场”。

（二）证券交易所及证券交易方式和程序

1. 证券交易所

证券交易所是专门从事证券买卖的有组织的交易市场。证券交易所本身并不买卖任何证券，只是提供交易的场所。证券实际交易是由经纪人和证券商办理的。

经纪人是充当证券买者和卖者的中介人，以收取佣金为目的。经纪人大多是交易所的会员。经纪人有时要代投资者垫款，银行为经纪人发放“通知放款”。证券商是自己买卖证券，从中赚取证券买卖价格差额的商家、公司或个人。

证券交易所的组织形式分为公司制和会员制两种。公司制证券交易所是以股份有限公司的形式组成的，以营利为目的的法人团体。其优点是：能够提供齐全的交易设备和服务，而且因其本身不参与任何证券买卖，故能保证证券交易的公正性。其缺点是：交易所主要收入是按成交额收取手续费，故费用较高。会员制证券交易所是由若干个成为会员的证券商自愿出资共同组成的，不以营利为目的的法人团体，只有会员才能参加证券交易。其优点是：交易手续费较低，能防止上市证券的场外交易，且便于交易所的管理；缺点是：在保证交易的公正性方面，不如公司制交易所。

知识链接

上交所与深交所

上海证券交易所（Shanghai Stock Exchange，SSE），简称上证所或上交所，是中国（不包括港澳台地区，下同）两家证券交易所之一，位于上海市浦东新区。上海证券交易所于1990年11月26日由中国人民银行总行批准成立，同年12月19日正式营业。上海证券交易所是不以营利为目的的法人，归属中国证监会直接管理。其主要职能包括：提供证券交易的场所和设施；制定证券交易所的业务规则；接受上市申请，安排证券上市；组织、监督证券交易；对会员、上市公司进行监管；管理和公布市场信息。其主要指数为上证指数。

上证所市场交易时间为每周一至周五。上午为前市，9:15至9:25为集合竞价时间，9:30至11:30为连续竞价时间。下午为后市，13:00至15:00为连续竞价时间。周六、周日和上证所公告的休市日市场休市。

上海证券交易所是国际证监会组织、亚洲暨大洋洲交易所联合会、世界交易所联合会的成员。2012年按照市值列世界第六位。

深圳证券交易所（以下简称“深交所”）成立于1990年12月1日，是为证券集中交易提供场所和设施，组织和监督证券交易，实行自律管理的法人，由中国证监会直接监督管理。深交所致力于多层次证券市场的建设，努力创造公开、公平、公正的市场环境。主要职能包括：提供证券交易的场所和设施；制定本所业务规则；接受上市申请、安排证券上市；组织、监督证券交易；对会员和上市公司进行监管；管理和公布市场信息；中国证监会许可的其他职能。

作为中国两大证券交易所之一，深交所与中国证券市场共同成长。二十余年来，深交所借助现代技术条件，成功地在一个新兴城市建成了辐射全国的证券市场，对建立现代企业制度、推动经济结构调整、优化资源配置、传播市场经济知识，起到了十分重要的促进作用。

经国务院同意，中国证监会批准，2004年5月起深交所在主板市场内设立中小企业板块。设立中小企业板块，是分步推进创业板市场建设迈出的一个重要步骤，是党中央、国务院从促进经济的可持续发展和促进经济结构调整的大局出发做出的重要决策，也是贯彻落实十六届三中全会以及《国务院关于推进资本市场改革开放和稳定发展的若干意见》精神的一项具体部署。

2. 证券交易方式

证券交易所的交易方式有四种：

第一种是现货交易，又称即期交易，是交易双方按签订的交易合约，在短期内或马上进行交割的交易方式。卖方交出证券，买方付款，钱货两清。现货交易中的投机行为较少。

第二种是期货交易，是交易双方按契约规定的价格，在约定的远期进行交割的交易方式。其特点是：成交一定时期后再进行交割，结算时，不是按交割时的行市，而是按买卖契约成立时的价格，它会给交易者带来收益或损失；交割时可以采用清算方式互抵；带有很大的投机性。

第三种是信用交易，又称保证金交易，是投资者凭信誉，通过向经纪人交纳一定数额的保证金，在购买证券时只付部分价款，其余由经纪人垫付，或在卖出证券时，由经纪人垫付证券的交易方式。经纪人为投资者垫付的利息高于银行利息，当投资者不能偿还时，经纪人有权售出其证券。

第四种是期权交易。期权又称为选择权，它是指投资者与期权的出售者双方按约定的价格，在约定的时间内，购买和出售一定数量的证券。投资者就是购买期权者，如果是买进“买入期权”或称“看涨期权”，有权在契约期内按协定价格买入证券。购买期权者也可以放弃权利，但需支付期权费。作为出售期权的交易商则必须按契约买进或卖出证券，此交易有保值的作用。

3. 证券交易程序

证券交易程序是指在证券交易中的具体步骤。最具代表性的是由证券商参加的证券交易所交易程序，其步骤如下：

（1）开户。开户是指投资者在选定经纪人以后，开立证券交易的账户，并在资金账户中交足保证金。普通投资者不能直接进入证券交易所进行交易，只能通过在证券经纪商那里开立委托买卖的账户来委托证券经纪商代为买卖。

（2）委托。开户以后，客户即可委托经纪商代为买卖证券。办理委托的方式主要有当面委托、电话委托和自助委托。

（3）竞价成交。其竞价规则的核心内容是价格优先、时间优先和数量优先三原则。价格优先是指：买进时，出价高者优先成交；卖出时，要价低者优先成交。时间优先是指：当存在若干相同价格申报时，应与最早申报者成交。数量优先是指：申报价格与申报时间均相同时，申报交易数量较大者优先。

（4）交割。它是指一项证券买卖成交后，结算并收付应收应付款项和证券的行为。交割的时间一般在交割日进行。交割日期一般有当日交割、次日交割、例行日交割等。

（5）过户。它是指投资者买进记名证券后，办理变更股东或债权人名簿记载的手续。无记名证券则不存在过户问题。过户的目的是保证证券的安全，保护新的证券持有人的权益。

（三）场外交易市场

场外交易市场一般没有固定交易场所，是一个在证券交易所之外进行证券交易活动的分散的无形市场。场外交易市场具有开放性，对投资者无须加以特别限制，可直接与证券经纪商进行交易。场外交易市场上交易的证券种类繁多，除少数上市证券外，主要是各种非上市证券。场外交易市场可以分为以下几种类型：

（1）店头市场，又称柜台市场，是由分布广泛的证券中介机构（如证券公司）组成的交易市场。店头市场上交易的证券主要是依照证券法规公开发行但未在证券交易所上市的证券。交易的价格按议价方式确定，且仅限于现货交易。

（2）第三市场，是指在店头市场上从事已在证券交易所挂牌上市的证券交易的场所，是已上市证券的场外交易市场。第三市场的出现主要是为了降低交易成本和逃避证券交易所佣金制的约束。

（3）第四市场，是指通过电子计算机网络相联系的投资者直接进行证券交易的市场。其特点是交易活动不通过证券中介机构，而是由买卖双方直接协商交易，以利于降低交易成本、保持交易的保密性。交易双方可以直接谈判，获得满意的价格。

（四）证券行市和股票价格指数

1. 证券行市

证券行市是指在证券市场上有价证券的实际价格。各种证券的票面金额是名义价值，但证券在市场上买卖的成交价格与名义价格并不完全一致。这是因为投资者购买证券的目的是期望获得高于市场利率水平的收益。因此，证券行市取决于两个因素：一是证券预期收益的大小，证券行市与它的预期收益成正比；二是市场利息率的高低，证券行市同市场利率成反比。将这两个因素列入公式，即

$$\text{证券行市}=\frac{\text{证券预期收益(股息和利息收入)}}{\text{市场利息率}}$$

证券行市在双重因素影响下，有时高于其名义价值，有时低于其名义价值。

2. 股票价格指数

股票价格指数是表示多种股票平均价格水平及其变动并衡量股市行情的指标。股票价格受经济、技术、市场、政治等各种因素的影响而处于动态中。然而各个上市公司股票往往有数百种，价格变动各异，无法反映整个股票市场的变动情况，为此，各国的股票市场，根据本地区股票发行的种类和数量，运用不同的计算方法算出股票价格指数，以反映本地区股票市场价格的总水平。

股票价格指数包括“股价指数”和“股价平均数”，股价指数是反映不同时点上股份变动情况的相对指标，一般是以报告期股票价格与选定的基期价格相比，乘以基础的指数值。股价平均数是用以反映一定时点上各种股票价格变动的一般水平的指标，通常用算术平均数或加权平均数表示。股票价格指数是分析和研究市场动态和金融活动的重要参考数据，也是灵活反映国民经济运行情况的“晴雨表”。

算术平均数法是以市场上每种股票1股的价格相加之和除以所取股票种类数，计算出股票平均价格，除以按相同办法计算出的基期股票平均价格，再乘以基础的指数值100（或1 000）。股票价格指数的单位为“点”，其公式是：

$$\text{股票平均价格}=\frac{\text{每种股票 1 股价格相加之和}}{\text{所取股票种类数}}$$

$$\text{股票价格指数(点)}=\frac{\text{报告期股票平均价格}}{\text{基期股票平均价格}}\times 100(\text{或 }1\,000)$$

加权平均数法是以所计算的各种股票的报告期价格与基期价格分别用已发行的数量加权后，计算的价格指数，其公式是：

$$股票价格指数(点)=\frac{\sum 报告期股票价格\times 已发行数}{\sum 基期股票价格\times 已发行数}\times 100(或\ 1\ 000)$$

目前世界上几种重要的股票价格指数是：

（1）道·琼斯股票价格平均指数。它是由道·琼斯公司编制并公布的目前世界上影响最大、最有权威性的一种股价指数。它以 1928 年 10 月 1 日为基期。道·琼斯股票价格平均指数共分四组：道·琼斯工业股票平均价格指数、道·琼斯运输股票平均价格指数、道·琼斯公用事业股票平均价格指数以及道·琼斯平均价格综合指数。

（2）标准普尔股票价格指数。它是由标准普尔公司编制的股价指数，以 1941—1943 年为基期，所包括的股票种类比较齐全，是仅次于道·琼斯指数的重要股价指数。

（3）英国的《金融时报》指数。它以 1935 年 7 月 1 日为基期，能及时反映伦敦股票市场的情况。

（4）日经平均股价指数。全称为日本经济新闻社道式股票平均价格指数，是日本较有代表和影响力的股价指数。

（5）恒生指数。它是由香港恒生银行所属的恒生服务有限公司于 1969 年 11 月 24 日编制公布的一种价格指数，以 1964 年 7 月 31 日为基数，反映香港股票市场的行情变动。

（6）我国的股票价格指数。目前我国的股价指数主要有上证指数、深证指数、上证 30 指数、深证成分指数、中华股价指数和新华指数。

项目四　外汇市场

项目任务

1. 了解外汇市场的含义及作用；
2. 重点掌握外汇市场的业务分类。

一、外汇市场的概念

外汇市场是进行各种外汇买卖的交易场所，也是国际金融市场的组成部分之一，通过外汇的买卖，为国际间清算或转移债权提供重要媒介。

外汇市场有有形市场和无形市场之分。有形市场即外汇交易所，一般设在证券交易所的建筑物内或交易大厅的一角，在规定的时间内，各银行的代表集合此地从事外汇交易。无形市场则没有具体的地点，买卖双方通过电话、电传、电报或其他通信传输手段来进行交易。目前除部分欧洲大陆国家如法国、德国、比利时等国的外汇市场有固定的场所外，大多数国家的外汇市场并无具体的交易场所，通过无形市场进行外汇交易。

外汇市场的参与者有经营外汇业务的指定银行、外汇经纪人、进出口商、外汇投机者和其他外汇供求者。此外，各个国家的中央银行也参与市场活动并采取干预措施，以保持本国货币对外汇率的稳定。

外汇市场的交易关系包括：（1）外汇指定银行与外汇经纪人或客户之间；（2）同一外

汇市场的各指定银行之间；(3) 不同外汇市场的各指定银行之间；(4) 中央银行与指定银行之间；(5) 各国中央银行之间。外汇指定银行作为外汇市场的主要参与者，不仅是外汇供求的中介，而且也是外汇市场的最大客户。据统计，约90%以上的外汇交易是在银行同业之间进行的。银行间的外汇交易，一般是按其对客户买卖不同货币的数额先进行冲抵，结果可能出现头寸过剩或头寸短缺，然后通过外汇市场抛出或补进，以调剂外汇头寸余缺和避免汇率波动的风险。

二、外汇市场的作用

外汇市场的存在和发展，促进和便利了国际货币交易的进行，对世界经济生活具有重要作用。

(一) 实现购买力的国际转移

国际间的政治、经济和文化往来，都会产生国际间的货币支付行为。为实现国际间的货币支付、清偿调节由此而产生的债权债务关系，有必要将本国货币兑换成对方可接受的货币。这一切，必须借助于外汇市场上的外汇买卖才能实现。所以，外汇市场为货币和资金在国际间的转换与移动创造了前提和条件，使购买力从一国向另一国的转移得以实现。

(二) 提供国际性的资金融通

外汇市场不仅从事各种外汇交易活动，而且还办理外币存款和借贷业务。因此，它可以集中各国政府、企业和个人的闲置资金，贷放给资金需求者，从而起到加速国际资本周转、调剂资金余缺的作用。

(三) 反映国际间外汇资金运动和汇率变化的趋势

外汇市场是国际外汇资金活动的中心。国际间一切货币支付和债权债务的清偿、资本的国际转移，都是直接或间接地通过外汇市场来进行的。因而，通过外汇市场的各种业务活动，可以客观地了解各种外汇资金的动态，及时地掌握和预测汇率变化的趋势。

(四) 避免或转移外汇风险

国际间的商品贸易本身就存在一定的风险，加上汇率变动等因素，风险就更大了。在浮动汇率制度下，汇率动荡不定，使国际经济交易的风险大大增加，甚至令进出口商畏缩不前。外汇市场的存在，为进出口商避免或转移汇率风险提供了便利。例如，进出口商如果在外汇市场上同时进行现货与期货的交易，对支付的货币套期保值，就可以避免因汇率变动而产生的风险。

外汇市场是国际金融活动的枢纽。一个国家的国际金融活动总是首先为本国的政治经济服务的。进一步对外开放，积极参与和充分利用外汇市场，可以极大地推动我国的经济体制改革和现代化建设。

三、外汇市场的业务

外汇市场的业务主要有四大类，即期外汇交易、远期外汇交易、套汇交易和外汇期货、期权交易。

(一) 即期外汇交易

即期外汇交易，也称现汇交易，是指外汇买卖成交后，即时或在两个营业日内办理收付的外汇业务。这种办理实际收付的行为，叫作交割。

即期外汇交易按交易手段还可以进一步细分为电汇、信汇和票汇等几种。

即期交易是外汇市场上最经常、最普遍的交易。开展即期交易业务并提高其在外汇市场上所占的比重，可以促使国际间货币结算、资金融通和资本流动等活动在较短的时间内实现。同时，对市场参与者来说，即期汇率又是最重要的参数，它构成了所有外汇交易的基础。即期交易以外的一切交易，其汇价都是以即期汇率为基础而进行相应计算的。

（二）远期外汇交易

远期外汇交易，又称期汇交易，是指买卖双方先订立买卖合同，规定外汇买卖的数量、期限、汇率等，到约定日期才按合同规定的汇率进行交割的外汇业务。预约的交割期限按月计算，一般为 1 个月到 6 个月，最长可以达 1 年或 1 年以上，但以 3 个月的居多。

买卖远期外汇的汇率即为远期汇率，它是以即期汇率为基础，用加减升水或贴水的办法来计算的。远期外汇交易是进出口商为了防止外汇汇率变动风险而采取的一种保值措施。因为，在进出口贸易中，从签订买卖合同到交货、付款，通常要经过一段时间。在这段时间内，双方都有可能因汇率变动而遭受损失。利用远期交易，出口商可以在贸易合同签订时，立即卖出预定将来收取的外汇，进口商也可以立即买进预定将来支付的外汇。由于在实际支付前已把汇率锁定，在到期交割时，就可以避免此期间汇率波动的风险。

远期外汇交易也是外汇银行平衡其外汇头寸的重要方式。进出口商、资金借贷者等客户向银行买进或卖出远期外汇，银行会经常出现不同期限、不同货币头寸的余缺。这时，只要银行利用远期外汇交易进行抛售或补进，就可以使外汇头寸的结构趋于合理，并可以避免汇率波动带来的风险。

此外，远期外汇交易也是外汇投机经常采用的一种方式。所谓外汇投机，是指从事外汇交易的人并非因贸易或非贸易的实际需要而进行外汇买卖，而完全是为了赚取由汇率涨落而可能带来的利润。即期外汇交易不存在汇率涨落的现象，而远期外汇交易中预期的外汇涨落则刚好为外汇投机者所利用。利用远期外汇交易进行外汇投机有空头和多头两种方式。空头是投机者在外汇行市看跌时，先抛售一笔远期外汇，企图在交割前以下跌后的汇价再买进这笔外汇，从中谋取差价。因为这是在其手中还没有这笔外汇的情况下抛售的，所以被称为空头。多头的操作程序则相反，投机者在外汇行市看涨时，先以现行汇率买进一笔远期外汇，企图在汇率上涨后再抛售，以获得汇差带来的利润。因为这是在其不需要用汇的情况下多买进的一笔外汇，所以被称为多头。

（三）套汇交易

套汇，是利用不同的外汇市场、不同的外汇种类、不同的外汇交割期限在汇率或利率上的差异而进行的外汇买卖业务。

套汇交易主要分为地点套汇、时间套汇和利息套汇三种。

（1）地点套汇，又称空间套汇。其最简单的形式为直接套汇（双边或两角套汇）。它是利用两个不同地点的外汇市场之间的汇率差异，从便宜的市场买进，同时向高价的市场抛售，从中赚取汇率差额的一种外汇交易。除此之外还有三角套汇（或称间接套汇），即利用 3 个不同外汇市场之间的汇率差异，同时进行买卖，从汇率差额中牟利。

（2）时间套汇，又称互换交易。它是指在外汇市场上，交易者在买进一种外汇的同时卖出交割期不同但等额的同一种外汇的交易。具体形式可以是在买进（或卖出）即期外汇的同时，卖出（或买进）远期外汇；也可以是买进期限较短的远期外汇，同时卖出期限较长的远期外汇，或者与此相反。时间套汇常被用来更动原已确定的收付款日期及调剂不同到期日外汇头寸的余缺，而不是以获利为目的。

（3）利息套汇，又称套利。它是指由于两个不同国家金融市场上短期资金的利率高低不同，套汇者把资金从低利率的市场转移到高利率市场投放，以获取利息差额收入。这种交易以赚取利差收益为目的，所以被称为套利。

由上可见，套汇交易既是运用外汇资金、增加外汇收益、防止汇率风险或调剂外汇头寸的重要手段，也是谋取利差收益的外汇投机方式之一。

（四）外汇期货、期权交易

外汇期货与期权交易均属金融衍生品的交易。前者的功能是价格发现与规避风险，后者的主要功能是规避风险。

外汇期货交易是指在交易所内，交易双方通过公开叫价，买卖标准化的远期外汇合约的交易。1972 年 5 月 16 日，美国芝加哥商品交易所的国际货币市场，首次推出英镑、加拿大元、德国马克等 7 种外汇期货合约的交易。外汇期货合约是标准化的合约。其交易标的物（货币种类）、交易单位、交割日期等，均有统一规定的标准，只有成交价格是由双方约定的。

外汇期货与远期外汇交易的区别是：（1）外汇期货交易要根据标准化的合约，对交易币种、基本交易单位、交割日期等有严格限制，而远期外汇交易没有这方面的限制，一切均由交易双方自由议定。（2）外汇期货交易须在交易所即有形市场内，并且只限于交易所会员之间进行，而远期外汇交易在交易所之外的市场成交，且需交易双方一对一地签约。

外汇期权交易，亦称外汇选择权交易，是指在某个特定时期或时间内，按合同价格购买或出售一定数额外汇权利的交易。但外汇期权合同的购买人，也可以有放弃这种权利的选择。期权合同所赋予的权利，有买权和卖权。某种外汇的买权，即为该合同赋予购买者按约定价格买入该种外汇的权利；某种外汇的卖权，即为该合同赋予合同购买者按约定价格出售该种外汇的权利。在外汇期权交易中，期权买方向卖方支付期权费，该费用可视为买方购买期权的价格。

模块总结

1. 金融市场，从狭义来说，是指货币资金融通，证券、外汇和黄金买卖的场所；从广义来说，是指货币资金借贷关系的总和，它既包括有特定场所的有形市场的资金交易活动，也包括无形市场的资金交易活动。金融市场的构成要素包括金融市场的交易主体、交易对象、交易工具。

2. 健全、完善的金融市场有三个主要功能，即聚集资金功能、优化资源配置功能和调节经济功能。

3. 货币市场是专门进行融资期限在一年之内的短期资金融通的市场。货币市场的主要功能是调节短期资金融通。货币市场由票据市场、同业拆借市场、短期证券市场、回购市场所构成。

4. 资本市场主要是指长期资金交易的场所，通常称证券市场。证券市场包括证券发行市场和证券流通市场。在证券市场上，交易对象主要是股票、债券和投资基金等。

5. 外汇市场是一个从事外汇买卖、外汇交易和外汇投机活动的场所或网络系统。外汇市场按其结构可分为两个层次，即银行同业市场和银行与客户之间的交易市场，其中银行间外汇交易市场是外汇市场的主体。了解外汇市场上的外汇交易业务主要有即期外汇交易、远期外汇交易、套汇交易、外汇期货期权交易等。

综合练习

一、单项选择题

1. 按金融市场的功能可将金融市场分为（　　）。

A. 短期资金市场和长期资金市场　　B. 一级市场和二级市场

C. 有形市场和无形市场　　D. 国内金融市场和国际金融市场

2. 以下哪一项不是金融市场的功能？（　　）

A. 聚集资金　　B. 优化资源配置

C. 给政府提供贷款　　D. 调节经济

3. 银行同业之间短期资金的借贷市场是（　　）。

A. 同业拆借市场　B. 国库券市场　C. 股票市场　D. 回购市场

4. 不委托其他机构，证券发行者自己组织销售的证券发行方式是（　　）。

A. 公开发行　B. 公募发行　C. 平价发行　D. 直接发行

5. 即期外汇交易，是指外汇买卖成交后，即时或在（　　）个营业日内办理收付的外汇业务。

A. 1　B. 2　C. 3　D. 7

二、简答题

1. 什么是金融市场？
2. 试分析金融市场的资源配置功能。
3. 资本市场的功能有哪些？
4. 简述证券交易程序。
5. 简述外汇市场的作用。

三、实践题

查资料了解国内资本市场IPO暂停和重启的原因及对中国股市的影响。

案例分析

纽约金融市场

纽约是世界最重要的国际金融中心之一。第二次世界大战以后，纽约金融市场在国际金融领域中的地位进一步加强。美国凭借其在战争时期膨胀起来的强大经济和金融实力，建立了以美元为中心的资本主义货币体系，使美元成为世界上最主要的储备货币和国际清算货币。西方资本主义国家和发展中国家的外汇储备中大部分是美元资产，存放在美国，由纽约联邦储备银行代为保管。一些外国官方机构持有的部分黄金也存放在纽约联邦储备银行。纽约联邦储备银行作为贯彻执行美国货币政策及外汇政策的主要机构，在金融市场上的活动直接影响市场利率和汇率的变化，对国际市场利率和汇率的变化有着重要影响。世界各地的美元买卖，包括欧洲美元市场、亚洲美元市场的交易，都必须在美国，特别是在纽约的商业银行账户上办理收付、清算和划拨，因此纽约成为世界美元交易的清算中心。此外，美国外汇管制较松，资金调动比较自由。在纽约，不仅有许多大银行，而且商业银行、储蓄银行、投资银行、证券交易所及保险公司等金融机构云集，许多外国银行也在纽约设有分支机构，1983 年世界最大的 100 家银行在纽约设有分支机构的就有 95 家。这些都为纽约金融市场的进一步发展创造了条件，提高了它在国际金融领域中的地位。

纽约金融市场按交易对象划分，主要包括外汇市场、货币市场和资本市场。

纽约外汇市场是美国也是世界上最主要的外汇市场之一。纽约外汇市场并无固定的交易场所，所有的外汇交易都是通过电话、电报、电传和计算机等通信设备，在纽约的商业银行与外汇市场经纪人之间进行。这种联络就组成了纽约银行间的外汇市场。此外，各大商业银行都有自己的通信系统，与该行在世界各地的分行外汇部门保持联系，又构成了世界性的外汇市场。由于世界各地时差关系，各外汇市场开市时间不同，纽约大银行与世界各地外汇市场可以昼夜 24 小时保持联系。因此它在国际间的套汇活动几乎可以立即完成。

纽约货币市场即纽约短期资金的借贷市场，是资本主义世界主要货币市场中交易量最大的一个。除纽约市金融机构、工商业和私人在这里进行交易外，每天还有大量短期资金从美国和世界各地涌入流出。和外汇市场一样，纽约货币市场也没有一个固定的场所，交易都是供求双方直接或通过经纪人进行的。在纽约货币市场的交易，按交易对象可分为：联邦基金市场、政府库券市场、银行可转让定期存单市场、银行承兑汇票市场和商业票据市场等。

纽约资本市场是世界上最大的经营中、长期借贷资金的资本市场。可分为债券市场和股票市场。纽约债券市场交易的主要对象是：政府债券、公司债券、外国债券。纽约股票市场是纽约资本市场的一个组成部分。在美国，有 10 多家证券交易所按证券交易法注册，被列为全国性的交易所。其中纽约证券交易所、纳斯达克和美国证券交易所规模较大，它们都设在纽约。

思考：

对比纽约，上海在建立国际金融中心的过程中还有哪些方面需要提高？

模块九

通货膨胀与通货紧缩

金融案例导入

20世纪20年代的德国经历了一场历史上最为严重的通货膨胀。1923年年初，1马克能兑换2.38美元，而到夏天的时候，1美元能换4万亿马克！早上能买一栋房子的钱，傍晚只能买一个面包。在1923年，德国街头的一些儿童用大捆大捆的纸币马克玩堆积木的游戏；一位妇人用手推车载着满满一车的马克，一个小偷趁她不注意，掀翻那一车纸币，推着手推车狂奔而逃；一位家庭主妇正在煮饭，她宁愿不去买煤，而是烧那些可以用来买煤的纸币。到了发工资的时候，大家领到工资就以百米冲刺的速度冲到商店，跑得稍微慢一点，物价就涨一大截。

项目一　通货膨胀的定义与类型

项目任务

1. 能够正确理解通货膨胀的内涵；
2. 重点掌握通货膨胀的四个衡量指标：零售物价指数、批发物价指数、消费物价指数和国民生产总值平减指数；
3. 掌握通货膨胀的成因及类型。

一、通货膨胀的定义

通货膨胀（Inflation）是指在一定时期内，由于货币供应量过多，超过流通对货币的客观需求而引起的货币贬值、物价总水平持续上涨的现象。关于通货膨胀的内涵，有多种表述，归纳起来主要有以下几种：

（1）通货膨胀是货币量的过度增长，货币量的过度增长会引起物价总水平的上涨，但不能说只要是物价总水平上涨就是通货膨胀。

（2）通货膨胀是物价总水平的上涨，任何原因造成的物价总水平持续上涨均属于通货膨胀。

（3）通货膨胀是生产成本增加而造成的物价上涨，其中包括因工资的过度增长而引起的生产成本的增加。

（4）通货膨胀是需求过度的一种表现，在这种状态下，过多的货币追逐过少的商品。

（5）通货膨胀是货币总存量、货币总收入或单位货币存量、单位货币收入增长过快的表现。

（6）通货膨胀是货币客观价值的下跌。

以上观点都从不同的侧面阐述了通货膨胀的内涵。要正确理解通货膨胀现象，就必须理解以下几个问题：

（1）通货膨胀是一种货币现象，它的前提是现代信用货币制度。在足值金属货币流通的条件下，一般不会出现货币过多、物价上涨的现象。因为金属货币本身具有内在价值，它可以通过自身数量的变动，自发地调节货币流通量，从而控制物价上涨，使货币流通与商品流通相适应；而现代货币没有这种功能。从某种意义上讲，通货膨胀的根源就是现代信用货币制度。

（2）通货膨胀与物价上涨的关系。通货膨胀不是个别商品价格的上涨，而是指总的物价水平，即全部商品（包括劳务这种特殊商品）的加权平均价格的上涨。并且在通货膨胀过程中，商品价格上涨表现出一系列不均衡性：紧俏商品价格上涨快于一般商品；生活必需品价格上涨快于非生活必需品；垄断产品价格上涨快于非垄断商品；工业品价格上涨快于农产品；国内商品价格上涨快于出口商品；货币集中投放地区商品价格上涨快于其他地区等。

（3）通货膨胀中物价上涨的特征是，在一定时期内的物价总水平持续上涨，而不是偶然的、一次性的、暂时性的上涨。

（4）关于物价上涨与货币发行速度问题。通货膨胀初期，物价上涨速度慢于货币发行速度。物价刚开始上涨时，人们往往会认为这是物价的暂时波动，一般会等待价格回落后再购买商品，而暂时将货币储存，其结果必然造成市场上货币流通速度减慢，导致对流通中必要的货币需求量增多，从而增加货币发行。

通货膨胀中期，物价上涨速度与货币发行速度互相接近。随着通货膨胀的发展，物价上涨速度逐渐加快，人们认识到物价上涨明显会使他们遭受货币贬值的损失，于是纷纷抛出手中的货币，购买商品以保值，其结果必然造成市场货币流通速度加快，从而货币相对过多。

通货膨胀后期，物价上涨速度快于货币发行速度。货币流通速度加快之后，由于货币流通与商品流通不相适应，出现了过多的货币量，这时又增加货币发行，就更使物价急剧上涨。因此在通货膨胀过程中，物价上涨与货币发行速度是螺旋式上升。

在通货膨胀、物价上涨的各个阶段中，通货膨胀预期发挥了重要作用。通货膨胀预期是指人们根据生活中的实际感受，预测通货膨胀即将发生或将继续发展。这种预测决定了人们的经济行为。通货膨胀预期心理往往加剧了通货膨胀的速度与幅度。通货膨胀预期的出现与存在，导致投资者不愿持有货币，使货币流通速度加快；导致企业囤积商品，减少对商品的供应，扩大供求矛盾；导致企业提前涨价，推动物价迅速上涨。因此，通货膨胀会导致通货膨胀预期，通货膨胀预期又会加速通货膨胀的发展。

二、通货膨胀的衡量

通货膨胀的必然结果是物价总水平上涨，因此通过计量物价水平的变动幅度，就可以大致测定通货膨胀的程度。通常都用物价指数来反映通货膨胀率，一般的物价指数主要是零售物价指数、批发物价指数、消费物价指数和国民生产总值平减指数。

（一）零售物价指数

零售物价指数（Retail Price Index，RPI），是根据全部商品零售价格综合编制或按各类商品零售价格分别编制的物价指数。零售物价指数只计算商品价格的变动，不包括劳务项目，并且是按零售商业企业经营的全部商品的消费总额计算，能够反映零售价格水平变动的趋势和程度，根据它可以研究居民生产水平变动的情况以及消费市场的动态。

零售物价指数被很多国家采用，但这种指数有很多缺陷，主要是：在价格上涨中，无法分辨有多少是真正的价格上涨，有多少属于因产品质量提高而形成的自然增长；在消费品中，经常有新产品替代老产品，而新产品编入物价指数时有高估现象；消费是社会最终产品的部分，不能反映整个社会物价总水平的变动情况。

（二）批发物价指数

批发物价指数（Wholesale Price Index，WPI），又称生产价格指数（Product Price Index，PPI），是根据大宗商品，包括最终商品、中间产品及进口商品的加权平均批发价格编制的物价指数。它能够反映商品流通的物价变化情况，但不能反映劳务价格情况，对生产资料价格的变动有较为敏感的反应，可用它来反映物资部门生产成本的变化。

批发物价指数也有一定的局限性，主要是：原材料只是社会最终产品的一部分，原材料的价格变动，也不能反映整个社会物价总水平的变动情况。由于批发价格的变动幅度常常小于零售商品的价格波动幅度，因而在用批发物价指数来判断总供给与总需求的对比关系时，可能会出现信号失真的现象。

（三）消费物价指数

消费物价指数（Consumer Price Index，CPI），是根据家庭消费的具有代表性的商品和劳务的价格变动而编制的指数。它反映不同时期消费者为购买日常生活所必需的消费品而付出的价格变动情况。这种指数是由各国政府根据国内若干种主要食品、服装和其他日常消费品的零售价格，以及水、电、气、住房、交通、医疗、娱乐等服务费用而计算编制出来的。有些国家还根据不同收入阶层的消费支出结构的不同，编制不同的消费物价指数。消费物价指数能够衡量消费者一定时期内生产费用上升或下降的程度，能够反映消费者商品和劳务价格变动的趋势和程度。这个指数的主要优点是能够及时反映消费品供给与需求的对比关系，公布次数较为频繁，能够迅速直接地反映居民生活的价格趋势。缺点是范围较窄，只包括社会最终产品中的居民消费品这一部分，不包括公共部门的消费、生产资料和资本产品以及进出口商品，从而不足以说明全面的情况。一部分消费品价格的提高，可能是由于品质的改善，消费物价指数不能准确地表现这一点，因而有夸大物价上涨的可能。消费物价指数的另一个缺点是它的调查仅限于城镇居民，因此它不能反映全国居民的生活费用的变化情况。

（四）国民生产总值平减指数

国民生产总值平减指数（the Implicit GNP Deflator），是衡量一国经济在不同时期内所生产和提供的最终产品和劳务的价格总水平变化程度的经济指标。这种指数是按当年价格计算的国民生产总值与固定价格计算的国民生产总值的比率。例如，某国 2010 年的国民生产总值按当年价格计算为 9 000 亿元，而按 1990 年固定价格计算则为 4 500 亿元，如设基期（1990 年）的平减指数为 100，则 2010 年的平减指数为：(9 000/4 500)×100＝200，说明 2010 年与 1990 年相比，物价上涨了 100%。

由于国民生产总值平减指数包括了所有最终产品和劳务，因此，该指标能反映综合物价水平的变动情况，但编制国民生产总值平减指数所需资料的收集比较困难。而且该指标通常一年只统计一次，因而不能迅速地反映一国通货膨胀的程度和走向。

在实际操作中，西方大多数国家都同时编制和公布消费物价指数、批发物价指数和国民生产总值平减指数。在分析通货膨胀时，一般以消费物价指数为主，参考其他物价指数综合考虑。我国目前公布的物价指数主要是消费物价指数，以零售物价的上涨率反映通货膨胀的程度。此外，还编制了居民生活费用指数、农副产品收购价格指数、农村工业品零售价格指数、国有商业和集市贸易的分类销售物价指数等。

三、通货膨胀的类型

根据以上指数的衡量，通货膨胀可以分为不同的类型。

（一）按通货膨胀期间物价上涨的速度不同划分

按通货膨胀期间物价上涨速度不同，通货膨胀可分为爬行的、快步或小跑式的、奔驰的通货膨胀。

(1) 爬行的通货膨胀。爬行的通货膨胀，又称温和的通货膨胀或不知不觉的通货膨胀。这种类型的通货膨胀的特点是：通货膨胀发展缓慢，短期内不易发觉，但持续的时间很长，通货膨胀率在 10%以内。

(2) 快步或小跑式的通货膨胀。快步或小跑式的通货膨胀的特点是：每年通货膨胀率达到 20%～50%，物价上涨速度较快，幅度较大，导致人们为了避免遭受损失而尽可能多地储存实物，不愿持有货币。

(3) 奔驰的通货膨胀。奔驰的通货膨胀，又称恶性通货膨胀。这种通货膨胀的特点是：物价急剧上涨，货币贬值持续发展，直至达到天文数字，经济生活秩序紊乱，甚至最终导致货币制度崩溃。

（二）按通货膨胀的表现形式划分

按通货膨胀的表现形式，可分为公开型的和隐蔽型的通货膨胀。

(1) 公开型的通货膨胀。公开型的通货膨胀也称开放型的通货膨胀。在市场机制充分有效的运行条件下，政府对经济并不加以严格管制，对物价的上涨也不施加任何干预和控制，物价向上波动的特征非常明显。

(2) 隐蔽型的通货膨胀。隐蔽型的通货膨胀又称为抑制型的通货膨胀。当一国政府通过计划控制、资金控制、价格管制、定量配给以及其他一些行政手段来控制物价时，物价水平上涨并不明显，却出现物资短缺、有价无市、部分商品黑市价格猛涨的现象，这种情况说明了隐蔽型通货膨胀的存在。以这类通货膨胀方式表现出来的，通常是在市场经济比较落后的国家或实行计划经济的国家。

除了上述分类外，根据是否有预期作用，通货膨胀可分为预期的通货膨胀和非预期的通货膨胀；根据通货膨胀的形成原因可分为需求拉上型通货膨胀、成本推进型通货膨胀、混合型通货膨胀和结构型通货膨胀等。

四、通货膨胀的成因

通货膨胀的产生是一个极为复杂的过程，要依赖于一系列的社会经济条件，具有各种各样的原因。西方经济学者对通货膨胀的成因做了广泛的研究，其中具有代表性的有以下几种类型。

（一）需求拉上型通货膨胀

从总需求的角度分析通货膨胀的原因，是西方经济学家所创立的较早的一种通货膨胀理论。我们把由于总需求的增加而引起的通货膨胀，称为需求拉上型通货膨胀。它是指在消费者的消费需求与投资者的投资需求过度扩张的同时，商品和劳务的供给增加受到限制，从而推动一般物价水平上升。以凯恩斯为代表的经济学家认为，在社会尚未达到充分就业、社会资源尚有闲置时，如果增加货币供给量，引起社会总需求相应增加，一般会促进社会商品供给增长，不会引起通货膨胀。但是，在社会已达到充分就业、社会资源也被充分利用时，如果增加货币供给量，则引起社会总需求增加，这就不再会刺激社会商品供给的增长，而只会导致物价总水平的上涨，从而发生通货膨胀。

（二）成本推进型通货膨胀

与需求拉上型通货膨胀相反，我们把由成本的提高而引起的通货膨胀称为成本推进型通货膨胀。造成生产成本提高的原因主要有以下几个方面：一是由于工资的提高引起了成本上升而引发通货膨胀。在现代经济中，工会为了保证工人的实际收入不降低，可以迫使企业提高工资，企业为了减少损失，必然要提高产品价格，从而引起物价普遍上涨。二是一些垄断企业为了获得垄断利润，经常大幅度地提高垄断产品的价格，使得以此为原材料的产品成本上升，带动全面的物价上涨。此外，进口原材料价格的上升，资源枯竭，环境保护政策造成的原材料、能源生产成本的提高也会引起成本推进型通货膨胀。

（三）混合型通货膨胀

从理论上，可以分需求拉上型通货膨胀与成本推进型通货膨胀，而在现实经济生活中，需求拉上的作用与成本推进的作用常常是混合在一起的。比如，由总需求增加引起的通货膨胀中，不仅商品价格将上涨，而且因生产成本的相应提高，必然会使总供给减少，产出水平回落，从而又引起成本推进的通货膨胀，使价格进一步提高。因此，无论是需求拉上型通货膨胀还是成本推进型通货膨胀，单方面的作用只会暂时引起物价上涨，并不能带来物价的持续上涨，只有当总需求与总供给共同作用时，才会导致持续性的通货膨胀。

（四）结构型通货膨胀

结构型通货膨胀是指由于社会经济结构方面的因素而引起的物价总水平的持续上涨。这种通货膨胀的产生主要有以下几种情况：

（1）产业结构的变化。在总需求不变的情况下，需求的组成结构发生变化，一些部门需求增加，另一些部门需求减少。于是，一部分社会需求就从衰退部门逐渐转移到新兴部门。这样，需求增加的新兴部门，其产品价格和工资上涨，而需求减少的衰退部门，由于价格和工资的刚性原理，其产品的价格不会下跌，工资也不会降低，从而引起一般物价水平的上涨，导致通货膨胀。

（2）消费结构的变化。经济的发展使社会公众的货币增加，消费倾向和结构也相应发生变化。有些供不应求的热销商品涨价，会引起另一些商品价格的攀升，甚至是一些供过于求的滞销商品，因工资刚性原理和原材料调价，其商品价格也随之上涨，从而引发物价总水平全面上涨。

（3）部门结构的变化。在一个国家的国民经济中，总有一些部门劳动生产率提高快，而另一些部门劳动生产率提高慢。如一些开放经济部门与世界市场联系紧密，其产品价格依赖于世界市场价格，其货币工资增长率取决于价格上涨率和劳动生产率的增长，它的劳动生产率就较高。而另一些非开放经济部门与世界市场没有联系，其产品价格完全由本国需求和产品成本决定，它的劳动生产率就较低。但在开放经济部门的货币工资增加以后，非开放经济部门的货币工资必然要向前者看齐，从而使非开放经济部门的货币工资超过劳动生产率的增长，就会出现工资引发的通货膨胀。

（五）预期型通货膨胀

预期型通货膨胀是指人们在膨胀预期的心理作用下，对通货膨胀进行预期，并采取各种措施以保护自己免遭损失。人们对通货膨胀的预期也是推动通货膨胀的因素之一。因为人们对通货膨胀进行预测后必然会采取一系列的经济措施，如人们不愿持有货币，而尽可能地购买实物资产；工人向企业经营者要求提高工资和其他福利所得；投资者、消费者、管理者则会根据预期通货膨胀率来调整自己的经济决策和经济活动；政府、中央银行会根据预期的通货膨胀率制定财政、货币政策，这些使福利、工资、合同以及各种有关未来的经济决策都包含了物价上涨因素，这样无疑对通货膨胀起了推波助澜的作用。

项目二　通货膨胀的社会经济效应

项目任务

掌握通货膨胀的社会经济效应并能够在实际经济生活中加以运用。

一、强制储蓄效应

如果政府财政出现赤字，向中央银行透支，中央银行增发货币弥补，因此引起通货膨胀。在这种情况下，通货膨胀实质上把家庭、企业持有的一部分货币收入转移到发行货币的政府部门，政府再把大部分收入用于投资。这部分收入就是通货膨胀税，即政府通过增发货币引起通货膨胀而获得的超额收入，它以隐蔽的手段增加了政府的投资。显然，通货膨胀这种强制储蓄效应是通过对社会总流通中货币量的再分配实现的。另一种情况是，当一国政府为了保证经济高速增长，实行高积累、低消费的政策时，往往采取直接压制消费的政策，通过工农业产品的剪刀差或者直接控制工资总额的增长，强制压缩消费基金，使个人储蓄转化为政府储蓄，从而形成强制储蓄。

二、收入再分配效应

通货膨胀时期，如果货币供应增加没有带动相应的实际产量增加，则社会总实际收入不会增加，只是总名义收入增加及其再分配过程发生变化。也就是说，在物价上涨过程中，一部分经济主体实际收入水平会提高，另一部分经济主体的实际收入会下降，这种由于物价上涨造成的收入再分配，就是通货膨胀的收入再分配效应。

通货膨胀发生以后，因为产品的价格调整快于工资的调整，则名义工资的增长远远落后于市场价格的上涨，从而实际工资下降，而实际利润增加，收入由工资收入者向利润获得者转移。但是就工资收入者和利润获得者内部而言，通货膨胀对他们的影响并非一样。在利润获得者中，具有垄断地位的厂商可以大幅、快速提价，所以可以从通货膨胀中得到好处；而那些作为价格接受者的处于非垄断地位的中小厂商，其产品价格无法与通货膨胀同比例上升，因而可能受损。在工资收入者中，那些有强大的工会可以依靠、拥有专业技术的人可以得到较高的工资，从而受损较小甚至获利，而非工会会员工资不受保护，所受损失较大，退休金领取者和社会保险金领取者因为退休金和社会保险金调整较少，从而被认为是通货膨胀最大的受害者。

就债权人与债务人而言，因为债务契约是根据签约时的通货膨胀率情况规定名义利率的，如果在偿还期发生了通货膨胀，通货膨胀率高于签约时规定的名义利率，则债务人所付实际利率降低了，所以，债权人的利息收入受到侵害，而债务人获得好处。

就政府与公众而言，通货膨胀发生后，收入从后者转移到前者。这是通过通货膨胀税来实现的。通货膨胀所引起的名义收入增加会使税收增加，从而以减少公众的实际收入为代价增加了政府税收，这种由于通货膨胀而增加的税收被认为是政府通过通货膨胀对公众进行的一种掠夺。许多经济学家认为，这种通货膨胀的存在使政府有动力加剧通货膨胀，因此，要根据通货膨胀率来调整税收标准，即实行税收指数化。

三、资产结构调整效应

资产结构调整效应也称财富分配效应。货币收入的结余可分为两部分：实物资产储蓄和金融资产储蓄。通货膨胀会通过资产价格的变化影响资产结构的调整。在通货膨胀时期，实物资产的货币价值一般是随着通货膨胀率的变动而相应升降，有的货币价值增长幅度大于通货膨胀率，有的货币价值增长幅度小于通货膨胀率。同一实物资产在不同条件下，其货币值的升降，较之通货膨胀率也有时高时低的情况。金融资产的情况比较复杂，面值和收益稳定的各种金融资产，其价值随着物价上涨而下跌，因此，持有这类资产的人会遭受损失；而对于收益、价值不定的金融资产，在通货膨胀时期价格会呈上升趋势，但其收益增长与通货膨胀率并非一致，持有此类资产的人是否获益取决于二者的相对变化。正是由于各种资产在通货膨胀发生时的资产价值和收益会发生变动，资产持有者会根据市场情况对资产构成加以调整直至达到新的均衡。

四、通货膨胀与经济增长

通货膨胀对经济增长是起促进作用还是起促退作用，在西方及我国经济学界，对这一问题一直争论不休。综合各种意见，大致可分为三种：“促进论”、“促退论”和“中性论”。

（1）“促进论”认为通货膨胀对经济的增长起促进作用。他们认为，经济长期处在有效需求不足、生产要素尚未充分有效利用、劳动者没有充分就业的情况下，实际经济增长率低于潜在的经济增长率，因此，政府可以采用通货膨胀政策，实行财政赤字，扩大货币发行，增加政府投资，以扩大社会总需求，带动总供给的增加，从而促进经济增长。这样，由于投资乘数的作用，在通货膨胀的同时，实际产量也增加了。这种主张主要以凯恩斯主义为代表。20世纪70年代以后，以凯恩斯主义为代表的“促进论”越来越不灵，逐渐为世界各国所摒弃。

（2）“促退论”认为通货膨胀与经济增长负相关，不仅不会促进经济增长，而且还会损害经济发展。这是因为：1）较长时期的通货膨胀会增加生产性投资的风险经营成本，使生产性投资下降；2）会造成对资金的过度需求，迫使金融机构加强信贷配额，降低金融体系的效率；3）会打乱正常的资金分配流向，使资金流向非生产部门，不利于经济的长期增长；4）在社会公众对通货膨胀产生预期之后，政府可能会加强全国的价格管制，从而使经济运行更加缺乏竞争性和活力。

（3）“中性论”认为人们对通货膨胀的预期最终会中和它对经济的各种效应，因此，通货膨胀对经济增长既无正效应，也无负效应，它是“中性”的。由于“中性论”的理论根据显得模糊和牵强，因而得到的赞同也不多。

项目三　通货膨胀的治理

项目任务

重点掌握通货膨胀的治理措施。

由于通货膨胀对一国的经济发展会产生不良影响，严重的通货膨胀还会引起社会动荡、政局不稳、信用制度瓦解和国民经济崩溃，因而，反通货膨胀已成为世界各国解决经济问题和社会问题所要考虑的重要事情。纵观各国的反通货膨胀实践，治理通货膨胀的主要措施有以下几项。

一、紧缩性货币政策

紧缩性货币政策是一种调节总需求的宏观间接控制措施，目的在于影响总需求，并促使总需求更接近于维持充分就业和物价比较稳定所要求的水平。在经济出现总需求过度，并造成需求拉上型通货膨胀时，采用紧缩性货币政策来抑制这种通货膨胀，其主要方法是：

（1）中央银行提高存款准备率。提高存款准备率以后，商业银行的法定准备金增加，贷款能力缩减，从而达到紧缩货币、减少投资、压缩货币供应量的目的。

（2）提高利率。一方面，中央银行提高再贴现率，以促使商业银行提高贴现率，导致企业利息负担加重，利润减少，从而抑制企业贷款需求，以达到减少投资、减少货币供应量的目的；另一方面，提高存款利率，鼓励居民增加储蓄，把消费基金转化为生产基金，减少通货膨胀压力。

（3）公开市场业务。中央银行向商业银行或市场出售手中持有的有价证券，以减少商业银行的超额储备金和居民、企业手中的现金及在商业银行的存款，从而达到减少市场货币供应量的目的。

（4）中央银行规定基础货币指标。中央银行通过规定基础货币指标，实现以控制基础货币达到控制货币供应量的目的。

（5）道义上的劝告。中央银行用口头或书面的要求传达到商业银行，实现其紧缩信贷总规模、压缩市场货币供应量的目的。

二、紧缩性财政政策

紧缩性财政政策是指当总支出过多，价格水平持续上涨时，通过减少政府支出，增加政府收入，从而抑制总支出的政策。当财政向银行透支，引发赤字财政型通货膨胀时，需采取紧缩性财政政策来抑制，其主要手段有：

（1）削减政府预算，限制公共事业投资。这一措施的目的在于减少政府支出，减少财政赤字。

（2）降低政府转移支付水平，减少社会福利费用。

（3）增加税收。增税以后，企业与个人收入减少，政府赤字亦减少，最终控制总需求的膨胀。

（4）发行公债。国家向企业与个人发行公债，既可减少财政赤字，又可减轻市场压力。

通过上述措施，可以直接从限制支出、减少需求等方面来减轻通货膨胀的压力，弥补通货膨胀的缺口。

三、货币改革

如果物价上涨率已到不可遏止的状态，政府还在不断地发行纸币，整个货币制度已处于或接近于崩溃的边缘，即通货膨胀已达到恶性通货膨胀的程度，应该采取的对策是实行货币改革。货币改革一般的做法是废除旧币，发行新币，并制定一些保证新币币值稳定的措施。发行新货币的目的在于增强居民对货币的信任，增加居民储蓄存款，使货币恢复执行其原有职能。但是，货币改革必须辅之以其他措施，如停止军事行动、维持社会安定、恢复和增加生产等，否则通货膨胀仍难以得到遏制，新发行货币的信誉会迅速下降，最后新货币的出台以失败而告终。实践证明，发行新货币这一措施本身往往是治标而不治本。

四、收入紧缩政策

收入紧缩政策就是为了降低一般物价水平的上涨幅度而采取的强制性或非强制性的限

制货币工资与价格的政策，其目的在于一方面降低通货膨胀率，另一方面又不致造成大规模的失业。收入紧缩政策的理论基础主要是成本推进型通货膨胀理论，即价格的上涨是因为工人要求提高工资和垄断组织抬高垄断价格推上去的，而不是市场的过度需求拉上去的。实行货币与财政“双紧”的政策，压缩了总需求，并不能保证成本的下降、物价的平稳，反而会导致经济衰退和失业率的提高。因此针对成本推进型通货膨胀，应该采取以管制物价和工资为内容的收入政策，也就是由政府拟定物价和工资标准，劳资双方共同遵守，其主要手段有：

（1）工资管制。所谓工资管制，就是强制推行对全社会职工货币工资增长总额和幅度进行控制的措施。其中包括在通货膨胀非常严重的时期，采取冻结工资的办法，即政府强制规定职工工资在若干时期内不再增加。管制工资能降低商品成本，从而缓解通货膨胀的压力。

（2）确定工资-物价指导线。这种指导线是由政府确定的，在一定年份内允许货币收入增加的一个目标数值线，即根据估计的平均生产率的增长，政府估算出货币收入的最大增长限度，每个部门的工资增长率应等于全社会劳动生产率增长趋势，不允许超过。只有这样，才能维持整个社会经济中每单位产量劳动成本的稳定，因而预定的货币收入增长就会使物价总水平保持不变。但是，指导线原则上不能直接干预，只能说服，因而效果并不理想。

（3）物价管制。政府通过立法程序，规定物价上涨率的限度，或将物价冻结在一个既定的水平上，如果超过，即对违犯者施以法律制裁。但是，冻结物价会导致囤积居奇，市场商品供应不足，产品质量下降；加上冻结工资的结果，居民又会因为长期通货膨胀，预期物价将继续上涨，虽然当期名义收入未增加，但仍会提取存款、抢购商品，从而进一步扩大市场供求缺口，加剧通货膨胀。

五、供应政策

在治理需求拉上型的通货膨胀时，紧缩政策是希望通过压缩总需求来实现总需求与总供给的平衡。但在供应学派看来，这种政策过分注重需求方面而忽视了供给方面，因此要在抑制总需求的同时增加供给，运用刺激生产力的方法来同时解决通货膨胀与失业问题。事实上，通货膨胀缺口包括需求和供给两个方面，既然是需求膨胀，求大于供，那么在反通货膨胀政策上就既可以紧缩需求，又可以运用刺激生产增长的方法来增加供应。这样，一方面可解决总需求与总供给的不平衡，实现平抑物价；另一方面又不致引起失业率的增加，甚至还可降低失业率。

供应政策的主要措施有：

（1）减税，主要是降低边际税率。边际税率是指增加的收入中必须向政府纳税的部分所占的百分比。如果税制是累进的，那么边际税率就会随收入的提高而增加。降低边际税率的供给效应，不仅可提高人们的工作积极性，增加劳动供给，而且可提高储蓄和投资的积极性，增加资本存量。因此，降低税率是解决滞胀的最佳办法。

（2）降低政府福利开支和政府开支增长率。

（3）减少政府对企业活动的限制，让企业更好地扩大商品供给。

六、其他反通货膨胀措施

（1）强制性的行政干预。这种措施主要为一些经济集权而又不发达的国家所采用，且通常在通货膨胀恶化阶段才使用。其内容主要有：强制性停建缓建一些工程项目；整顿市场流通；实行部分商品的垄断经营；实行某些产品的配额和限制管制，实行消费品的凭票供应等。

（2）保持经济低速增长。近年来，各国政府面临两种选择：或保持较高的经济增长速度，但同时保持较高的通货膨胀率；或压低通货膨胀率，同时压低经济增长速度，甚至出现衰退。在上述两种选择中，许多国家选择了后者。因为各国的实践证明，通货膨胀是经济发展的极大障碍。如果通货膨胀率居高不下，经济也难以保持长期的较快增长。

项目四　通货紧缩

项目任务

1. 了解通货紧缩的内涵；
2. 掌握通货紧缩的成因及社会经济效应；
3. 重点掌握通货紧缩的治理措施。

一、通货紧缩的定义

关于通货紧缩的定义，国内目前主要有三种观点，三种观点的差异在于对价格、货币供应量和经济增长这几个指标的衡量上。一种观点认为，通货紧缩是指价格、货币供应量（或信贷量）、经济增长这三个指标的同时下降，认为通货紧缩下的价格下跌一定和货币供应量、经济衰退同时发生；另一种观点认为，价格下跌和货币供应量下降同时发生即为通货紧缩，而不必附加经济衰退这一条件；还有一种观点认为，价格水平的持续下跌即意味着通货紧缩，而不管货币供应量与经济增长是什么状态。

通货紧缩是与通货膨胀相对应的概念，因此，笔者认为研究通货紧缩的定义应该与通货膨胀相比较而进行。既然通货膨胀是指货币供应过多而引起的货币贬值、物价持续上涨的经济金融现象，那么通货紧缩则是指货币供应不足而导致的货币升值、物价持续下跌的经济金融现象。

在现行的信用货币制度下，由于信用货币本身没有价值，其币值是由它用来代表金属货币或实体货币的数量决定的，信用货币的数量越多，单位币值就越低；反之，单位币值就越高。同时，在国家货币制度下，由于信用货币的发行、流通与国家政权相联系，它具有强制通行的效力，金属货币或实体货币因为有价值才进入流通，而信用货币却因为流通才使本身具有价值。正是由于这两个原因才产生了信用货币条件下货币相对于商品和服务来说过多或过少的问题。在某一时点上，流通中信用货币的币值相对于商品和服务来说有一个具体的量，这个具体的量与普通商品和服务的价值比例关系即为商品和服务的价格。

如果信用货币总的数量与商品和服务的总量同比例增长，则信用货币的单位币值不变，价格亦不变，货币流通处于正常状态。如果信用货币的数量与商品和服务的数量不同比例增长并且前者超过后者的话，则流通中信用货币的单位币值就要下跌，价格就会上升，即出现通货膨胀；反之，如果商品和服务增长的比例超过货币增长的比例，则流通中货币的单位币值就会上升，价格就会下跌，即出现通货紧缩。当然，货币供给过多或不足，其具体原因是复杂的，这要通过对经济运行和金融运行的分析去寻找其根源。但是，就通货膨胀或通货紧缩的实质来说，它不能不与价格水平相联系，不能不与币值相关。因此，在一般意义上，通货膨胀的实质是指流通中的货币量相对于商品和服务来说过多而引起的价格持续上涨、货币不断贬值的过程或现象；相应地，通货紧缩的实质则是指流通中的货币量相对于商品和服务来说过少而引起的价格持续下跌、货币不断升值的过程或现象。这便是通货紧缩的定义或本质特征。

二、通货紧缩的成因

通货紧缩集中表现为社会总需求、物价水平疲软或下跌，究其产生的原因，可能由直接的货币因素构成，也可能由其他的因素引起，如经济结构失调、国际市场变化等。

（一）货币因素

这主要指因货币供给偏紧或不足而直接引发的通货紧缩。在以下情况下，就有可能出现紧缩问题。如在实行反通货膨胀政策时，通常要采取控制贷款和财政支出、限制工资增长等措施，以压缩社会需求。这有利于控制物价上涨幅度，从而促进经济稳定。但是由于大力压缩投资和控制消费，又有可能形成社会需求过分萎缩，使市场出现疲软。结果通常是通货膨胀得到抑制，而由于实施的从紧的财政政策和货币政策还有一定的惯性，或是主管部门未能适时调整政策，由此而出现政策的负面影响。

另一种情况是，经济增长速度已经逐步放慢，而财政政策、货币政策未能及时调整。一般在经济高速增长时，都会实行偏紧的财政、货币政策，以防经济过热。如果经济增长趋缓，但依然实行原来的从紧政策，就可能产生紧缩的消极影响。

例如，1982 年美国政府为了反通货膨胀，采取了提高利率等紧缩措施，使通货膨胀率得以下降，同时当年 GDP 也转为负增长。1996 年日本经济增长恢复到 3.9%的较高水平，但日本政府于 1997 年实施提高消费税率、减少财政支出的紧缩政策，结果造成物价水平和居民消费持续下降，并导致经济连续两年出现负增长。

（二）结构失调

当经济结构失调状况积累到一定程度时，必然要进行较大的调整。这种调整表现在两个方面：（1）开发新产业和新产品，实行技术升级；（2）某些传统产业和产品则面临相对过剩，需要压产或进行产品换代。在这种情况下，相当部分产品面临市场需求不足、价格进一步下跌的压力，有些企业可能被迫减产和减员。这就必然会导致企业投资和居民消费的减退，反过来又加剧了市场需求不足、物价下跌的压力。

此外，还有消费结构变化的问题。在经济发展的基础上，居民消费经历着由低向高的发展过程，消费结构不断调整。在消费升级中往往出现这种情况：某些原来式样的消费品消费相对饱和，销售不旺；同时，居民增加储蓄，以备进入下一阶段的高档消费。这种情况自然会使一段时间内的消费增长放慢，市场需求和物价疲软不振。

上述结构性变化当然不是由货币供给状况所引起的，但是却会影响货币供给在数量和结构上的变化。这种变化表现在两个方面：(1) 在投资需求不振的情况下，银行增加货币供给总量的努力要受到抑制，使货币供给增长速度放慢；(2) 投资和消费需求减少，储蓄相应增加，也会引起货币流通速度减缓。二者同时减缓，就是市场需求不振在货币供给上的反映。

（三）有效需求不足

一方面，生产能力过剩，需求的增长跟不上生产能力的扩大，产品价格下降成为趋势；另一方面，由于存在消费预期和未来不可测因素，居民消费保守，现实消费需求不足。如“9·11”事件使得美国消费信用下降，出现消费需求不足。

（四）国内市场竞争

随着市场机制的建立和完善，国内市场竞争愈加激烈，特别是同一产业同类产品的价格竞争，即打“价格战”，必然带动相关产业甚至社会物价总水平下降。同时，高新技术的应用在一定程度上大大提高了劳动生产率，从而降低了产品成本。

（五）国际市场冲击

一个对外开放的国家，往往会受到国际市场情况变化的影响或冲击。当国际商品市场和金融市场发生动荡时，受到的影响是：(1) 出口下降和外资流入减少，导致国内需求减少；(2) 国际市场商品价格下跌，进出口商品价格下降必然会增加国内物价下降的压力。一个国家的开放程度越高，则承受国际市场情况变化的冲击越大。

三、通货紧缩的社会经济效应

通货紧缩的正效应表现为持续的物价下跌和低利率使人们的实际货币购买力提高。与通货紧缩的正效应相比，通货紧缩对经济的负面影响要大得多。

（一）财富缩水效应

通货紧缩发生时，全社会总体物价水平下降，企业的产品价格自然也跟着下降，企业的利润随之减少。企业盈利能力的下降使得企业资产的市场价格也相应降低。而且，产品价格水平的下降使得单个企业的产品难以卖出，企业为了维持生产周转不得不增加负债，负债率的提高进一步使企业资产的价格下降。企业资产价格的下降意味着企业净值的下降、财富的减少。

在通货紧缩的条件下，供给的相对过剩必然会使众多劳动者失业，此时劳动力市场供过于求的状况会使工人的工资降低、个人财富减少。即使工资不降低，失业人数的增多也使社会居民总体的收入减少，导致社会个体的财富缩水。

（二）经济衰退效应

通货紧缩导致的经济衰退效应表现在三个方面：一是物价的持续、普遍下跌使得企业产品价格下跌，企业利润减少甚至亏损，这将严重打击生产者的积极性，使生产者减少生产甚至停产，结果社会的经济增长受到抑制。二是物价的持续、普遍下跌使实际利率升高，这将有利于债权人而损害债务人的利益。而社会上的债务人大多是生产者和投资者，债务负担的加重无疑会影响他们的生产与投资活动，从而对经济增长带来负面影响。三是物价下跌引起的企业利润减少和生产积极性降低，将使失业率上升，实际就业率低于充分就业率，实际经济增长低于自然增长。

（三）财富分配效应

在通货紧缩下，由于名义利率的下降幅度小于物价的下降幅度，实际利率水平提高。在这种情况下，债务人实际偿还的金额增多，债务人的还款负担加重。同时，为了保持生产或生活的流动性，债务人不得不借入新的债务，因此陷入债务泥潭。正如美国经济学家费雪所说："在通货紧缩的条件下，负债人越是还债，他们的债就越多。"这种现象会导致社会财富从债务人向债权人转移的财富分配效应。

（四）失业效应

通货紧缩导致失业上升。一方面，通货紧缩意味着投资机会减少、就业机会减少；另一方面，通货紧缩抑制了生产者的积极性，企业减产甚至停产，失业人员自然增加。

总之，超过合理限度的通货紧缩或严重的通货紧缩对经济增长和社会发展具有极为不利的影响。除上述几个方面之外，从不同的角度观察，还会得出更多的分析证明。

四、通货紧缩的治理

前面分析，超过一定限度的通货紧缩对经济增长和社会发展是不利的，必须采取措施予以治理。作为与通货膨胀相反的经济现象，通货紧缩的治理措施与通货膨胀的治理措施一般也是相反的。大致说来，主要措施包括以下几个方面：

（1）实行扩张性的财政政策扩大政府需求。由于需求不足是通货紧缩的主要原因，因此，努力扩大需求是治理通货紧缩的基本措施。社会需求包括政府需求、公司企业需求、居民个人需求等，在公司企业和居民个人需求不旺的情况下，扩大政府需求是极为必要的。扩大政府需求主要是通过发行国债，增加政府投资和政府消费。在市场供大于求的情况下，政府投资应放在基础设施建设、大江大河治理、环境整治、区域开发、科技成果转化等方面，扩大政府投资还能够带动企业和私人投资。同时，政府还应该扩大教育、科技、文化、卫生、体育以及各项行政、公益事业开支，促使国民经济实现可持续发展。当然，扩大政府需求还要看国债已有规模和未来偿债能力。必须看到，市场供大于求、生产能力过剩是国家实现产业结构升级和发展战略转变的极为有利的条件，应该充分利用这种条件实现结构调整和发展构想。

（2）扩大信用规模，增加货币供应量。理论上分析，需求的扩大必须有不断增长的货币供应量相支撑，因为需求是有货币支付能力的需求。一方面，扩张性的财政政策必须有相应的货币政策相配合，效果才能明显；另一方面，公众需求的扩大必须依靠货币政策。宽松的信贷条件、灵活的借贷方式是刺激信贷需求增长所必需的。

（3）适当降低利率，促进投资和消费。在价格持续下跌、货币不断升值的条件下，实际利率是增长的，这对投资和消费均不利。适时适当降低名义利率，使实际利率保持在比较合理的水平上，既可以刺激投资和消费的增长，又能够保持经济和金融运行中的相对平衡。

（4）调整收入分配政策，增加各阶层特别是低收入阶层的货币收入。随着经济增长、科技创新和生产力的提高，人们的货币收入应当逐渐增长。如果人们的收入水平的增长幅度过低，需求也就不会相应扩大。因此，提高广大人民群众的货币收入是扩大消费的重要途径，也是提高人民生活水平的必要条件。

（5）建立和完善各层次社会保障体系。人们消费水平的提高，与预期收入和预期支出密切相关，完善的社会保障体系，可以减少人们的后顾之忧，降低预期支出，对消费的扩大有十分积极的作用。

（6）主动调整产品、产业等经济结构。价格的持续下跌是市场产品供需失衡的直接结果，通常也是产品产业结构失调的反映，因此主动调整产品产业结构是极为必要的。在市场供不应求的短缺经济中，进行结构调整非常困难；而供大于求的市场环境，为经济结构调整提供了机遇，也是产品换代、产业升级、经济发展迈上新台阶的重要条件。因此，主动调整各种经济结构，不仅是治理通货紧缩的重要措施，而且是提高经济发展层次的必然途径。

模块总结

1. 通货膨胀是指在纸币流通条件下，由于货币供应量超过商品流通的客观需要量，从而引起纸币不断贬值和一般物价水平持续上涨的经济现象。通货膨胀会对一国经济产生很大的负面影响，必须加以治理。治理的措施主要有紧缩性货币政策、紧缩性财政政策、货币改革、收入紧缩政策、供应政策等。

2. 通货紧缩是指由于货币供应量减少而引起的有效需求严重不足，一般物价水平持续下跌的经济现象。此外，通货紧缩还伴有经济衰退、投资风险加大、失业增加及工资收入下降等经济现象。治理的措施主要有实施积极的财政政策与货币政策、深化改革等。

综合练习

一、单项选择题

1. 通货膨胀和通货紧缩都是一种（　　）。

A. 消费现象　　B. 成本现象　　C. 投资现象　　D. 货币现象

2. 我国编制的社会商品零售物价指数属于（　　）。

A. 批发物价指数　　B. 国民生产总值平减指数

C. 消费物价指数　　D. 零售物价指数

3. 社会再生产过程中社会总需求过度增加，超过既定价格水平商品和劳务方面的供给，而引起的通货膨胀是（　　）。

A. 需求拉上型通货膨胀　　B. 成本推进型通货膨胀

C. 结构型通货膨胀　　D. 投资过剩型通货膨胀

4. 通货膨胀将使居民消费水平（　　）。

A. 降低　　B. 提高　　C. 不变　　D. 不确定

5. 当出现通货紧缩时，应采取（　　）。

A. 扩张性财政政策和扩张性货币政策
B. 扩张性财政政策和紧缩性货币政策
C. 紧缩性财政政策和紧缩性货币政策
D. 紧缩性财政政策和扩张性货币政策

二、简答题

1. 通货膨胀的定义是什么？如何衡量一国的通货膨胀？
2. 通货膨胀的成因主要有哪些？
3. 治理通货膨胀的措施有哪些？
4. 试分析通货紧缩对国民经济的发展产生的不良影响。
5. 简述治理通货紧缩的政策与措施。

三、实践题

留心身边的物价水平状况，分析是否有通货膨胀或通货紧缩的迹象。

案例分析

通货紧缩困扰日本

早在20世纪90年代初经济泡沫破灭后不久，日本的经济运行与发展中就开始出现了一系列通货紧缩性征象。对此，日本政府虽也一再告诫“日本经济正面临着陷入通货紧缩恶性循环的危险”，但始终都未承认日本经济已经处于通货紧缩状态。直到2001年3月16日讨论2001年3月《月例经济报告》的阁僚会议上，前森喜朗政府才公开认定“现在的日本经济正处在缓慢的通货紧缩之中”。

根据日本官方观点，日本经济出现的通货紧缩状态在第二次世界大战后还是第一次。以往物价下跌大多具有局部性和短暂性的特点，而目前日本的物价下跌却具有全面性和持续性的特点。即一方面表现为几乎全部或绝大部分商品的价格都同时呈现下跌态势，如在1999年和2000年，不仅综合批发物价指数分别比上年下跌了3.3个和0.1个百分点，而且综合消费者物价指数也分别比上年下跌了0.3个和0.7个百分点；另一方面还表现为物价下跌已成为日本经济运行与发展中的一种长期态势。如在1991年至2000年的10年间，日本综合批发物价指数有8年呈下跌态势。尤其是综合消费者物价指数在1999年和2000年也出现了第二次世界大战后从未有过的连续两年下降的情况。进入2001年，日本物价总水平的下降趋势更加强烈，前6个月无论是批发物价还是消费者物价，月月都是负增长，其中消费者物价在5月份还创了单月下跌的最高纪录。

日本通货紧缩的一个突出特点是：它是在日本政府长期推行扩张性财政金融政策的背景下形成的；物价总水平的持续下降与巨额财政赤字和超低利率水平等正常情况下不应同时出现的现象却纠缠在一起。20世纪90年代初，日本政府为刺激经济回升，连续推出了力度强大、规模空前的扩张性财政货币政策。一方面，从1992年8月起连续10次推出以减税和增加公共事业投资为主要内容的扩张性财政政策，涉及财政收支规模达130万亿日元之巨。其后果是财政赤字和政府债务规模急剧扩大，财政危机空前恶化。到1999年度，其国债发行额已猛增至37.5万亿日元，比1989年度增加了4.7倍，其中赤字国债也增至24.3万亿日元，比90年代前的最高水平还高2.4倍；其国债依存率（国债发行收入占全部财政收入的比率）更高达42.1%，比第二次世界大战后至90年代前的最高水平还高出7.4个百分点；其国债余额按2001年度预算将增至388.7亿日元，相当于1990年度的2.3倍，若加上地方政府债务，日本的公共债务余额将达666万亿日元，相当于其全年GDP的1.3倍！日本成为发达国家中财政赤字与公共债务危机最严重的国家。

另一方面，日本银行也不断推出以降低官定利率为中心的扩张性货币政策。从1991年7月起连续下调官定利率，到1995年9月第9次下调后已降至0.50%，并将这一超低利率水平一直维持了5年之久。此间日本银行还曾于1999年2月至2000年8月实行了“零利率”政策，且到2001年2月又连续两次下调官定利率，分别下调至0.35%和0.25%。与1991年7月下调前相比，日本银行的官定利率已经连续下调了5.75个百分点。这意味着日本的官定利率不仅处于历史上从未有过的超低水平，而且也创了连续下调幅度的历史最高纪录。

愈演愈烈的通货紧缩，已经并仍将对日本经济的运行与发展造成多层面的消极影响。一是恶化了企业经营环境，二是加剧消费需求低迷，三是加重财政赤字危机。从1997年到2000年，日本的国税收入由539 415亿日元减少为456 780亿日元，3年间减少了15.2%。在导致税收减少的因素中，除政府为刺激经济回升而主动采取的减税政策外，物价下跌导致企业利润和个人收入的减少也是其重要原因。

思考：

对比日本的状况，思考当前我国有无通货紧缩的现象。

模块十

货币政策

金融案例导入

存款准备金是指金融机构为保证客户提取存款和资金清算需要而准备的资金，金融机构按规定向中央银行缴纳的存款准备金占其存款总额的比例，就是存款准备金率。存款准备金制度是在中央银行体制下建立起来的，世界上美国最早以法律形式规定商业银行向中央银行缴存存款准备金。存款准备金制度的初始作用是保证存款的支付和清算，之后才逐渐演变成为货币政策工具，中央银行通过调整存款准备金率，影响金融机构的信贷资金供应能力，从而间接调控货币供应量。

为了加强银行体系流动性管理，抑制货币信贷过快增长，中国人民银行决定从2007年9月25日起，上调存款类金融机构人民币存款准备金率0.5个百分点。动用存款准备金率在以往一般被视为货币调控的“猛药”。不过，从2006年开始，面对银行体系不断增长的流动性，央行如今频繁上调存款准备金率进行调控已渐成常态。2007年央行一年内10次上调存款准备金率，次数之多创历史之最。自央行规定存款缴纳法定存款准备金以来，存款准备金率的调整如表10-1所示。

表10-1　　存款准备金率历次调整情况

次数	时间	调整前	调整后	调整幅度
51	2016年3月1日	17%	16.50%	−0.50%
50	2015年10月24日	17.50%	17%	−0.50%
49	2015年9月6日	18%	17.50%	−0.50%
48	2015年6月28日	18.50%	18%	−0.50%
47	2015年4月20日	19.50%	18.50%	−1%
46	2015年2月5日	20%	19.50%	−0.50%
45	2012年5月18日	20.50%	20%	−0.50%
44	2012年2月24日	21%	20.50%	−0.50%
43	2011年12月5日	21.50%	21%	−0.50%
42	2011年6月20日	21%	21.50%	0.50%
41	2011年5月18日	20.50%	21%	0.50%

续前表

次数	时间	调整前	调整后	调整幅度
40	2011 年 4 月 21 日	20%	20.50%	0.50%
39	2011 年 3 月 25 日	19.50%	20%	0.50%
38	2011 年 2 月 24 日	19%	19.50%	0.50%
37	2011 年 1 月 20 日	18.50%	19%	0.50%
36	2010 年 12 月 20 日	18%	18.50%	0.50%
35	2010 年 11 月 29 日	17.50%	18%	0.50%
34	2010 年 11 月 16 日	17%	17.50%	0.50%
33	2010 年 5 月 10 日	16.50%	17%	0.50%
32	2010 年 2 月 25 日	16%	16.50%	0.50%
31	2010 年 1 月 18 日	15.50%	16%	0.50%
30	2008 年 12 月 25 日	16%	15.50%	−0.50%
29	2008 年 12 月 5 日	17%	16%	−1%
28	2008 年 10 月 15 日	17.50%	17%	−0.50%
27	2008 年 9 月 25 日	17.50%	17.50%	0%
26	2008 年 6 月 25 日	16.50%	17.50%	1%
25	2008 年 5 月 20 日	16%	16.50%	0.50%
24	2008 年 4 月 25 日	15.50%	16%	0.50%
23	2008 年 3 月 25 日	15%	15.50%	0.50%
22	2008 年 1 月 25 日	14.50%	15%	0.50%
21	2007 年 12 月 25 日	13.50%	14.50%	1%
20	2007 年 11 月 26 日	13%	13.50%	0.50%
19	2007 年 10 月 25 日	12.50%	13%	0.50%
18	2007 年 9 月 25 日	12%	12.5%	0.5%
17	2007 年 8 月 15 日	11.5%	12%	0.5%
16	2007 年 6 月 5 日	11%	11.5%	0.5%
15	2007 年 5 月 15 日	10.5%	11%	0.5%
14	2007 年 4 月 16 日	10%	10.5%	0.5%
13	2007 年 2 月 25 日	9.5%	10%	0.5%
12	2007 年 1 月 15 日	9%	9.5%	0.5%
11	2006 年 11 月 15 日	8.5%	9%	0.5%
10	2006 年 8 月 15 日	8%	8.5%	0.5%
9	2006 年 7 月 5 日	7.5%	8%	0.5%
8	2004 年 4 月 25 日	7%	7.5%	0.5%
7	2003 年 9 月 21 日	6%	7%	1%
6	1999 年 11 月 21 日	8%	6%	−2%
5	1988 年 3 月 21 日	13%	8%	−5%
4	1988 年 9 月	12%	13%	1%
3	1987 年	10%	12%	2%
2	1985 年	央行将法定存款准备金率统一调整为 10%		
1	1984 年	央行按存款种类规定法定存款准备金率，企业存款为 20%，农村存款为 25%，储蓄存款为 40%		

项目一　货币政策目标

项目任务

1. 了解货币政策的含义；

2. 掌握货币政策目标体系、内容及各目标之间的关系。

一、货币政策

（一）货币政策的含义

货币政策是指中央银行为实现特定的经济目标，运用各种工具调节和控制货币供给量，进而影响宏观经济的方针和措施的总和。它一般包括三方面的内容：（1）货币政策的目标；（2）为实现货币政策目标而运用的政策工具；（3）货币政策的传导机制，即运用一定的政策工具，引导社会经济运行状态变化，最终实现货币政策预期目标的作用过程。国家宏观调控的基本任务是实现社会总供给与总需求的均衡，保证社会经济持续、稳定、协调发展，推动全社会的进步。在商品货币经济或市场经济条件下，一切经济关系无不表现在商品和货币的对立统一运动中，一个国家一定时期的社会有效需求，归根结底是由货币来实现的，或者说是以一定数量的货币作为载体的。一定时期流通中的货币量，反映了该时期的社会有效需求总量。在现代金融制度条件下，货币的供给来源于中央银行和商业银行体系。因此货币当局或中央银行可以通过制定、贯彻执行货币政策，对社会货币供应量进行控制和调节来影响社会总需求，促使社会总供给与总需求的平衡。具体地说，在有效需求不足，供给过剩，经济衰退、萎缩的情况下，实行扩张的货币政策，即通过放松银根，增加货币供给，刺激社会总需求，最终在社会生产恢复和发展的基础上，使社会总需求和总供给趋于平衡。在需求过旺、供给不足、经济过度膨胀、物价上涨的情况下，实行紧缩的货币政策，即通过抽紧银根，减少货币供给，抑制社会总需求，促使经济降温、物价回落，最终实现社会总需求和总供给的平衡。

（二）货币政策的基本特征

1. 货币政策是宏观经济政策

货币政策一般涉及的是整个国民经济运行中的货币供应量、信用量、利率、汇率等宏观经济总量问题，而不是银行或厂商等经济单位经济行为中的微观经济个量问题。

2. 货币政策是调节社会总需求的政策

在市场经济条件下，社会总需求是指有货币支付能力的总需求。货币政策正是通过货币的供给来调节社会总需求中的投资需求、消费需求、出口需求，并间接影响社会总供给的变动，从而促进社会总供给与总需求的平衡。

3. 货币政策主要是间接调控政策

货币政策一般不采用或较少采用直接的行政手段来调控经济，而主要运用经济手段来调节。

4. 货币政策是长期连续的经济政策

货币政策的目标一般在短期内是难以实现的。尽管各种具体的货币政策措施可能是短期的，但也需要连续的操作才能逼近或达到长期的目标。

（三）货币政策的类型

1. 扩张性货币政策

扩张性货币政策是指在社会有效需求不足、社会总需求严重落后于总供给的状态下，通过增加货币供应量带动社会总需求以刺激经济协调增长的一种货币政策。其主要措施：一是降低法定存款准备金率，以提高货币乘数，增加货币供应量；二是降低再贴现率，以诱使商业银行增加再贴现，增强对客户的贷款和投资能力，增加货币供应量；三是公开市场业务，通过购进有价证券，增加货币供应量。除以上措施外，中央银行也可以用"道义劝告"方式来影响商业银行及其他金融机构增加放款，以增加货币供应量。在我国，扩张性货币政策常表现为扩大贷款规模。

2. 紧缩性货币政策

紧缩性货币政策是指在社会总需求严重膨胀的经济状况下，通过紧缩货币供应，以抑制社会总需求膨胀的一种货币政策。其措施是扩张性货币政策中所采取措施的反向运用。在我国紧缩性货币政策常表现为压缩贷款规模。

3. 中立性货币政策

中立性货币政策是指在社会总需求与总供给基本平衡的状态下采取的一种货币政策。目的在于保持原有的货币供应量与需求量之间的大体平衡关系。

选择货币政策的类型，一般应考虑以下几个因素：一是要适应国家总的经济政策，根据不同时期国家的经济目标和经济状况而定；二是要适应货币流通的自身要求，使货币代表的价值相对稳定，以免给整个社会经济带来严重影响；三是要适应社会总需求与总供给的平衡状况。

二、货币政策目标

（一）货币政策目标体系

制定货币政策，首先必须明确货币政策的方向和所要达到的目的，即所要实现的目标。货币政策目标是由最终目标和中介指标两个层次有机组成的目标体系。

最终目标是中央银行通过货币政策操作而最终要达到的宏观经济目标，如稳定物价、充分就业、经济增长和国际收支平衡等。但是中央银行并不能对这些目标加以直接控制，而只能通过货币政策工具对它们施加间接的影响和调节，使之进入中央银行的目标区。由于这个过程具有较长的时滞，因此如果中央银行等这些影响和效果在最终目标上反映出来再对政策进行修正，可能已经为时太晚，其错误也将是难以挽回。因此，为了及时准确地监测和控制货币政策的力度和效果，中央银行需要有一套便于决策和控制的中介指标，将货币政策工具的操作与货币政策的最终目标联系起来。

中介指标分为近期指标和远期指标。与货币政策工具紧密联系的是近期指标，它是中央银行通过货币政策工具能有效准确实现的直接政策变量，如超额准备金、基础货币等。这些变量对货币政策工具的变动反应较为灵敏，是政策工具操作直接引起变动的指标，也是在中央银行体系内首先引起变动的指标。远期指标处于最终目标和近期指标之间，是中央银行在一定时期内和某种特定经济状况下，能够以一定的精度达到的指标，主要有货币供应量和利率等。这些中介指标是中央银行政策操作后，经由中央银行体系内部指标变化，引起整个金融体系指标变化的指标，它们与货币政策的最终目标联系紧密。它们的变动可以较好地预告最终目标可能出现的变动。

最终目标和中介指标的宏观性从强到弱、可控性从弱到强构成一个重要的目标体系。中央银行通过对近期指标、远期指标再到最终目标的跟踪，可以及时有效地监测和控制其货币政策效果。

（二）货币政策目标的内容

概括地讲，西方各国中央银行货币政策所要实现的目标有四个：稳定物价、充分就业、经济增长和国际收支平衡。

1. 稳定物价

稳定物价通常是指维持国内币值的稳定，从而使一般物价水平在短期内不发生显著的波动。一般物价水平反映物价变动的一般趋势或者平均水平。在现代经济社会里，一般物价水平呈上升的趋势。因此，中央银行货币政策的首要目标就是物价稳定，将一般物价水平的上升幅度控制在一定的范围之内，以防止通货膨胀。对于把一般物价水平上升的幅度控制在何种范围内，不同的经济学家有不同的看法，不同的国家也有不同的标准。从各国的实际情况来看，在制定货币政策时，中央银行都显得比较保守，一般要求必须把物价上涨率控制在2%～3%。

2. 充分就业

充分就业通常是指有能力并愿意参加工作者，都能在较合理的条件下，随时找到适当的工作。传统的西方经济学理论认为，充分就业不是社会劳动力的100%就业，而是通常把摩擦性失业和自愿性失业等排除在外。充分就业的标准一般是以劳动力的失业率来衡量的。所谓失业率，也就是社会的失业人数与愿意就业的劳动力之比，失业率的大小也就代表了社会的充分就业程度。失业，实际上表示了生产资源的一种浪费，失业率越高，对社会经济增长越是不利。因此，各国都力图把失业率降到最低的水平。根据近20多年来西方各主要国家的经验，失业率若控制在4%左右，即可视为充分就业。

3. 经济增长

经济增长通常是指一国国民生产总值的增长。经济增长的程度表示了一个国家的生产能力和经济实力。促进经济增长的因素主要有社会劳动力的增加、资本的深化程度、资本产出比率的提高、社会积累的增加等。中央银行的货币政策对以上四个因素有积极的促进作用，但也是有一定限度的。中央银行的货币政策只能以其所能控制的货币政策工具，通过创造一个适宜于经济增长的货币金融环境，促进经济增长。多大的经济增长率是合适的，对于不同国家、不同的经济时期都有不同的要求。目前美国是将人均国民生产总值的年增长率达到1%～4%，作为经济增长的目标。

4. 国际收支平衡

国际收支平衡是指一定时期内（通常是指一年内）一国对其他国家或地区的全部货币收支持平。国际收支平衡有利于一个国家国民经济的发展，特别是对于开放经济部门占总体比重较大的国家更是如此。国际收支的平衡依赖于实施良好的货币政策。因为良好的货币政策能使国家在对外经济贸易方面保持外汇储备的适当流动性，从而保证经济活动的适当流动性，同时也保证对外经济的正常进行。另外，中央银行通过货币政策的具体实施，如稳定利率、稳定和调整汇率等，能解决和预防国际收支的失衡问题。平衡国际收支作为一项政策目标，如何来确定？目前，经济学家普遍认为，国际收支平衡应当是一种动态的平衡，在若干年的时间内，如3～5年，一国的国际收支平衡表主要项目的变动接近于平衡，大致上就可以认为是国际收支平衡。在这一时期，某一年份的不平衡可以由另一年份加以弥补。

（三）货币政策各目标之间的关系

货币政策各目标间的关系是比较复杂的。充分就业与经济增长两者是正相关的：经济增长，就业增长；经济下降，则失业增加。但除此之外，各个目标之间都有矛盾。这就使得任何一个国家的中央银行往往不能同时兼顾上述四个目标。货币政策各目标间的矛盾主要表现为以下几方面。

1. 稳定物价与充分就业的矛盾

这个矛盾表现为：要保持充分就业就必须扩大生产规模，增加货币供应量，这样就会引起物价一定程度的上涨；要降低物价上涨率，就要紧缩银根，压缩生产规模，这又会提高失业率，造成物价稳定与充分就业两个目标间的矛盾。

英国经济学家菲利普斯研究了1861—1957年的英国失业与货币工资变动率的统计资料，用一条曲线表示，即后人所称的“菲利普斯曲线”，揭示了失业率与物价变动之间存在的相互关系，见图10－1。其结论为，失业率与物价上涨率之间，存在着一种此消彼长的关系。也就是说，多一点失业，物价上涨率就低；少一点失业，物价上涨率就高。因此失业率和物价上涨率之间，可能有以下几种选择：一是失业率较高时的物价稳定；二是通货膨胀率较高的充分就业；三是在物价上涨率和失业率的两极之间进行组合，即所谓的相机抉择。作为中央银行的货币政策目标，既不应选择失业率较高的物价稳定，也不应选择通货膨胀率较高的充分就业，而只能在物价上涨率与失业率之间相机抉择，根据具体的社会经济条件，做出正确的组合。

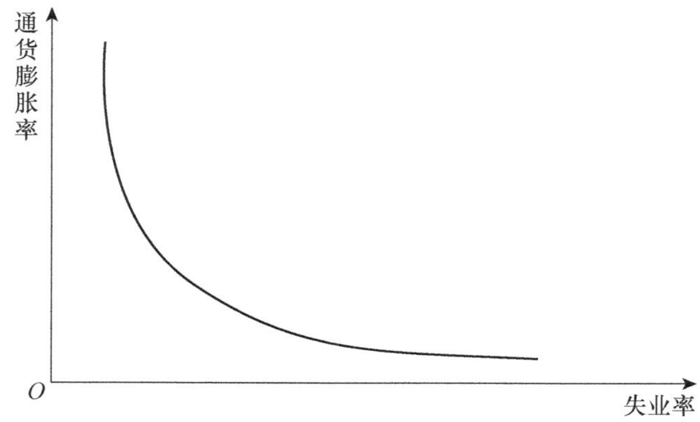

图10－1 菲利普斯曲线

2. 稳定物价与经济增长的矛盾

对这两者之间的关系，西方各国经济学家看法不一。第一种观点认为，只有物价稳定才能够保持经济正常增长。因为生产的发展，使社会商品总量增加。由于生产力是随经济发展而不断提高的，货币工资和实际工资也是随生产率而增加，只要物价稳定，总供给和总需求便会相适应，整个经济就能正常运转，并维持其长期增长的势头。第二种观点认为，轻微的物价上涨能促进经济增长。在轻微的通货膨胀之中，投资活跃，就业增加从而促进经济增长。第三种观点认为，经济增长能使物价稳定。因为经济增长主要取决于劳动生产率的提高和新的生产要素的投入，而在劳动生产率提高的情况下，一方面是产出的增加，另一方面则是单位产品生产成本的下降。因此，随着经济的增长，价格可能趋于下降或稳定。所以稳定物价目标与经济增长目标并不矛盾。

3. 稳定物价与国际收支平衡的矛盾

从理论上讲，只有各国都维持基本相同的物价稳定水平，并且在贸易形态和商品输出输入结构不变的条件下，物价稳定才能与国际收支平衡同时存在。但事实上这是不可能的。若其他国家发生通货膨胀，本国物价稳定，则会造成本国输出增加，输入减少，国际收支发生顺差；若本国发生通货膨胀，而其他国家物价稳定，表明本国货币对内贬值，在一定时期内购买外国商品便宜，会导致本国输出减少，输入增加，使国际收支恶化。

4. 经济增长与国际收支平衡的矛盾

经济增长与国际收支平衡间之所以会出现矛盾，是因为随着经济增长，就业人数增加和收入水平提高，对进口商品的需求通常也会相应增加，从而使进口贸易比出口贸易增长得更快，其结果导致国际收支情况恶化，出现贸易逆差。为了平衡国际收支，消除贸易逆差，需要紧缩银根，减少货币供给，以抑制国内的有效需求。但是生产规模也会相应缩减，从而导致经济增长速度放慢。因此，经济增长与国际收支平衡两者之间也相互矛盾，存在着一定程度的替代性，难以同时兼得。

三、我国的货币政策目标

在高度集中的计划经济时代，我国是没有严格意义上的货币政策最终目标的，经济计划目标就是货币政策目标。自 1984 年中国人民银行单独行使中央银行职能以后，才有了货币政策目标的概念和选择。

1986 年 1 月，国务院发布的《中华人民共和国银行管理暂行条例》中规定，中央银行、专业银行和其他金融机构的金融业务活动，都应当以发展经济、稳定货币、提高社会经济效益为目标。1995 年颁布、2003 年修正的《中国人民银行法》第 3 条明确规定："货币政策目标是保持货币币值的稳定，并以此促进经济增长。"实践证明，保持货币币值的稳定是促进经济增长的基本条件，这无疑是我国货币政策目标选择实践的一大进步。

项目二　货币政策工具

项目任务

1. 了解什么是货币政策以及三类货币政策工具；
2. 重点掌握央行“三大法宝”在实际国民经济中的运用。

货币政策工具就是中央银行为实现货币政策目标，进行金融控制和调节所运用的策略、手段。货币政策工具按其影响范围的不同，可分为一般性货币政策工具、选择性货币政策工具和其他货币政策工具三类。

一、一般性货币政策工具

一般性货币政策工具是最主要的货币政策工具，它是对国民经济产生普遍影响的策略、手段，包括再贴现政策、法定存款准备金政策和公开市场政策，即通常所说的中央银行的“三大法宝”。

（一）再贴现政策

再贴现政策是中央银行最早采用的货币政策工具。所谓再贴现政策，是指中央银行通过制定或调整再贴现利率，来干预和影响市场利率以及货币市场的供求关系，从而调节市场货币供应量的一种政策措施。

一般来说，再贴现政策包括两方面内容：一是制定、调整再贴现利率水平；二是规定何种票据具有申请再贴现的资格。前者主要影响商业银行的超额准备金及社会资金供求，后者则主要影响商业银行及全社会的资金投向。

再贴现政策调控货币供求关系的传导机制是：当中央银行提高再贴现利率，使再贴现率高于市场利率时，商业银行向中央银行借款或贴现的资金成本上升，就会减少向中央银行借款或贴现，商业银行的超额准备金相应缩减，如果商业银行不能从其他的渠道取得资金，就只有收回贷款和投资，从而使市场货币供给量缩减。随着市场货币供给量的缩减，市场利率相应上升，整个社会的投资需求相应减少，从而使经济收缩。当中央银行降低再贴现利率，使再贴现率低于市场利率时，商业银行向中央银行借款或贴现的资金成本下降，商业银行就会增加向中央银行的借款和贴现，并扩大对客户的贷款和投资规模，从而导致市场货币供给量的增加。随着市场货币供应量的增加，市场利率相应降低，整个社会的投资需求也会相应增加，从而使经济扩张。另外，再贴现率的制定或调整，在一定程度上反映了中央银行的政策意向，会产生“告示效应”：如再贴现率升高，意味着国家判断市场过热，有紧缩的意向；反之，则意味着有扩张意向。这种“告示作用”会影响商业银行及社会公众的预期，并按中央银行意向，调整自己的经济行为，从而使中央银行货币政策目标顺利实现。

再贴现政策的局限性在于两个方面：（1）中央银行运用再贴现政策缺乏主动性。再贴现政策实施后能否取得预期效果，主要取决于商业银行的行为，中央银行无法控制。因为在现代金融制度下，商业银行有多种融资渠道，如果商业银行有意避开中央银行的干预，选择其他的渠道融通资金，则会大大降低再贴现政策调控货币供求的效应。另外，商业银行是否向中央银行贴现不仅取决于利率，也取决于需求。在经济衰退时，再贴现率再低也难以吸引商业银行向中央银行借款。(2) 再贴现政策缺乏弹性。如果中央银行经常调整再贴现率，会引起市场利率频繁波动，使商业银行和社会公众无所适从，对经济发展产生消极影响。这些局限性决定了再贴现政策不宜作为中央银行日常操作的货币政策工具，但再贴现率的调整，对货币市场的广泛影响仍然是不可忽视的。

(二) 法定存款准备金政策

法定存款准备金政策是指中央银行在法律所赋予的权力范围内，通过调整商业银行交存中央银行的存款准备金比率，以改变货币乘数，控制商业银行的信用创造能力，进而间接调控社会货币供应量的策略、措施。法定存款准备金制度最初是为防止商业银行盲目发放贷款，保证其清偿能力，保护存款者利益而设立的。法定存款准备金政策，对货币供应量的调控机制是：如果中央银行降低法定存款准备金率，一方面会减少商业银行向中央银行缴存的法定准备金，商业银行超额准备金同时增加，从而加强了商业银行信用扩张的基础；另一方面法定存款准备金率下降，会使货币乘数扩大，从而增加商业银行信用扩张的倍数。在这两方面的共同作用下，会对货币供应量的扩张产生强有力的影响。如果中央银行提高法定存款准备金率，则会对货币供应量的收缩产生强有力的影响。

由于调整法定存款准备金率不仅会影响商业银行的超额准备金，并且会影响货币乘数，所以准备金率的微小变动都会使货币供应量发生重大改变，政策效果十分明显，收效也很迅速。美国联邦储备银行曾估计，存款准备金率调整一个百分点，就会增减 30 亿美元的超额准备金，由于货币乘数的变动，最终会使货币供应量增减 200 亿～300 亿美元。正因为调整法定存款准备金率对货币供应量的效果明显、迅速，操作简便，而且中央银行对其运用有绝对的控制权，所以存款准备金政策成为中央银行货币政策的有力工具。

但是，存款准备金政策也有明显的局限性。(1) 容易导致商业银行资金严重周转不灵，陷于经营困境。因为，银行一般只保留少量的超额准备金，只要法定准备金率略有提高，就会使原有的超额准备金一笔勾销，银行为了迅速调整准备金以符合法定要求及流动性需要，就不得不大幅度缩减贷款，或者大量抛售有价证券。这就使银行的盈利能力大大下降，甚至有可能导致资金周转上的困难。(2) 冲击力太大。法定准备金率稍有变动，就会导致货币供给量的剧烈变动，甚至可能成为经济波动的诱因。(3) 存款准备金对各类银行和不同种类存款的影响不一致，因而货币政策实现的效果可能因这些复杂情况的存在而不易把握。因此，总的来说，准备金政策操作起来不灵活，不宜作为日常调节货币供应量的工具。

近些年来，随着金融创新产生了大量新型金融工具，非银行金融机构在金融过程中发挥的作用越来越大，金融市场发展使金融机构融资渠道增加；现代支付制度借助网络技术已高度发达；等等。这些变革都使准备金制度的审慎监督作用下降，因此各国纷纷下调法定存款准备金率，简化准备金率的档次。加拿大和新西兰甚至已经将准备金率降为零，而比利时、丹麦和瑞典已经取消了存款准备金制度。

(三) 公开市场政策

公开市场政策又称公开市场操作，是指中央银行通过在金融市场上公开买卖有价证券，从而调节、控制信用规模和货币供应量的一种策略、措施。公开市场操作最早在19世纪初为英格兰银行所采用。当时，英格兰银行为了维持国库券的价格而公开买卖国库券。以后，公开市场操作又被用来辅助再贴现政策。1913年，美国采用这一方法来维持财政收支平衡，经过20世纪30年代的大危机，美国联邦储备委员会意外地发现公开市场操作可以极大地影响信用条件，于是大加使用。从此，公开市场操作就成为中央银行控制和调节货币供应量的主要工具。1935年，美国国会颁布银行条例，正式建立公开市场委员会，以负责、协调和指导公开市场操作。

公开市场政策对货币供应量和利率的调节机制是：当经济衰退、金融市场上资金短缺时，中央银行执行放松银根的货币政策，在公开市场上购入有价证券，这实际上相当于中央银行向社会投入了一笔基础货币。有价证券的出售者不论是银行、企业和个人，经过票据交换以后，必然会导致银行体系超额储备的增加。在银行扩大贷款规模后，则会通过货币乘数的作用，使货币供应量呈倍数扩张。与此同时，中央银行购买有价证券的行为会增加金融市场对有价证券的需求，引起其价格上涨，利率下降，这同样有助于商业银行扩大信贷。在这两方面的共同作用下，中央银行可以顺利实现银根的放松，最终达到扩大投资、刺激消费、促进经济扩张的目的。反之，当投资过度、通货膨胀加剧时，中央银行则执行收缩银根的货币政策，在公开市场上卖出有价证券，对货币供应量和利率会产生相反的影响。

此外，公开市场政策还可以改变利率结构，不仅能提高政策效果的针对性，还能同时达到多重政策目标。中央银行通过买卖不同期限的有价证券来影响利率结构，进而影响对不同利率有不同敏感性的贷款与投资，以同时实现多重货币政策目标，如在国际收支逆差和国内经济增长停滞并存的情况下，通过公开市场的“扭动操作”，一方面降低长期利率以刺激企业投资，发展国内经济；另一方面提高短期利率以改善国际收支状况。

同前两种货币政策工具比较，公开市场政策具有明显的优越性：(1) 中央银行运用公开市场政策，能非常精确地控制银行体系的准备金和基础货币，使之达到合理的水平；(2) 中央银行能够随时根据金融市场货币供求关系变化，进行经常性、连续性操作，使社会不易对公开市场政策做出强烈反应，具有一定的灵活性和隐蔽性；(3) 中央银行运用公开市场政策始终处于积极主动的地位，完全可以按自己的意愿决定买卖有价证券的数量、时间和方向；(4) 由于公开市场政策对货币供应量的调整是以弹性的、微调的方式进行的，所以不会对经济产生剧烈的震动。即使出现政策失误，也可以及时地进行反方向操作加以修正。正因为如此，公开市场政策成为许多国家中央银行青睐并积极推行的一项重要的货币政策工具。

但是公开市场政策的运用要受到一些基本条件的限制，这些条件包括：(1) 中央银行必须具备强大的、足以干预和控制整个金融市场的金融实力；(2) 具有完善的、发达的金融市场；(3) 政府债券种类齐全并达到一定的规模；(4) 相关的法规应健全。

二、选择性货币政策工具

选择性货币政策工具也称特殊的货币政策工具，它是有选择地为调节某些特殊领域的信用而采取的策略措施。选择性货币政策工具大都是20世纪30年代以后逐步发展起来的，多数带有浓厚的行政色彩，它们的运行机制不是靠利益，而主要是依靠国家授予中央银行的权力来推动的。选择性货币政策工具有以下几种。

（一）消费信用控制

消费信用控制，是指中央银行对不动产以外的各种耐用消费品的销售融资予以控制。其主要内容包括：（1）规定分期付款购买耐用消费品时第一次付款的最低比例；（2）规定消费信贷的最长期限；（3）规定可用消费信贷购买的耐用消费品的种类，不同种类消费品取得消费信贷的条件；等等。中央银行通过对消费信用进行控制可以起到刺激或抑制消费需求，调节消费结构的作用。

（二）不动产信用控制

不动产信用控制，是指中央银行对金融机构在房地产方面放款的限制性措施，以抑制或刺激房地产生产和消费。其主要内容包括：（1）规定金融机构房地产贷款的最高限额；（2）规定房地产贷款的最长期限；（3）规定用不动产信用购买房地产的第一次付款的最低比例及分摊还款期限；等等。

（三）证券市场信用控制

证券市场信用控制，是指中央银行对有价证券交易的各种贷款进行限制，目的是抑制证券交易中的过度投机。其主要内容包括：（1）规定以贷款方式购买证券时必须以现金支付的最低限额；（2）规定用于购买有价证券的最高贷款限额等。中央银行有权根据金融市场及经济形势，随时对限额进行调整。

（四）优惠利率

优惠利率是指中央银行对国家重点扶植的产业和部门的贷款，采取低于一般利率的优惠措施，借以优化资源配置、调整产业结构。

（五）预缴进口保证金

预缴进口保证金，是指中央银行要求进口商预缴相当于进口商品总值一定比例的存款，以抑制进口的过快增长。预缴进口保证金多为国际收支经常出现赤字的国家所采用。

三、其他货币政策工具

（一）直接信用控制

直接信用控制，是指中央银行以行政命令的方式直接对金融机构的信用活动进行控制，其主要手段包括如下几种。

1. Q 项规则

Q 项规则是指美联储系统管制存款利率的规则，因其在各项规则中顺序为 Q，所以称为 Q 项规则。中央银行可以根据货币政策的要求，采取提高或降低 Q 项规则中规定的利率限额，以有效控制信贷市场上存款的规模，实现货币供应量的收缩或扩张。

2. 信用配额

信用配额是指中央银行根据金融市场状况及客观经济需要，规定各金融机构或某一类金融机构的最高贷款额度，以此控制信用规模。在西方国家，这种直接干预一般只在发生金融危机、战争等特殊情况下使用。

3. 规定流动比率

规定流动比率是指中央银行为了控制长期信用规模而采取的直接管制措施。流动性比率是指金融机构流动资产对存款的比率。商业银行为保持中央银行规定的流动比率，就必须压缩长期贷款，扩大短期放款，并增加易变现的资产比率，从而达到中央银行压缩长期信用规模、减少社会投资规模的目的。

4. 直接限制

直接限制是指中央银行对业务活动不当的银行的信贷业务、放款范围等加以直接限制。如对业务经营不当的银行拒绝给予再贴现，或拒绝贷款，或对其采用高于一般利率的惩罚性利率等；又如直接干涉某一商业银行对活期存款的吸收；再如，规定某一商业银行对不动产投资数量的限额等。

（二）间接信用指导

间接信用指导，是指中央银行利用非强制性措施间接影响商业银行的信用创造，其主要包括以下三个方面。

1. 道义劝告

道义劝告是指中央银行利用自己在金融体系中的特殊地位和声望，对商业银行和其他金融机构施加影响，说服、劝告它们自动根据中央银行政策意向采取相应措施，从而达到控制与调节信用的目的。道义劝告的方式，可以由中央银行向商业银行和其他金融机构发出通告、指示的形式，也可以采取与各金融机构负责人举行面谈的形式来表明中央银行的意向、立场等。

2. 窗口指导

“窗口指导”这个词来自日本，其具体做法与其他国家的道义劝告极为相似。其主要内容是日本银行根据市场情况、物价变动趋势、金融市场动向以及货币政策要求等，规定金融机构必须按季度提出贷款增加计划，并在金融紧缩时期设置贷款增加额的上限。这种限制贷款增加额的做法并非法律规定，只是日本银行的一种“指导”。如果金融机构不遵照窗口指导行事，并不会承担任何法律上的直接责任，但会受到日本银行因此而施加的各种经济制裁，比如，削减日本银行向该金融机构的贷款额度，甚至停止提供信用等。

3. 公开宣传

公开宣传，是指中央银行利用各种机会向金融机构和社会宣传自己的金融政策，以求得到各方面的配合。例如，美国联邦储备委员会主席经常到国会的专门委员会作证，美国联邦储备委员会每月出版《联邦储备公报》，各州联邦储备银行也发行自己的《银行评论》等，这些宣传都会在金融界和社会各界引起反响。

项目三　货币政策传导机制及政策效应

项目任务

1. 了解什么是货币政策传导机制，各个货币学派对货币政策传导机制持何种观点；
2. 重点掌握货币政策中介指标有哪些以及货币政策最终产生的货币政策效应。

一、货币政策传导机制

货币政策传导机制，是指中央银行通过货币政策工具操作，引起社会经济生活发生某些变化，最终实现预定的货币政策目标所经过的全过程。由于中央银行货币政策的实施必然反映在货币供应量的变动上，而社会经济生活的变动必然反映在支出和收入的变动上，所以货币供应量变动与支出和收入变动之间的因果关系就是货币政策传导机制理论研究的内容。在西方，对货币政策传导机制的分析，主要有凯恩斯学派的货币政策传导机制理论和货币学派的货币政策传导机制理论。

（一）凯恩斯学派的货币政策传导机制理论

凯恩斯学派的货币政策传导机制理论，可分为局部均衡理论和一般均衡理论两种模式。

1. *局部均衡理论*

局部均衡分析强调货币市场对商品市场的影响，而忽视两者的相互作用。凯恩斯学派认为，货币政策实施对经济活动影响的传递过程是：中央银行货币政策实施，首先引起商业银行的准备金数量发生变动，继而导致货币供应量发生变化，货币供应量变化又会引起市场利率发生变化，市场利率的变化又会引起投资发生增减变动，进而通过乘数效应，最终影响社会总支出和总收入的变动。这种传递过程可以用符号表示为：

$$R \rightarrow Ms \rightarrow r \rightarrow I \rightarrow E \rightarrow y$$

其中，R 为存款准备金；Ms 为货币供应量；r 为市场利率；I 为投资；E 为总支出；y 为总收入。

具体来说，在中央银行采取扩张性的货币政策，例如降低存款准备金率、降低贴现率或买入证券后，商业银行超额准备金增加，贷款能力增强，贷款的增加必然会增加货币供给量，这就打破了原有的货币市场均衡，货币供给大于货币需求，促使利率降低。而利率降低就意味着资本边际效率相应提高，从而刺激投资增加。增加的投资通过乘数效应直接增加了社会总需求，扩大了支出，最终导致社会总收入的增加。若此时社会处于未充分就业状态，则货币供应量增加，只会促进实际产出（或真实国民收入）的增加，以及就业水平的提高，而不会引起物价水平的上涨；而在接近充分就业时，货币供应量的增加就不仅仅会促进真实国民收入的增加和就业水平的提高，而且也会在一定程度上引起物价水平的上涨；在社会实现了充分就业后，货币供应量的增加就只会造成物价水平的上涨。若中央银行采取紧缩性的货币政策则会引起与上述相反的效果。

综上所述，中央银行货币政策作用的大小，主要取决于三个方面的因素。一是取决于一定的货币供应量变动能否引起利率发生变化，以及发生多大变化。如果货币供应量增加，不能对利率产生影响，即存在流动性陷阱，则货币政策无效。二是取决于投资支出的利率弹性，即一定的利率变动对投资支出的影响程度。三是取决于投资乘数的大小。在这一传导机制中，利率是整个传导机制的核心和主要环节。如果货币供应量增减后不能对利率产生影响，或者利率变动后对投资的影响有限，则货币政策失效。

2. *一般均衡理论*

一般均衡分析是后凯恩斯学派对局部均衡理论的补充和发展，它不仅重视货币市场对商品市场的影响，而且强调两者之间的相互作用。其主要观点是：假定中央银行采取扩张性的货币政策促使货币供应量增加时，在总需求不变的情况下，利率会相应下降；下降的利率会刺激投资，并引起总支出和总需求的增加，总需求增加进而推动产出量上升，最终使总收入增加，这与原来的分析是一样的。但利率下降以后，又降低了存款人的存款意愿，借贷资金的供给会减少，与此同时，商品市场上由于收入的增加，又产生了更多的货币需求，从而使货币需求量超过货币供给量，促使下降的利率又重新回升，这是商品市场对货币市场的作用。利率回升，又使总需求减少、产量下降、收入减少，其结果又导致利率再次回落。如果货币市场和商品市场继续按上述机制循环往复，最终会逼近一个均衡点，这个点将同时满足货币市场供求和商品市场供求两方面的均衡要求。

（二）货币学派的货币政策传导机制理论

与凯恩斯学派不同，货币学派认为，利率在货币传导机制中不起重要作用，而更强调货币供应量在整个传导机制中影响社会总支出和总收入的直接效果。其传导过程可以用符号表示为：

$$Ms \rightarrow E \rightarrow y$$

货币学派认为，货币需求函数具有内在稳定性，且不受货币供给变动的影响，货币供给是中央银行可以控制的外生变量。当中央银行增加货币供应量时，由于货币需求并未改变，公众持有的货币余额会超过他们所愿意持有的货币余额，为了消除这一过多的货币余额，人们必然会增加支出，以购买比过去更多的非货币金融资产或实物资产。货币总流量的扩大，会导致非货币金融资产价格上升，收益率下降，从而使更多的货币用于购买实物资产，这又会使商品物价水平提高。在短期内，由于产品价格的上升幅度大于生产要素的上升幅度，因而实际工资降低，企业利润相对提高，这就刺激了生产的扩张和产出的增多，使社会总收入增加。因此在短期内，货币供给增加的结果往往具有两重性：一方面使物价水平上升，另一方面又使实际产出增加。然而就长期来看，由于不存在预期误差，货币供给的变动只能影响物价水平，而不能影响实际产出，实际产出的变动只受实物因素的影响。就长期过程来看，人们会根据不同资产收益率的变动，调整自己的资产组合，最终实现不同资产收益率的相对均衡，这时人们持有的实际货币余额等于其愿意持有的货币余额，经济处于均衡状态。

从以上介绍可以看出，货币学派的传导机制理论与凯恩斯学派的传导机制理论最主要的分歧是：凯恩斯学派非常重视利率在传导机制中的作用，而货币学派则不重视利率在传导机制中的作用，认为货币供应增加的初期，虽然利率会随之降低，但不久就会因为货币收入的增加和物价的上涨，而使名义利率上升，而实际利率则又回到并稳定在原先的水平上。因此，货币政策不是通过利率间接地影响投资和收入，而是通过货币供应量的变动直接影响社会支出和货币收入。所以，货币学派认为，中央银行在实施货币政策时，应忘掉利率，而把注意力集中到货币供应量上来。

二、货币政策中介指标

（一）货币政策中介指标的作用

货币政策中介指标，又称货币政策的中间变数，它是中央银行为了实现货币政策最终目标而设置的、可供观察和调整的中间性或传导性金融变量。中央银行在实施货币政策时所采用的货币政策工具无法直接作用于最终目标，需要一些中间环节来完成政策传导任务。因此，中央银行在政策工具和最终目标之间设置了某些短期的数量化的金融变量，中央银行可以通过它们的变动，观察社会经济活动状态和金融趋势，测定货币政策工具的有效性，以及货币政策的实施进度及效果，并通过对它的控制与调节来影响并最终实现既定的货币政策目标。因此，货币政策中介指标是政策工具和最终目标之间的中介或桥梁，是为货币政策朝着最终目标运行而设置的可靠“航标”。使用它来校正政策工具和跟踪目标，可以使中央银行在实施货币政策的过程中时刻处于主动地位，对宏观经济实现有弹性和有层次的调控。

（二）货币政策中介指标的选择标准

通常，一个良好的货币政策中介指标应具备以下条件：

（1）可测性。即中央银行能够迅速而准确地获得它所选定的中介指标的各种资料，并且能被社会各方面理解、判断与预测。

（2）可控性。即中央银行一定能控制其所选择的中介指标。只有这样，中央银行才能够通过各种货币政策工具的运用，对中介指标进行有效的调节和控制，间接促进最终目标的实现。

（3）相关性。即所选择的中介指标与货币政策目标之间具有高度的相关关系。中介指标与货币政策的最终目标之间要有密切的、稳定的统计数量上的联系。这种相关性应是正相关，即它的变动要有利于从正面促成最终目标的实现。

（三）货币政策中介指标的种类

各国货币政策的中介指标不完全相同，根据以上三个条件，结合各国中央银行的实际和传统习惯，一般有以下几种中介指标：

（1）利率。作为中介指标的利率是指市场短期利率。它是凯恩斯主义所推崇的货币政策中介指标。

利率作为中介指标的优点是：1）可测性强，中央银行随时都能观察到市场利率的水平及结构；2）可控性强，中央银行可以直接控制再贴现率、再贷款利率，调节市场的资金供求状况，间接影响市场利率水平和趋向；3）相关性强，中央银行能够通过利率影响投资和消费支出，从而调节总供求。

利率作为中介指标的主要缺陷是作为内生变量的利率与作为政策变量的利率会相互干扰。

（2）货币供给量。货币供给量是以弗里德曼为代表的现代货币主义所推崇的中介指标。

作为货币政策的中介指标，货币供给量与利率相比较，优点是不会产生内生变量与政策变量之间的互相干扰。作为内生变量，货币供给量的变动是顺经济循环的，即经济繁荣时，银行会增加信贷资金投放，增加货币供给量；当经济萎缩时，银行会减少信贷资金的投放，减少货币供给量。货币供给量作为政策变量则是逆经济循环的，经济过热时，为防止过高的通货膨胀，中央银行会压缩货币供给量；在经济萎缩时期，中央银行会增加货币供给量，刺激需求。因此，货币供给量作为中介指标，不会使政策性影响与非政策性影响相互混淆，导致中央银行判断失误。

（3）基础货币。基础货币是指流通中的现金与商业银行存入中央银行的准备金之和。基础货币作为中介指标，其可测性、可控性和相关性非常好。基础货币是中央银行直接控制的变量，也是银行体系存款扩张、货币创造的基础。它与货币政策目标密切相关，其数量的变化会影响货币供应量的增减变化。基础货币是中央银行的货币性负债，中央银行通过调整基础货币影响货币供给量，并进一步影响整个社会的经济活动。基础货币的增减与社会货币供应量以及社会总需求是正比例关系。因此，基础货币是一种较好的中介指标。

（4）超额准备金。超额准备金是指商业银行准备金超过法定准备金的部分。超额准备金是商业银行扩大贷款规模、增加货币供给量的基础。中央银行运用存款准备率、公开市场业务和再贴现等政策工具调控货币供给量，都是通过影响商业银行超额准备金水平而发挥作用的。超额准备金与货币政策目标有高度的相关性，当经济繁荣时，商业银行会减少超额准备金以扩大信贷；在经济衰退时，商业银行会增加超额准备金以收缩信贷。因此，通过观察超额准备金的增减变化，就可以大致掌握经济的变动趋势。就可测性而言，中央银行只要通过对银行库存现金和在中央银行存款账户的余额的统计，就能准确掌握银行的全部超额准备金。就可控性而言，虽然其水平主要受商业银行决策的影响，但是中央银行运用存款准备率、公开市场业务和再贴现等政策工具仍能对其增减产生直接的影响。

三、货币政策效应

（一）货币政策传导的时滞效应

任何政策从制定到取得主要的或全部的效果，必须经过一段时间，这段时间即称为时滞。货币政策的时滞是指从货币政策的制定到最终影响各经济变量、实现政策目标所经过的时间，也就是货币政策传导过程所需要的时间。就总体过程而言，货币政策时滞可分为内部时滞和外部时滞。

1. 内部时滞

内部时滞是指中央银行从认识到制定实施货币政策的必要性，到研究政策措施和采取实际行动所经过的时间。它可再分为两个阶段：一是从客观需要中央银行采取行动到中央银行认识到这种必要性所经过的时间，称为认识时滞；二是从中央银行认识到这种必要性到实际采取行动这段时间，称为行动时滞。内部时滞的长短取决于中央银行对经济形势发展的预见能力、制定对策的效率和行动的决心等，一般比较短促，也易于解决。只要中央银行对经济活动的动态能随时、准确地掌握，并对今后一段时期的发展趋势做出正确的预测，中央银行对经济形势的变化，就能迅速做出反应，并采取相应的措施，从而减少内部时滞。

2. 外部时滞

外部时滞又称影响时滞，指从中央银行采取行动到对政策目标产生影响所经过的时间，这也是作为货币政策调控对象的金融部门及企业部门对中央银行实施货币政策的反应过程。外部时滞也可再分为两个阶段：一是从调整政策工具到其对中介指标发生作用所需耗费的时间，称为操作时滞；二是从中介变量发生反应到中介变量对目标变量产生作用所耗用的时间，称为市场时滞。外部时滞的长短，主要取决于政策的操作力度和金融部门、企业部门对政策工具的弹性大小。外部时滞较为客观，它不像内部时滞那样可由中央银行掌握，而是一个由社会经济结构与产业结构、金融部门和企业的行为等多种因素综合决定的复杂变量。因此，中央银行对这段时滞很难进行实质性的控制。

时滞是影响货币政策效应的重要因素。如果货币政策所能产生的大部分影响较快地有所表现，那么中央银行就可根据期初的预测值，考察政策生效的情况，并对政策的取向和力度做必要的调整，从而使政策能够更好地实现预期目标。假定政策的大部分效应要在较长的时间，比如两年后产生，而在这两年内经济形势会发生很多变化，那就很难证明货币政策的预期效应是否实现。

（二）影响货币政策效应的其他因素

除了时滞效应以外，影响货币政策效应的因素还有货币流通速度和微观主体预期等。就前者而言，如果在政策制定后货币流通速度发生变动，而政策制定者在制定政策时并未意识到，也未预料到，货币政策的效果就可能受到严重影响，甚至有可能使本来正确的政策走向反面。但恰恰在经济实际当中，对货币流通速度的估计很难不发生误差，这就在一定程度上限制了货币政策的有效性。另外，就后者即微观主体的预期而言，当一项货币政策提出时，各种微观主体会立即根据可能获得的各种信息预测政策的后果，从而很快地做出对策，而且时滞较短。但是微观主体广泛采取的对策，对中央银行制定的政策所产生的效果可能会在一定程度上起破坏作用。例如，政府拟采取长期的扩张政策，人们通过各种信息预期社会总需求会增加，物价会上涨，所以此时工人会要求提高工资，企业对此会预期工资成本增大而不愿扩展经营，最后的结果是扩张政策使物价上涨了，但没有经济产出的同步增长。

四、我国货币政策的效应

客观地说，随着我国经济金融体制改革的逐步深入，我国货币政策的调控效应是不断增强的。但是，我国货币政策的有效性还很不足。

（一）我国货币政策有效性不足的表现

第一，从货币政策与货币政策目标之间的关系来看，作为货币政策调控指标的货币供应量与经济增长率之间呈非稳定关系，而且从统计上也无法判定其与物价指标的相关性。这使得中央银行为推动经济增长或稳定物价而必须不断地进行同向操作，从而使得货币政策的调控方向呈相对固定的增长。

第二，从货币政策“时滞约束”来看，我国货币政策的内部时滞较长。因为中国人民银行是国务院的职能部门，代表政府行使中央银行职能，货币政策的重大决策须报国务院批准。所以，对经济变化的判断、预见及货币政策的研究、决策环节不仅有中央银行，还有国务院，这无疑加大了货币政策的效应时滞。

第三，从货币政策“基础约束”来看，我国货币政策的制定与实施往往是针对银行，尤其是考虑国有商业银行的反应而使国有商业银行的经营管理受许多条条框框的限制，而其他金融机构，尤其是非银行金融机构却能钻政策、法规不健全和金融监管不严的空子。这是造成国有商业银行市场份额不断缩小的主要原因之一，这无疑削弱了货币政策的调控基础。

（二）增强我国货币政策有效性的途径

第一，正确评价货币政策的功效以及货币政策与包括财政政策在内的其他经济政策在功效上的差异，实现货币政策与其他经济政策，尤其是与财政政策之间的协同动作。

第二，加强对我国货币供应量与实际经济变量相关关系的研究，完善金融经济的统计和公布制度，强化中央银行的经济金融监测功能，把我国货币政策的制定建立在科学、可靠的依据上。

第三，超前于经济波动来把握货币政策的实施时机和取向。同时，要继续改革中国人民银行的管理体制和运行方式，提高工作效率，尽可能缩短货币政策的认识时滞和决策时滞。

模块总结

1. 货币政策是中央银行为实现特定的经济目标而采取的各种控制和调节货币供应量和信用条件的方针、措施的总和。货币政策所要讨论的问题包括：货币政策的目标，货币政策的工具及其运用，货币政策的传导过程、传导途径及实施效果等。

2. 货币政策目标是货币政策的首要问题。货币政策的最终目标一般概括为四项：稳定物价、充分就业、经济增长和国际收支平衡。这四项目标间存在着较为复杂的关系，且更多地则表现为目标间的矛盾关系。

3. 货币政策目标是通过货币政策工具的运用来实现的。货币政策工具包括一般性货币政策工具、选择性货币政策工具和其他货币政策工具。

4. 货币政策中介指标的选取要符合可测性、可控性、相关性三个标准。在市场经济比较发达的国家，一般选择利率、货币供应量、超额准备金和基础货币等金融变量作为中介指标。这些金融变量作为中介指标各有优点与不足。

5. 货币政策效应是指货币政策的实施对社会经济生活产生的影响，主要有货币政策传导的时滞效应。

6. 由于一个国家宏观经济政策构成体系中的各项宏观经济政策在调节重点、调节功能、调节效应等方面都有自己的特点，既有优点也有不足，所以货币政策必须与财政政策协调、配合，才能有效地实现调节宏观经济的目标。

综合练习

一、单项选择题

1. 货币政策指中央银行为实现既定的经济目标，运用各种工具调节（　　）的一种金融政策和措施。

A. 货币供给和利率　　　　B. 货币需求与供给

C. 社会需求与供给　　　　D. 社会供给和利率

2. 一般情况下，代表国家实施货币政策的机构是（　　）。

A. 财政部　　B. 政府　　C. 中央银行　　D. 商业银行

3. 中央银行对商业银行的存贷款的最高利率加以限制，属于（　　）。

A. 道义劝告　　B. 特殊领域的调节　C. 金融检查　　D. 行政干预

4. 货币政策传导的一般过程包括（　　）。

A. 一个层次　　B. 两个层次　　C. 三个层次　　D. 四个层次

二、简答题

1. 试述货币政策各目标之间的矛盾与冲突如何协调。
2. 分析一般性货币政策工具的作用及特点。
3. 为什么要设置货币政策中介指标？选择的标准是什么？
4. 如何评价货币政策效应？
5. 货币政策与财政政策为什么要配合？如何配合？

三、实践题

查资料总结中国人民银行历年所采取的货币政策工具，以及运用相关货币政策工具后对我国国民经济产生了何种影响。

案例分析

美国公开市场业务运作

美国联邦公开市场委员会（FOMC）由联邦储备体系理事会的7位成员、纽约联邦储备银行行长和另外4位联邦储备银行行长组成。尽管只有5家联邦储备银行的行长在该委员会中拥有表决权，但另外7位地区储备银行行长也列席会议并参加讨论，所以他们对委员会的决定也有些影响。由于公开市场操作是联邦储备体系用以控制货币供应量的最重要的政策工具，联邦公开市场委员会必然成为联邦储备体系内决策的焦点。虽然法定准备金比率和贴现率并非由联邦公开市场委员会直接决定，但同这些政策工具有关的政策实际上还是在这里做出的。联邦公开市场委员会不直接从事证券买卖，它只是向纽约联邦储备银行交易部发出指令，在那里，负责国内公开操作的经理则指挥人数众多的下属人员，实际操作政府或机构证券的买卖活动。该经理每天向联邦公开市场委员会成员及其参谋人员通报交易部活动的情况。

公开市场操作可以分为两类：能动性的公开市场操作和保卫性的公开市场操作。前者旨在改变准备金水平和基础货币；后者旨在抵消影响货币基数的其他因素的变动（如在联邦的财政部存款和在途资金的变动）。美联储公开市场操作的对象是美国财政部和政府机构证券，特别是美国国库券。

纽约联邦储备银行交易部工作流程大致如下：

国内业务操作经理监督交易员进行证券买卖。假如我们称这位经理为吉姆，他的工作日从阅读一份昨天晚上银行系统准备金总量的报告开始，这份关于准备金的报告，有助于他确定需要多大规模的准备金变动才能达到令人满意的货币供应量水平。他也检查当时的联邦基金利率——它可以提供有关银行系统准备金数量的信息：如果银行体系拥有可贷放给其他银行的超额准备金，联邦基金利率便可能下降；如果银行准备金水平低，几乎没有银行拥有超额准备金可以贷放，联邦基金利率便可能上升。

上午9点，吉姆同几位政府证券交易商（他们为私人公司或商业银行工作）进行讨论，以便对当天交易过程中这些证券价格的走势有所感觉。同这些交易商见面之后，大约在上午10点，他收到研究人员提交的报告，附有关于可能影响基础货币的一些短期因素的详细预测。例如，如果预测结算在途资金将因全国范围内的天气晴好使支票交付加快而减少，吉姆便知道，他必须运用保卫性的公开市场操作（购买证券），来抵消因在途资金减少而预期带来的基础货币减少。然而，如果预测在联邦的财政部存款或外国存款会减少，便有必要运用保卫性的公开市场出售，来抵消预期的基础货币扩大。这份报告亦对公众持有的通货情况做出预测。如果预期通货持有量上升，那么，运用公开市场购买以增加货币基数，从而防止货币供应量下降，便是必须做的事情了。

上午10点15分，吉姆或其手下的一名工作人员打电话给财政部，了解财政部对财政部存款这些项目的预测。与财政部的通话，也能获得其他方面的有用信息——例如将来财政部出售债券的时间安排——可以提供有关债券市场走势的线索。

在取得了所有这些信息以后，吉姆查看他从联邦公开市场委员会收到的指令。这个指令告诉他，联邦公开市场委员会欲实现的几种货币总量指标的增长率（用幅度表示，比如说年率4%～6%）和联邦基金利率的幅度（比如说10%～14%）是多少。然后，他规划好为实现联邦公开市场指令所需进行的能动性的公开市场操作。把必要的保卫性的公开市场操作同所需进行的能动性的公开市场操作合在一起，该经理便做出了当天公开市场操作的“行动计划”。

整个过程到上午11点15分完成，这时，吉姆同联邦公开市场委员会的几位成员举行每天例行的电话会议，扼要报告他的战略。计划得到同意以后，通常在上午11点30分稍后一些，他让交易部的交易员打电话给政府证券一级交易商（私人债券交易商，人数在40人左右），询问出售报价（如果拟做公开市场购买）。举例来说，如果吉姆为增加基础货币而打算购买2.5亿美元的国库券，交易员便将交易商在不同报价水平上所愿出售的国库券数额，写在一块大黑板上。报价从低价到高价依次排列。由于美联储欲得到尽可能有利的价格，它便由低到高依次购买国库券，直到打算购买的2.5亿美元都已买到为止。

收集报价和着手交易，大约在12点15分完成。交易部随即平静下来，但是交易员仍要继续监视货币市场和银行准备金的动向，在极少数情况下，吉姆还可能决定有必要继续进行交易。

有时，公开市场操作是以直截了当买或卖证券的方式进行的。不过，交易部市场采取另外两种交易方式。在回购协议方式（常称作回购）下，美联储与出售者订立协议，规定出售者要在短时期内（一般不超过一星期）再将这些证券购回。一份回购协议，实际上就是一次暂时的公开市场购买。当美联储打算实施暂时性的公开市场出售时，它可以进行一售一购配对交易（有时称作反回购）。在这种方式下，美联储出售证券，但买主同意在不久的将来再把这笔证券卖回给美联储。

思考：

我国公开市场操作是如何进行的？

模块十一

金融创新与金融监管

金融案例导入

英格兰银行（Bank of England）是历史最悠久的中央银行。根据英格兰银行法的规定，其经营目标为：维护金融体系的健全发展，提升金融服务的有效性，维持币值稳定。就首要目标而言，最终为强化保障存款户与投资者的权益，这与金融机构业务经营良莠密切相关。根据1987年银行法的规定，金融监管业务由英格兰银行辖下之银行监管局掌管。随着金融市场的进步与发展，银行与金融中介机构的传统分界线日趋模糊。因此，时任英国首相的布莱尔于1997年5月20日宣布，英国金融监管体系改制，将资金供需与支付清算系统中居枢纽地位的银行体系，以及隶属证券投资委员会的各类金融机构，业务整合，成立单一监管机构，即金融服务总署（Financial Services Authority，FSA）。

FSA有下列九个业务监管机构：建筑融资互助社委员会、互助社委员会、贸易与工业部保险业委员会、投资管理监管组织、个人投资局（主管零售投资业务）、互助社设立的登记局（主管信用机构监管）、证券期货管理局（主管证券及衍生性信用商品业务）、证券投资委员会（主管投资业务，包括票据清算与交换）、英格兰银行监管局（主管银行监管，包括批发货币市场）。法律赋予FSA如下权力：(1) 对银行、建筑互助社、投资公司、保险公司与互助社的授权与审慎监管；(2) 对金融市场与清算支付系统的监管；(3) 解决影响公司企业、市场及清算支付系统的问题。在某些特殊情况下，如英格兰银行未能贯彻其利率政策，且影响危及经济体系稳定性时，FSA将与英格兰银行协商合作。

FSA监管所有金融组织，目的在于提升监管效率，保障消费者权益，并改善受监管单位的金融服务。受FSA监管的金融产业，对英国经济的重要性是：金融服务占国内生产毛额的70%，约占FTSE 100总值的30%，近100万人服务于金融产业，相当于5%的英国劳动人口。大部分成年人均为金融产业的消费者：80%家单位拥有银行或建筑互助社的账户，约70%购买人寿保险或养老年金，超过1/4的成年人投资股票或单位信托。

项目一　金融创新

项目任务

1. 掌握金融创新的定义、动因及内容；
2. 重点掌握金融创新的内容。

一、金融创新的定义及动因

金融深化或金融自由化，为发展中国家带来的杰出成果是金融的改革与发展，许多国家因此使计划金融体制改变为市场金融体制，金融工具、金融机构获得了迅猛发展，金融市场体系也随之逐步建立和完善。如果单从西方发达国家来考察金融自由化的成果，最为突出的是金融创新，是金融自由化为金融创新营造了良好环境，金融创新又反过来猛烈地推动着金融的自由化。

所谓金融创新，是指西方发达国家自20世纪七八十年代开始至今，金融业不断超越传统的经营方式和管理模式，在金融工具、金融机构、金融方式、金融服务技术、金融市场组织等各个方面所进行的大量革新与创造活动。这种创新浪潮的兴起，主要有如下几方面原因。

（一）金融业竞争加剧

金融业的迅速发展和市场边界的不断扩大，使进入竞争性市场的经营主体迅猛增加。竞争个体的数目扩大，竞争必然加剧，其结果是金融机构的成本增加，收益普遍下降。在这种竞争局面下，金融机构只维持传统的经营和服务项目已经不能保证正常的发展，甚至还会殃及生存，于是，开发业务新品种，开辟新领域，成为金融机构首选的谋生之道。

（二）通货膨胀和利率波动

从20世纪60年代便开始蔓延的通货膨胀，在70年代中期演变为“滞胀”。针对这种情况，各国纷纷将货币政策中介指标由利率转为货币供应量，加强了对货币供给的控制。货币收紧，再加上放松了对利率的管制，导致利率上升。与高通货膨胀率和高利率相伴随的是物价水平和市场利率的频繁波动。在这种情况下，金融机构一方面要防止物价变动给其造成的实际利率的损失，另一方面还要防止市场利率变动给其造成的收入和盈利的损失。由此引发了金融机构积极创造旨在应付价格和利率波动、规避市场风险的金融工具的热情。

（三）科学技术的迅猛发展

20世纪70年代以后，以计算机技术为核心的信息通信技术在金融业得到广泛应用，它为金融创新提供了强大的技术支持。如：利用电子通信技术的辐射功能和电脑的自动化信息处理功能，银行业务实现了跨越时空的延伸，一家银行可以同时处理与远在另一半球的分支机构或客户之间的业务，ATM（自动提款机）、POS机（销售终端机）、电话银行、自助银行、网络银行等可以连续 24 小时准确及时地为所有通过电讯联系的机构和客户服务，银行业务的创新随着金融市场全球化一体化的进程而不断向纵深发展，新工具的设计、定价、运行和管理等，统统都在最先进的电子信息技术支持下进行，创新更具有紧迫性和挑战性。

（四）金融管制

第二次世界大战后，西方国家为维持金融稳定而对金融业实行长时间的严格管制，使金融机构的业务范围、利率、信贷规模、分支机构的设立等诸多方面受到限制，这些限制实际上构成了对金融机构的成本追加或隐含税收，因而成为诱发旨在逃避管制、摆脱不利于利润最大化的约束条件的金融创新活动的重要因素。如在美国，商业银行通过开设可转让支付命令账户（NOW）和自动转账服务账户（ATS）等来规避金融当局的利率管制；通过设立控股公司来规避金融当局对商业银行不准跨州设立分支机构的限制；等等。

二、金融创新的内容

（一）金融产品、工具的创新

金融产品、工具的创新包括满足客户对收益、流动性和规避风险要求的各种创新，如浮动利率存款、浮动利率贷款、大额可转让存单、回购协议、可转让支付命令账户、自动转账服务账户、利率互换、远期利率协议等，还包括提高支付系统效率的创新，各种电子卡的设计和运用均属于这类创新。此外还有信用票据化、资产证券化等旨在拓宽融资渠道、改善融资方式的创新等。

（二）金融服务的创新

电脑在金融领域的广泛普及和运用，使金融服务水平空前提高。电脑开始充当业务经理的角色，自动完成有关业务处理的全部流程；电脑更新了业务合法性的检验手段，能够对客户的印鉴、密押、资金转账授权、业务操作权限等各项内容进行审核；电脑将传统的柜台业务通过自动取款机、自动银行、网络银行等延伸到每一个方便的角落，甚至到每个客户的家里。所有这些，都体现了现代金融服务已经进入了电子化、自动化时代。有了电子化、自动化的金融服务，客户可享受到全方位的金融服务，他可以随时获得各种市场信息，随时查询有关账目，随时办理存款、贷款、转账、证券买卖等各项业务，甚至还可以享受到由金融部门提供的支付电话费、水电费、税款、领取工资、购物等超级服务，这也说明，当代金融业正在向第三产业的深度和广度发展。

（三）金融机构功能和金融市场组织体系的创新

金融机构功能和市场组织体系的创新主要体现在放松金融管制后，金融机构的功能由传统的单一型向多功能型转变，商业银行业务与投资银行业务，银行业与证券业、保险业，银行机构与非银行金融机构的传统界限不断被打破，与此同时，金融市场组织体系也由分割型转向统一型，各种金融机构和市场交易主体进入市场的条件在创新的不断冲撞下，在自由化的进程中渐渐被放松，全社会统一的大市场已经形成，而且，随着信息通信技术的飞速发展，金融市场体系明显地朝着全球一体化的方向发展。

知识链接

浙江省台州市小微企业金融服务改革创新试验区总体方案

2015年12月11日，中国人民银行、发展改革委、财政部、银监会、证监会、保监会和外汇局发布关于印发《浙江省台州市小微企业金融服务改革创新试验区总体方案》的通知。

指导思想：以邓小平理论、“三个代表”重要思想、科学发展观为指导，全面贯彻落实党的十八大和十八届三中、四中、五中全会精神，紧紧围绕金融服务实体经济，以完善小微企业金融服务体系为主线，通过局部地区先行试点，加快推进小微企业金融服务模式创新，充分发挥民间资本支持小微企业发展的积极作用，建立健全小微企业融资保障机制，拓展小微企业金融服务广度和深度，为小微企业可持续发展和实体经济转型升级提供有力支撑。

主要任务：

（一）支持小微企业提质升级。完善创业辅导培育机制，推动形成大众创业、万众创新新局面。

（二）完善多层次金融组织体系。整合重构现有金融机构同城网点，加快设立依托社区、商圈、产业集群的社区银行、专营支行，实行专营化、差异化、个性化服务。鼓励和引导商业银行加大对辖内分支机构的小微企业专项信贷支持。

（三）创新小微企业金融产品和服务方式。加快研发适合小微企业需求的新型金融产品，扩大特色产品的运用和再创新。进一步完善小微企业金融产品查询平台和中小企业公共服务平台建设。

（四）拓宽小微企业融资渠道。支持符合条件的各类成长型、科技型、创新型小微企业在境内外资本市场直接融资。

（五）健全小微企业融资担保和保险机制。进一步完善和发挥台州小微企业信用保证基金功能，积极发展政府支持的融资性担保机构，完善担保贷款风险分担和补偿机制，加大对小微企业融资性担保支持力度。

（六）推进地方社会信用体系建设。建立守信激励、失信惩戒机制，着力打造信用高地。

（七）加强小微企业金融服务交流合作。完善海峡两岸小微企业金融服务交流机制，加强两岸金融人才交流和培养。

（八）完善金融监管和风险防范机制。建立健全监督考核机制，鼓励和引导金融机构有效提升对小微企业的支持力度和服务质量。

项目二　金融监管

项目任务

1. 掌握金融监管的体制、对象及范围；

2. 掌握金融监管的目标、手段和原则；
3. 重点掌握金融监管体系。

一、金融监管的含义

在市场经济条件下，市场机制成为配置资源的基本方法。但是，市场机制又不是万能的，在某些情况下可能出现所谓“市场失效”问题，需要通过宏观经济政策引导市场机制进行修正和调节。同时又通过《反不正当竞争法》等法律，修正市场机制不能解决的经济发展过程中的问题。既然对经济的运行已经建立了一整套的政策体系和规范市场运转的制度，那么是否还有必要对作为经济组成部分的金融领域进行特别的监管呢？

对此，经济学界和金融实务界一直存在不同意见。事实上，作为金融监管的体制和内容也在管制—放松管制—再管制的循环中不断变化和发展。不过依据金融业的发展历史及其在经济中地位的变化，特别是理论研究的成果已经证明金融领域较之其他经济领域存在更加明显的垄断性和外部性，更加容易导致金融产品价格的扭曲；金融产品的公共性也要求金融业应避免过度竞争并保持稳定性。因此，金融监管已经获得经济学界的普遍赞同。目前仍然存在意见分歧的是关于监管的范围以及程度。

据此，可以简单地概括金融监管的基本含义如下：

一国政府根据经济金融体系稳定、有效运行的客观需要以及经济主体的共同利益要求，通过金融主管机构或建立专门的金融监管机构，依据法律和规定对金融体系中各金融主体和金融市场实行监督和管理，以维护债权人的利益，约束债务人的行为，确保金融主体和金融业务的公平竞争，促进金融业有秩序地运行和健康地发展，实现推动经济发展和社会进步的目标。金融监管包括监管主体、监管对象、监管手段和监管目标。

二、金融监管主体和监管体制

（一）金融监管主体

既然金融监管是起因于对“市场失效”的修正，那么由处于公共立场的政府承担金融监管的职责也就是理所当然的，政府是金融监管的主体。事实上，至今为止大部分的金融监管也是由政府负责实施的。例如，金融机构开业批准的权限在世界各国几乎毫无例外地都掌握在政府手中。但是，政府机构的低效率也往往反映在金融监管方面。因此，有一部分经济学家反对由政府包办金融监管的全部内容。于是，金融监管的有些活动就由非政府的金融行业组织完成，例如证券商的行业协会对证券商的自律监管、证券交易所对证券交易的监管。最近出现了证券交易所由会员组织向股份公司形式转变的动向，证券交易所对交易行为的监管也变成了由企业承担监管的任务。因此，金融监管的主体并不仅仅限于政府，也可以有其他各种性质的监管主体同时存在。

政府监管和非政府监管共同构成金融监管体系，于是产生了两者的分工问题。

一般来说，政府对金融的监管通常是委托金融当局进行的，而金融当局在各个国家具体由哪个政府部门承担并不相同，有些国家由中央银行充当金融当局，也有国家由财政部充当。政府监管往往是依据监管的目标，通过制定各种规章制度和规章制度的实施进行的，这些规章制度具有法律效力，违反具有法律效力的规章制度将受到处罚。

但是金融法规不可能对金融机构的所有经营活动都做详细的规定，如果金融机构没有违反有关法规，政府也就不能处罚。因此，这也成为建立非政府监管的理由。通过建立行业组织，或由证券交易所等在充分尊重市场机制的基础上对金融机构的经营行为实行自律，于是就形成了非政府监管。非政府监管承担者的监管权力主要来自成员参加该机构时对该机构规章的认可，一旦违规并不承担法律后果，但会受到机构纪律的处罚。

（二）金融监管体制

由于各国的金融体制存在差异，因此，政府监管的体制也存在不同。归纳起来，大致有以下几种。

1. 多元金融监管体制

所谓多元金融监管体制，就是根据金融业内各种金融机构的业务范围，由不同的监管机构分别实行监管的体制。这种体制往往都与实行分业经营的金融体制有关，最典型的是将金融业务分成银行、证券和保险三大类，由中央银行、证券交易监督委员会和保险监督委员会分别对银行、证券公司和保险公司实行监管。

多元金融监管体制中最复杂的是美国的监管体制，被称为“双线多头监管体制”。也就是说，不仅联邦政府的监管机构是多元的，而且依据被监管银行获得注册的机构是联邦政府还是州政府，决定被监管于联邦政府和州政府双线的监管体系。在联邦一级的监管机构有：联邦储备体系，负责管理会员银行和所有银行控股公司；货币监理局（署），隶属于财政部，负责对联邦注册银行的审批和检查；联邦存款保险公司，负责对加入联邦存款保险银行的监管；联邦住宅贷款银行及其下设的联邦储贷保险公司，监管储蓄银行和储贷协会；全国信用合作社管理局；证券交易委员会。在州一级，美国 50 个州都有各自的法律，都有银行监理官和监管机构。

多元金融监管体制的另一种形式是“单线多头监管体制”。所谓单线就是不存在地方政府的监管，仅仅存在中央的监管。在这种体制下，由两个以上机构承担全国统一的监管任务。

2. 单元金融监管体制

这种监管体制也可以称为集中金融监管体制，由单一的监管机构，通常是中央银行监管，也有专门的监管机构将整个金融业作为一个相互联系的整体统一进行监管的体制。世界上的大部分国家都实行这种体制。

我国长期实行计划经济体制，在 1984 年中国人民银行专司中央银行职能之前，中央银行和商业银行合为一体，银行的一切活动都被纳入计划的轨道，基本上不存在监管也无须监管。1984 年以后，中国人民银行专司中央银行职责，作为金融管理当局对银行和其他金融机构实行监管，可以说实行的是单元金融监管体制。1992 年国务院成立了中国证券监督管理委员会（简称证监会），负责证券市场的监管，中国人民银行继续负责审批和管理证券经营机构。1998 年中国人民银行将此权限也移交中国证券监督管理委员会。1998 年国务院批准设立中国保险监督管理委员会（简称保监会），专司保险监管职能。至此，我国的金融监管体制完成向单线多头监管体制的转变，即中国人民银行、证监会和保监会分别负责对银行、证券公司和保险公司的监管。

2003 年，我国又对中国人民银行的监管体制进行了改革。国务院决定设立中国银行业监督管理委员会（简称银监会）履行原由中国人民银行履行的监督管理职责，统一监督管理银行、金融资产管理公司、信托投资公司及其他存款类金融机构，维护银行业的合法、稳健运行。

2018 年 3 月，十三届全国人大一次会议表决通过了关于国务院机构改革方案的决定，将中国银行业监督管理委员会和中国保险监督管理委员会的职责整合，组建中国银行保险监督管理委员会（简称银保监会），意味着“一行三会”的金融监管格局至此成为“一行两会”。

参考案例

莫用牛栏去关猫

2017 年 3 月 2 日，中国银监会主席郭树清在国新办新闻发布会上表示，将把防控金融风险放到更加突出的位置，让监管部门成为国家和人民放心的“看门人”和“守夜人”。

金融风险具有复杂性、隐匿性、传染性。因此，监管的前瞻性就显得尤为重要。监管部门应增强“同风险赛跑”意识，抢在风险前面，根据市场最新变化完善制度“篱笆”，防止出现“牛栏里关猫”的乱象，同时强化监管人员的“预警巡逻责任意识”，敢于亮剑、敢于揭盖子、敢于硬碰硬，为人民看好“钱袋子”，维护金融稳定。

此前，银监会提出“以丰补歉”、逆周期调节，即要求银行业金融机构在贷款增速较高、净利润增长较快的年份多计提贷款减值损失准备，以保持稳定的风险抵补能力，防患于未然。如今，“以丰补歉”这一措施的效果已得到显现。

我国银行业素有“铁账本、铁算盘、铁规章”的“三铁”传统。今后，应继续发扬这一传统，监管部门承担风险监管的主体责任，银行业金融机构承担风险管控的主体责任，做到守土有责、履职负责、失职问责。

同时，监管部门还应继续提升自身的市场研究能力和风险识别能力，纠正偏离服务实体经济的业务行为，开展监管套利、空转套利、关联套利等专项治理；应继续治理市场乱象，打击违法违规行为并开展专项治理，重点整治违规关联交易、花样翻新的利益输送、重大经营管理信息隐瞒不报等不良行为。

只有“敢于亮剑、敢于揭盖子、敢于硬碰硬”，才能更好地成为国家和人民放心的“看门人”和“守夜人”。

三、金融监管的对象及范围

笼统地说，金融监管的对象是人类的金融行为和金融活动领域。

根据经济学的研究结果，垄断、外部性、信息不对称性、过度竞争等容易引起价格信息扭曲以至市场机制失灵的现象往往发生在资本密集型、信息密集型、高风险型和属于公共产品或准公共产品的行业，金融业中的商业银行业、保险业、证券业正是属于这类行业。

对于金融市场的失灵问题，经济学提出了三种监管手段，经济监管只是用来解决市场失灵问题的三种手段之一，而显然不是唯一的手段。市场机制、市场失灵与金融监管的关系可以用图 11－1 表示。

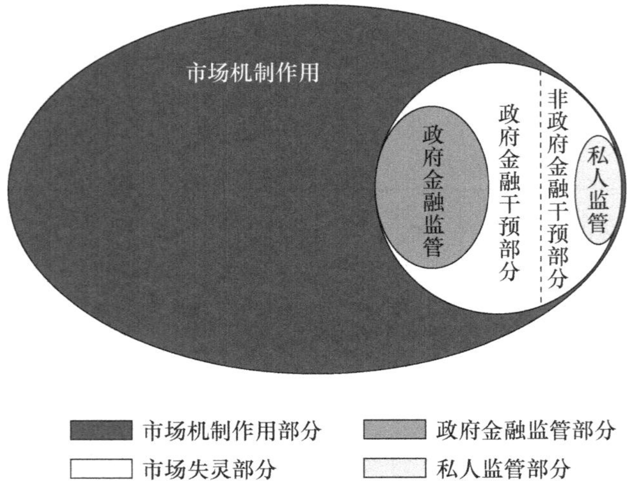

图 11－1　市场机制、市场失灵、金融监管的关系

从图 11－1 可以看出，金融监管的对象是人类的金融活动和金融行为；但并非人类全部的金融活动和金融行为都属于金融监管的内容，只有金融市场失灵的部分才有可能成为金融监管的内容；而金融监管也不是解决金融市场全部失灵问题的唯一手段，它只是解决金融市场某些失灵问题的手段。

一般来说，对于通过政府财政经济金融政策引导金融市场就能解决的金融市场失灵问题，通常都诉诸财政经济金融政策；在政府直接提供金融产品和金融服务比实施金融监管效率更高、成本更低时，就采取直接提供的做法；只有在上述两种方法失效或者成本太高的情况下，才考虑采用金融监管的做法。

金融监管与金融市场机制之间并不矛盾，它们之间是一种相互补充的关系。

四、金融监管的目标、手段和原则

（一）金融监管的目标

既然金融监管起因于“市场的失效”，那么金融监管的目标就是要纠正“市场的失效”以及由此引起的金融资源配置不合理、收入分配不公平和金融不稳定。金融监管的作用具体体现在以下方面：

（1）促进全社会金融资源的配置与政府的政策目标相一致，提高整个社会金融资源的配置效率；

（2）消除因金融市场和金融产品本身的原因而给某些市场参与者带来的金融信息的收集和处理能力上的不对称，避免因这种信息不对称造成的交易不公平；

（3）克服或者消融超出个别金融机构承受能力的涉及整个经济或金融体系的系统性风险；

（4）促进整个金融业的公平竞争。

（二）金融监管的手段

确定金融监管的目标之后，需要有监管的手段。金融监管是对金融机构及其金融行为的干预和规范。因此，金融监管手段从其干预和规范的效力分为法律手段和行政手段。很明显，在一个法制社会里，最基本的手段是法律手段。例如各国差不多都从法律上规定各种不同金融机构的最低资本金要求，美国在 1980 年以前法律规定支票存款不能支付利息等。但是，仅靠法律手段是不够的。因为，法律只能对大的框架进行规定而无法详细规定各种细节。金融市场随时都在变化，特别是在市场机制发挥作用有限的市场，配之以行政手段和稽核检查手段就更能够做到对金融机构的行为进行比较及时的干预和调节。

（三）金融监管的基本原则

不管金融监管采取什么样的手段，都必须遵循以下原则：

（1）合法原则。一切金融活动和金融行为都必须合法进行，一切金融监管都必须依法实施。

（2）公正原则。金融监管部门在实施金融监管的过程中，必须站在公正的立场上秉公办事，保证金融活动的正常秩序，保护各方面的合法权益。

（3）公开原则。金融监管的实施过程和实施结果都必须向有关当事人公开，必须保证有关当事人对金融监管过程和金融监管结果信息的知情权。

（4）公平原则。金融监管的实施要考虑到金融市场全部参加者的利益，保证交易各方在交易过程中的平等地位，不得有任何偏袒。

（5）控制系统风险的原则。应该将监管的重点放在控制系统风险上，对个别风险实行由个别金融机构自身承担的原则。

（6）内部监管和外部监管相结合的原则。审查金融机构的资格、保障金融市场的竞争秩序等外部监管如果没有金融机构的有效配合，就难以收到预期效果。而如果把希望寄托在内部监管上，则难免不发生冒险经营行为和风险。

（7）母国与东道国共同监管的原则。在金融国际化、跨国银行成为普遍现象的条件下，母国与东道国建立联系、交换信息，共同完成对跨国银行的监管可以获得事半功倍的效果。

五、金融监管体系

在市场经济条件下，其监管体系一般可以用图 11－2 表示。

除图 11－2 中所描述的各种复杂的关系之外，一旦金融监管进入实施阶段，还有一个金融执法过程中的决策问题。金融执法活动可以被看成是一个“合规机制”或一个“防范机制”。

金融监管体系包括三方面的内容：金融监管的法律制度体系、金融监管的组织体系和金融监管的执行体系。

（1）法律制度体系从法律制度的角度界定了金融监管过程中有关当事人的法律地位，规定每一方当事人在金融监管过程中的权利和义务；

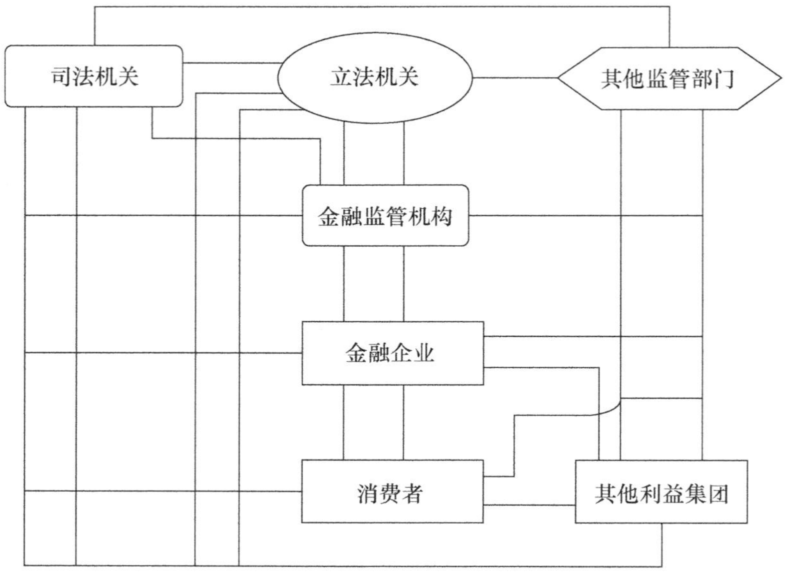

图 11-2 金融监管体系

（2）组织体系从当事人自身行为的角度展现出有关各方在金融监管过程中的互动关系，说明当事人出于本能或者在外部刺激下可能做出的反应以及对其他当事人的影响；

（3）执行体系描述的是金融监管者具体实施某项监管时的手段、步骤和做法。

在实际的金融监管过程中，金融监管体系的这三个方面往往是同时存在并发挥作用的。

模块总结

1. 金融创新是指西方发达国家自 20 世纪七八十年代开始至今，金融业不断超越传统的经营方式和管理模式，在金融工具、金融机构、金融方式、金融服务技术、金融市场组织等各个方面所进行的大量革新与创造活动。

2. 金融创新的内容有：金融产品、工具的创新，金融服务的创新，金融机构功能和金融市场组织体系的创新。

3. 实施严格有效的金融监管是维护正常金融秩序、保持良好金融环境的重要保证；实施严格有效的金融监管有利于增强宏观调控的效果，促进经济和金融的协调发展；实施严格有效的金融监管是一国金融国际化发展的必要条件。

4. 金融监管体系的组织结构有单一的全能机构和多重机构。目前我国的金融监管体系是多重机构、分业监管。改革开放以来，我国的金融监管体系逐渐由单一全能型的监管机构走向多重机构的分业监管。

综合练习

简答题

1. 金融创新的目的是什么?
2. 金融创新的内容有哪些?
3. 金融监管的对象、目标分别是什么?
4. 金融监管体制有哪几种?

案例分析

庞氏骗局

2009年6月29日，美国华尔街传奇人物、纳斯达克股票市场公司前董事会主席伯纳德·麦道夫（Bernard Madoff）被纽约南区联邦法院判处150年监禁，被指控通过“庞氏骗局”操纵一只对冲基金使投资者损失至少500亿美元，成为此次金融危机的一个标志性注脚，71岁的麦道夫将在监狱里度过他的余生。

“庞氏骗局”是一种最古老和最常见的投资诈骗，这种骗术是一个名叫查尔斯·庞齐的投机商人“发明”的。它是指以高资金回报率为许诺，骗取投资者的投资，用后来投资者的投资去偿付前期投资者的欺骗行为。“庞氏骗局”模式一般只能维持两三年，而麦道夫竟让这个简单得不能再简单的骗局维持了长达20年，诈骗金额高达500亿美元，彻底愚弄了群英荟萃的华尔街和美国金融监管系统。为何美国金融监管系统没有及时发现？美国金融监管系统出了什么问题?

美国金融监管部门由三级监管体系构成：政府部门、行业协会和交易所。美国实行联邦制，各州有自己的议会和立法权。从形式上看，美国整个金融监管体制是一种双线多头监管体制。所谓双线，是指联邦政府和州政府都对金融系统拥有监管权力；所谓多头，是指除了美国联邦储备委员会作为总监管者外，金融服务业内部的各行业分别由不同的监管部门进行监管。

1933年，美国汲取大危机的教训，暂时抛弃了自由主义的盲目信条，颁布了《格拉斯-斯蒂格尔法案》，建立了现代金融业分业经营的防火墙。该法案第16节禁止商业银行从事股票投资，限制它们作为代理人进行证券买卖的权利，并禁止其从事证券承销和经营私人公司发行的证券。这种分隔，保证了经济增长中最为重要的融资需求可以通过两条相对独立的渠道来满足：一是商业银行信贷，即间接融资渠道；二是资本市场筹资，即直接融资渠道。纵观第二次世界大战后美国几次大的金融危机，分业经营形成的防火墙对防范危机扩散和开展救助起到了非常关键的作用。

但在1988年以后，金融自由化的浪潮在全球再次蓬勃兴起。在金融自由化的旗帜下，金融市场和商业银行之间的防火墙被拆除，商业银行的信贷业务和投资银行的证券业务在“发起-分销”等新商业模式下相互交织，风险交叉传递，美国开始实行混业经营。多头监管的存在，使得各监管机构的职责存在重叠，但没有一个机构负责监管美国金融市场和金融体系，而且对于不同的金融产品，各个部门的监管认识存在分歧，不同部门所采用的监管标准无法统一。监管体系繁杂，既可能导致监管力量的重叠损耗，又可能导致出现监管真空地带。

特别是对金融产品的监管缺失，让麦道夫的案件得以发生。美国金融机构近年来金融创新的着眼点不是通过增加信息透明度来降低信用风险，而是期望通过资产证券化等方式在全球范围内分散风险，其结果恰恰加剧了交易者间信息不对称的矛盾，增加了信用风险。随着金融全球化的发展，各种金融产品可以在世界范围内广泛交易，金融创新的结果是买卖的链条越拉越长、分散的范围越来越广，交易完成后，最终的投资者和最初的借款人之间已经相隔万水千山，彼此毫不了解。例如，引发经济危机的房屋次贷产品，从最初的房屋抵押贷款到最后的衍生产品，中间经过借贷、打包、信用增持、评级、销售等繁杂阶段，整个过程设计有数十个不同机构参与，信息不对称的问题非常突出。

金融危机让华尔街颜面扫地，而500亿美元的麦道夫骗局给了华尔街一记重拳，向历来自诩监管系统优越的美国金融监管系统发出了诘问。麦道夫不是第一次被发现疑点，早在1992年，《华尔街日报》在一篇报道中即对麦道夫提出疑问。同时针对1982年到1992年麦道夫基金每年回报13.5%至20%的惊奇表现，分析师对麦氏投资模型进行反向演绎分析，得出的结论是麦道夫不可能得到如此好的收益率，无奈被当时处于强势的麦道夫以“私人策略无法详细说明”的借口而挡回。1999年，金融分析师哈里·马可波罗斯向美国证券交易委员会（SEC）检举麦道夫不可能通过合法途径获得利润的事实，而且举报行动持续了9年，但一直没有引起SEC的高度关注。

骗子们都是“故弄玄虚”，当然“世纪巨骗”麦道夫也不例外。他故弄玄虚，从来不向投资者交代每年稳赚10%的投资诀窍。麦道夫吸引投资的苛刻条件是，如果你想投资于麦道夫，那么请你不要问他关于投资的任何问题。至于为什么在别人不赚钱的危机里，自己可以赚钱，麦道夫则用几个字简单做了解释：“内部消息”。很多精明无比的对冲基金管理者、专业投资人士，竟也被“内部消息”这几个字轻而易举地征服了，一向精明的华尔街竟然对此视而不见，这是对华尔街精英们和华尔街监管者的极大讽刺。

审视麦道夫的行为，麦道夫成功地躲过了三层监管。

首先是注册监管。麦道夫拥有两家公司，一家是麦道夫证券公司，从事证券经纪业务；另一家则是投资咨询的对冲基金公司。美国证监会在起诉书中称，麦道夫是通过投资咨询业务进行诈骗的，而麦道夫的对冲基金直到2006年9月才首次到SEC注册。其实，麦道夫公司除了股票经纪和投资顾问业务之外，还运营着一个资金管理部门，该部门的客户可能就包括欺诈案中涉及的对冲基金等，而这项业务从来没有按规定在SEC注册。

其次是审计监管。自2006年9月麦道夫注册其投资顾问业务以来，SEC从来没有按惯例检查其账目，而在正常情况下，SEC在对冲基金注册的第一年会对其账本进行仔细审查，然后每过5年审查一次。如此来看，唯一对麦道夫的对冲基金起监管作用的就只有他的审计公司了。但麦道夫没有聘请著名的四大会计师事务所，而是聘请了一家不知名的会计师事务所，这家会计师事务所只有3名员工，包括合伙人、秘书和1名会计师。

最后是财务监管。麦道夫是电子交易的先驱，他的证券公司也一直走在新技术前列，但他却禁止对冲基金的投资者在线查看自己的账户，而只能看由电脑打印的纸张。同时麦道夫投资证券公司的所有交易均为麦道夫一人独断。麦道夫管理资产，并同时汇报资产的收益。联邦调查局的起诉书显示，麦道夫公司的资产管理部门和交易部门分别在不同楼层办公，麦道夫对公司财务状况一直秘而不宣，而投资顾问业务的所有账目、文件都被麦道夫“锁在保险箱里”。

思考：

1. 什么是“庞氏骗局”？麦道夫如何利用“庞氏骗局”骗取投资者的投资？
2. 就上述案例，试分析美国金融监管体系的缺陷。

图书在版编目（CIP）数据

金融理论与实务/张孝君主编．—3版．—北京：中国人民大学出版社，2018.8
21世纪高职高专规划教材．金融保险系列
ISBN 978-7-300-25984-0

Ⅰ．①金… Ⅱ．①张… Ⅲ．①金融学-高等职业教育-教材 Ⅳ．①F830

中国版本图书馆CIP数据核字（2018）第155960号

"十二五"职业教育国家规划教材
经全国职业教育教材审定委员会审定
21世纪高职高专规划教材·金融保险系列
金融理论与实务（第三版）
张孝君 主编
Jinrong Lilun yu Shiwu

出版发行	中国人民大学出版社		
社　　址	北京中关村大街31号	**邮政编码**	100080
电　　话	010－62511242（总编室）		010－62511770（质管部）
	010－82501766（邮购部）		010－62514148（门市部）
	010－62515195（发行公司）		010－62515275（盗版举报）
网　　址	http://www.crup.com.cn		
	http://www.ttrnet.com(人大教研网)		
经　　销	新华书店		
印　　刷	固安县铭成印刷有限公司	**版　　次**	2010年7月第1版
规　　格	185 mm×260 mm　16开本		2018年8月第3版
印　　张	14.25	**印　　次**	2024年12月第7次印刷
字　　数	330 000	**定　　价**	32.00元